Dormagener Qualitätskatalog der Jugendhilfe

Stadt Dormagen (Hrsg.)
In Kooperation mit den Kreisdekanaten der
AWO, Caritas und Diakonie

Dormagener Qualitätskatalog der Jugendhilfe

Ein Modell kooperativer
Qualitätsentwicklung

Redaktion:
Ulrich Biermanski, Gudrun Freitag, Martina Hermann,
Liane Kusch, Uwe Sandvoss, Reinhart Wolff
in Zusammenarbeit mit
Hubertus Lauer, Ulrike Heinrich und Ralf Huber

Leske +Budrich, Opladen 2001

Gedruckt auf säurefreiem und alterungsbeständigem Papier.

Die Deutsche Bibliothek – CIP-Einheitsaufnahme
Ein Titeldatensatz für die Publikation ist bei
Der Deutschen Bibliothek erhältlich

ISBN 3-8100-3336-7

© 2001 Leske + Budrich, Opladen

Das Werk einschließlich aller seiner Teile ist urheberrechtlich geschützt. Jede Verwertung außerhalb der engen Grenzen des Urheberrechtsgesetzes ist ohne Zustimmung des Verlages unzulässig und strafbar. Das gilt insbesondere für Vervielfältigungen, Übersetzungen, Mikroverfilmungen und die Einspeicherung und Verarbeitung in elektronischen Systemen.

Satz: Verlag Leske + Budrich, Opladen
Druck: DruckPartner Rübelmann, Hemsbach
Printed in Germany

Inhaltsverzeichnis

Vorwort 7

Einleitung: Dialogische Qualitätsentwicklung 9

Strukturelle Voraussetzungen guter Fachpraxis 17

Programm- und Prozessqualität – ein Katalog 23

PPQ 1   Im Vorfeld der Hilfe – die Öffnung der Zugänge 23

PPQ 2   Frühe und präventive Hilfen für Eltern und Kinder 31

PPQ 3   Der Umgang mit Fremdmeldern 39

PPQ 4   Arbeit mit unfreiwilligen Klienten 45

PPQ 5   Fall- und Unterstützungsmanagement 53

PPQ 6   Beratung: Das Kernhilfeangebot 61

PPQ 7   Hilfe in Krisensituationen 69

PPQ 8   Kinderschutz 78

PPQ 9   Beratung bei Trennung und Scheidung 93

PPQ 10 Ambulante Hilfen zur Erziehung 104

PPQ 11 Außerfamiliale Hilfen zur Erziehung im stationären Bereich 114

PPQ 12 Aufgaben des Adoptionsvermittlungsdienstes 129

PPQ 13 Hilfe zur Erziehung in Pflegefamilien 137

PPQ 14 Hilfen für seelisch Behinderte 144

PPQ 15 Berichte, Stellungnahmen und Gutachten 153
PPQ 16 Vormundschaften 163
PPQ 17 Beistandschaften 178
PPQ 18 Beurkundungen 188
PPQ 19 Hilfen für unbegleitete ausländische Minderjährige 191
PPQ 20 Jugendgerichtshilfe 208
PPQ 21 Zusammenarbeit der Fachkräfte 218
PPQ 22 Öffentlichkeitsarbeit 229
PPQ 23 Qualitätsentwicklung und Qualitätssicherung 238

Literaturverzeichnis 249

Autorenverzeichnis 257

Adressen 260

Vorwort

Was ein schönes Hotel oder ein gutes Restaurant ist, das können inzwischen viele sagen. Und wenn sie es nicht so genau wissen, dann schlagen sie in einem der zahlreichen Restaurantführer oder Feinschmeckerkataloge nach und werden dabei auch gleich über die Kriterien aufgeklärt, die die Gutachter ihren Wertungen zu Grunde gelegt haben (z.B.: ruhiges Hotel, reizvolle Aussicht, ausgesuchte Menüs und Weine, tadelloser Service, typische Küche der Region zu einem besonders günstigen Preis/Leistungsverhältnis, usw.). Und wer es den Besten in der Gastronomie nachmachen will, der greift zu den immer schöner werdenden Kochbüchern. Hier findet man Angaben über die Zutaten und wie man daraus am besten ein gutes Essen macht.

Aber Kochen muss man dann immer noch selber. Ohne Praxis kein Fortschritt, denn Versuch und Irrtum, Übung und Erfahrung sind die Grundlage jeder Meisterschaft – nicht nur beim Kochen.

Ausgehend von einer Fortbildungsreihe der Sozialpädagogischen Dienste der Stadt Dormagen und der Sozialpädagogischen Familienhilfe war 1998 von den Mitarbeiterinnen und Mitarbeitern erkannt worden, dass fehlende fest geschriebene Standards die Arbeit miteinander erschweren. So erging im Rahmen der Erarbeitung eines neuen Steuerungsmodells für die Stadtverwaltung Dormagen der Auftrag, das Programm und Methodenkonzept des Allgemeinen Sozialen Dienstes in Form konkreter Leistungsbeschreibungen innerhalb der Produktdefinition zu erarbeiten. Diese Arbeit erfolgte unter wissenschaftlicher Begleitung von Prof. Dr. Reinhart Wolff (Alice-Salomon Fachhochschule Berlin) und auf der Grundlage des ausdrücklichen Wunsches der Mitarbeiterinnen und Mitarbeiter und im Auftrag der Leitungen, sowohl der freien Träger (Diakonisches Werk, Caritas und Arbeiterwohlfahrt) als auch der Stadt Dormagen.

In der Sozialarbeit standen wir damals in der Qualitätsdiskussion erst am Anfang, obwohl das Interesse für Qualitätsentwicklung im sozialen Hilfesystem inzwischen gewachsen war. Manche sozialen Fachkräfte sahen allerdings auch Gefahren und machten sich Sorgen, daß mit der Forderung nach Qualitätsmanagement in den sozialen Diensten doch vor allem das Interesse verknüpft sei, nur finanzielle Einsparungen zu erzielen und die wohlfahrtsstaatlichen Leistungen abzubauen.

Wir haben demgegenüber in Dormagen die Erfahrung gemacht, dass Qualitätsentwicklung in der Sozialarbeit nicht nur eine lästige Pflicht, sondern eine große Chance sein kann. Sie kann auch Spaß machen, vor allem, wenn die Mitarbeiterinnen und Mitarbeiter selbst eine durchgreifende Verbesserung der Qualität ihrer Hilfeangebote wünschen, wenn sie die Zusammenarbeit mit den Bürgerinnen und Bürgern und miteinander verbessern wollen, und damit Qualität in der Hilfe für Familien, Eltern und Kinder zu einem Anliegen aller wird.

Den besonderen Ansatz in Dormagen, der ein Modell für die moderne Jugendhilfe sein kann, nennen wir „kooperative Qualitätsentwicklung". Damit betonen wir, dass es in den Bemühungen um Qualitätsentwicklung und Qualitätssicherung vor allem auf wechselseitige Partnerschaft und Partizipation ankommt.

Durch eine jahrzehntelange vertrauensvolle Zusammenarbeit zwischen Politik, Verwaltung und den örtlichen Wohlfahrtsverbänden konnte in Dormagen beste Fachpraxis entwickelt werden.

Anders als in der Kochkunst verderben hier nicht „zu viele Köche den Brei." Wer beste Fachpraxis entwickeln will, muss zusammenwirken. Das bewährte Bündnis von öffentlichen und freien Trägern der Jugendhilfe, der verschiedenen Fachkräfte und nicht zuletzt der Nutzer sozialer Dienste, der Bürgerinnen und Bürger, die soziale Dienste dringend brauchen, ist daher auch die programmatische und methodische Leitlinie, an der sich der Dormagener Qualitätskatalog der Jugendhilfe orientiert: Erfolgreiche soziale Arbeit ist nur als „Ko-produktion" möglich.

So gilt unser Dank neben unseren Mitarbeiterinnen und Mitarbeitern, die in der fast dreijährigen Projektphase zu Meisterköchen wurden, dem „Chef de Cuisine", Prof. Dr. Reinhart Wolff, ohne dessen brillante fachliche Begleitung zweifellos nicht diese hervorragenden Ergebnisse möglich gewesen wären. Es konnte ein Zugewinn an Fachlichkeit erreicht und eine Erweiterung der Professionalität hergestellt werden.

Wir freuen uns auf den Dialog mit der Jugendhilfe sowie der weiteren Öffentlichkeit.

Dormagen, den 14. Juli 2001

Gerd Trzeszkowski	*Bernd Gellrich*	*Herbert Werner*	*Ulrich Braeuer*
Leiter Amt für Jugend, Familie und Senioren Stadt Dormagen	Geschäftsführer Diakonisches Werk	Geschäftsführer Caritasverband	Geschäftsführer Arbeiterwohlfahrt

Einleitung:
Dialogische Qualitätsentwicklung[1]

„Das Abwehrverhalten, das früh im Leben gelernt wird, wird durch die Organisationskultur verstärkt, die von Menschen geschaffen wird, welche Ausweich- und Vertuschungsstrategien verfolgen. Diese Strategien sind sehr dauerhaft, weil sie durch die Normen der Organisationen sanktioniert und geschützt werden"
(Chris Argyris)

Qualitätsentwicklung als Lernprozess

Mit Qualitätsentwicklung kann man nicht einfach anfangen. Sie ergibt sich auch nicht von selbst. Manchmal spielen Anregungen aus dem Kreis der Fachkräfte eine Rolle. Oder die Anstöße kommen von außen bzw. von der engagierten Leitung der eigenen Einrichtung. Jedenfalls gibt es kein Muster, wie sich eine soziale Einrichtung dazu entschließt, sich den Herausforderungen eines Qualitätsentwicklungsprozesses zu stellen. Allerdings zeigen die internationalen Erfahrungen mit Qualitätsentwicklung, wie es sie nun seit einigen Jahrzehnten im Zuge der Erprobung neuer Managementkonzepte und neuer organisationswissenschaftlicher Forschungen gibt, dass man mit dem Vorschlag, in einer Organisation mit Qualitätsentwicklung zu beginnen, in der Regel keine Begeisterung auslöst.

Auch die gerade in den letzten Jahren auch im Feld der Sozialarbeit unternommenen Versuche zeigen: Die harte Realität heißt, wer mit Qualitätsentwicklung beginnt, trifft auf ein tief verankertes Abwehrverhalten. Darauf hat einer der führenden Organisationswissenschaftler und Organisationsberater, Chris Argyris, mit Recht immer wieder hingewiesen. Er

---

1 Die Einleitung hat Reinhart Wolff in Zusammenarbeit mit Uwe Sandvoss erarbeitet.

konnte zeigen, dass die Realitätsauffassungen von Organisationsmitgliedern im wesentlichen vom eigenen Selbstverständnis abhängen und „dass die Effektivität der Aktion einer Person durch die handlungsleitende Theorie dieser Person verstanden und definiert wird."[2] Argyris hat darüber hinaus zusammen mit Donald Schön, sicher einer der scharfsichtigsten Praxistheoretiker humaner Dienstleistungen, zeigen können, dass solche Aktionstheorien 1. eher stillschweigend und routiniert genutzt werden und dass sie 2. nicht selten dazu dienen, ein gewohnheitsmäßiges Abwehrverhalten in Organisationen zu stützen, wodurch immer wieder verhindert wird, dass sich eine Organisation produktiv verändern und zu einer lernenden Organisation werden kann. Abwehrverhalten verhindert nämlich, „dass man Fehler entdeckt und korrigiert."[3] Statt dessen neigt man dazu zu betrügen, zu manipulieren, zu verdrehen und auszuweichen, nicht zuletzt um Problemlösungen und produktive Entscheidungsfindungen zu verhindern.

Wir haben offenbar ein solches Abwehrverhalten früh gelernt, vor allem jedoch, es zugleich immer wieder zu vertuschen, zumal Abwehraktionen von Organisationen häufig selbst gestützt werden. Argyris macht unmissverständlich klar, dass es sich dabei um einen regelrechten Teufelskreis handelt, den man überwinden müsse, wenn man an einer lernenden Organisation, d.h. an „Qualitätsentwicklung", interessiert ist. Er schreibt:

„Das Abwehrverhalten, das früh im Leben gelernt wird, wird durch die Organisationskultur verstärkt, die von Menschen geschaffen wird, welche Ausweich- und Vertuschungsstrategien verfolgen. Diese Strategien sind sehr dauerhaft, weil sie durch die Normen der Organisationen sanktioniert und geschützt werden. Wenn es einmal soweit ist, findet es der einzelne ganz vernünftig, die Organisation für das Abwehrverhalten verantwortlich zu machen. So entsteht ein sich selbst verstärkender Teufelskreis vom Individuum zur größeren Einheit und wieder zurück. Routiniertes Verhalten wird von leitenden Programmen in den Köpfen der einzelnen Menschen gelenkt; von Programmen, die automatisch das Verhalten im Alltag produzieren. Die erfolgreiche Anwendung dieser Programme erhöht das Vertrauen und das Selbstwertgefühl des einzelnen, wenn er sich und andere managt. Wenn man also die menschliche Prädisposition, Abwehrverhalten in Organisationen herzustellen, und die Normen in Organisationen, die solches Verhalten schützen, ändern will, so erfordert dies sowohl die Veränderung der individuellen Leitprogramme als auch der schützenden Normen der Organisation. Es ist unwahrscheinlich, dass Vorschläge, wie man mit Abwehrverhalten in Organisatio-

---

2 Argyris, C.: Wissen in Aktion. Eine Fallstudie zur lernenden Organisation. Stuttgart: Klett-Cotta, 1997, S. 75
3 a.a.O., S. 27

nen dauerhaft umgehen kann, durchzusetzen, wenn es nicht zu diesen Veränderungen kommt."[4]

Die nicht korrigierten Gruppen- und Organisationsprozesse, die eine Eigendynamik entwickeln und auf Abwehrmanöver hinauslaufen, wiederholen sich in Schleifen. Es kommt immer wieder zu peinlichen und bedrohlichen Erfahrungen, denen man ausweicht oder die vertuscht werden. Daraus entwickeln sich wiederum Aktionen, die das Ausweichen und Vertuschen entschuldigen oder beibehalten und dies führt dann zu belastenden Konsequenzen, die den gemeinsamen Erfolg gefährden.

Auch hierzulande treffen wir in der Qualitätsdebatte auf denselben Mechanismus. Bereits im Ansatz führen die breit propagierten Konzepte des Qualitätsmanagements, die häufig auf bloße Kontrollverfahren hinauslaufen und durchsichtige Rationalisierungsinteressen verfolgen, dazu, dass organisationelles Abwehrverhalten nurmehr versiegelt wird. Dabei spielt auch eine Rolle, dass die sozialen Fachkräfte sich von außen unter Druck gesetzt sehen. Qualitätsansprüche werden als fachfremde Kolonisierung erlebt. Kein Wunder, dass sich die Profession der Sozialarbeit – so wie sich die Qualitätsdebatte in den letzten 10 Jahren entwickelt hat – immer wieder in der Defensive sieht. Oft wird dann auch die Meinung vertreten, man müsse die „Übergriffe" aus anderen Disziplinen – vor allem aus Richtung der Betriebswirtschaft und der Verwaltungswissenschaft – abwehren, nicht zuletzt die „Ökonomisierung" der Sozialarbeit und die sogenannte „neue Steuerung". Es gehe ja im Kern doch nur darum, die sozialen Dienstleistungen mit größerer verwaltungsmäßiger Effektivität und im Wesentlichen billiger zu erbringen.

In der Dormagener Qualitätsentwicklung haben wir uns demgegenüber weniger von außen gedrängt gesehen. Der Wunsch nach Verbesserung der Qualität – zuerst nur in der Kooperation des Amtes für Kinder Familien und Senioren mit der Sozialpädagogischen Familienhilfe (SPFH) – kam aus dem Kreis der Fachkräfte selbst. Eine tragfähige Zusammenarbeit war bisher faktisch kaum vorhanden und bestand nur im Einzelfall. Es gab keine Qualitätsstandards, die die Arbeit hätten orientieren können. Die Praxis des Jugendamtes mit den freien Trägern war von Konkurrenz und Mißtrauen geprägt.

Bei der Suche nach einem geeigneten außenstehenden Referenten, der uns in unserer Arbeit möglicherweise unterstützen könnte und der die aktuellen Probleme heutiger Jugend- und Familienhilfe versteht, stießen Mitarbeiter des Jugendamtes auf einen Aufsatz von Reinhart Wolff über „Sozialpädagogische Familienhilfe"; sie nahmen außerdem an einer

---

4 a.a.O., S. 29

Fachtagung zum Thema Kinderschutz in Köln teil, auf der Reinhart Wolff referierte, was sie ermutigte, Reinhart Wolff nach Dormagen einzuladen, um mit den Sozialarbeiterinnen und Sozialarbeitern des Amtes für Kinder, Familien und Senioren und mit den sozialpädagogischen Familienhelferinnen zu arbeiten.

In dieser zweitägigen Fortbildungswerkstatt wurde ein Kooperationsmodell mit der SPFH entwickelt und gemeinsame Standards zur Zusammenarbeit erarbeitet. Im Verlauf der Werkstatt wurde klar, dass es bei den sozialen Diensten in Dormagen weiteren Entwicklungsbedarf gab. Reinhart Wolff machte daraufhin das Angebot, mit den Mitarbeiterinnen und Mitarbeitern eine „Dialogische Qualitätsentwicklung" im Rahmen einer regelmäßigen Fortbildungswerkstatt durchzuführen.[5] Dieses Angebot war von mehreren Kollegen im Vorfeld bereits immer wieder eingefordert worden. Das Amt ergriff die Chance.

Das Projekt Qualitätsentwicklung wurde zunächst als Kooperationsmodell mit der SPFH und den pädagogischen Mitarbeitern des ASD begonnen. Im weiteren Verlauf kamen verschiedene Kollegen aus anderen Arbeitsbereichen als ständige Teilnehmer oder als themenbezogene Teilnehmer hinzu. Ständige Teilnehmer waren die sozialpädagogischen. Fachkräfte des ASD, die Koordinatorin der Hilfen zur Erziehung (HzE), die Mitarbeiterinnen der SPFH, ein Schulsozialarbeiter. Hinzukamen ein pädagogischer Mitarbeiter des DKSB und eine Mitarbeiterin der Caritas, die Hilfen für ausländische Mitbürger leistet. Themenbezogene Teilnehmer waren der Seniorenbeauftragte der Stadt Dormagen, eine Fachkraft der Caritas für Seniorenarbeit, stellvertretend ein Amtsvormund der Stadtverwaltung, Verwaltungsangestellte im Bereich Sozialhilfe und Leiter der Stadtteilbüros des Amtes für Kinder, Familien und Senioren. Einmalig nahmen der Amtsleiter und Dezernent der Stadtverwaltung und die Geschäftsführer der Caritas, AWO, Diakonie an einem Treffen der QE-Werkstatt teil.

Es gab auch eine Reihe von Einladungen an andere Fachkräfte im Stadtgebiet sowie an weitere Mitarbeiter der Stadtverwaltung, denen diese Stelleninhaber aber – aus welchen Gründen auch immer – nicht folgten, was für die Qualitätsentwicklung jedoch von Bedeutung gewesen wäre.

---

5 Er konnte sich dabei auf erste Erfahrungen mit einer mitarbeiter-orientierten Qualitätsentwicklung im Jugendamt der Stadt Graz in der Steiermark stützen, deren Ergebnis als erster österreichischer Qualitätskatalog der Jugendwohlfahrt inzwischen veröffentlicht wurde. Vgl. Magistrat Graz: Qualitätskatalog der Grazer Jugendwohlfahrt. Graz: Magistrat Graz, 2000.

Im gesamten Prozess wurden 27 Aufgabenfelder (PPQs-Programm- und Prozessqualitäten) konzeptionell und methodisch erarbeitet, von denen aber nur 23 fertig gestellt werden konnten. Nicht fertig gestellt waren am Ende der QE-Werkstatt vier Punkte, was natürlich auf konzeptionelle und methodische Schwachstellen in unserer Praxis verweist, nämlich die Ausarbeitungen zur:

- Jugendpflege/Jugendsozialarbeit
- Gemeinwesenarbeit
- Sozialhilfe
- Seniorenarbeit.

Die gesamte Arbeit umfasste von 1998 bis 2000 18 ganze Arbeitstage mit allen Teilnehmerinnen, 2 ½ Tage mit den Leitungen und eine 5-Tage-Retraite für die Redaktionsgruppe. Alle Untersuchungs- und Entwicklungsarbeiten, vor allem die umfangreiche Schreibarbeit, wurde von allen Kollegen über fast 2 ½ Jahre zusätzlich und zu großen Teilen in der Freizeit geleistet.

Was aber alle beflügelte: Die Arbeit in der Qualitätsentwicklungswerkstatt hatte bereits im Prozess unmittelbare positive Auswirkungen auf die alltägliche Arbeit, die Zusammenarbeit zwischen Jugendamt und SPFH und mit andren Fachkräften, aber auch mit den Bürgerinnen und Nutzern, nicht zuletzt untereinander, zwischen Kolleginnen und Kollegen..

Auch wuchs das Interesse außerhalb von Dormagen, mehr über unsere Erfahrungen mit einer einrichtungsübergreifenden „kooperativen Qualitätsentwicklung" zu erfahren. So wurden unsere Beiträge auf einer Veranstaltung in Berlin zum Thema Qualitätsentwicklung, bei der das Projekt – im Rahmen des Forums „Lernen vom Erfolg" – vorgestellt wurde, mit großem Interesse aufgenommen. Auch auf der Fachtagung unserer Jugendamtskollegen der Stadt Graz, die ihren Qualitätskatalog im November 2000 der Fachöffentlichkeit vorstellten, nahmen zwei Mitarbeiter aus Dormagen teil und berichteten von unserer Arbeit im Rheinland.

Anfang Januar 2001 war eine vorläufige Redaktionsfassung des Dormagener Qualitätskataloges fertig gestellt. Die Redaktionsgruppe, der 2 Mitarbeiterinnen der SPFH, 4 Mitarbeiterinnen und Mitarbeiter der Stadt und Reinhart Wolff angehörten, hat diese Fassung im März 2001 in einer einwöchigen Klausurtagung redaktionell überarbeitet.

Nach erneuter Durchsicht der Texte durch die beteiligten Autoren haben schließlich Uwe Sandvoss und Reinhart Wolff die redaktionelle Endfassung erarbeitet; sie wurden dabei unterstützt von Ulrike Heinrich und nicht zuletzt von Hubertus Lauer, Jurist an der Fachhochschule Ostniedersachsen in Lüneburg und Vizepräsident des DKSB, der freundlicherweise alle Abschnitte zu den „rechtlichen Grundlagen" gegengelesen und eine ganze Reihe wichtiger Veränderungsvorschläge gemacht hat.

In der Dormagener Qualitätsentwicklung – woraus schließlich ein Modell entstanden ist, das wir „kooperative Qualitätsentwicklung" nennen – ist das Interesse für Qualitätsentwicklung aus dem Kreis der Fachkräfte selbst heraus entstanden. Daher setzten wir auch bei uns selbst an und haben, ausgehend von den eigenen Erfahrungen, die Praxis der Fachkräfte selbst untersucht, die Aufgaben, Ziele und Zwecke ebenso wie die immer wieder erfahrenen Probleme, Fehler, Irrtümer, Peinlichkeiten und Bedrohungen und die sie stützenden Grundannahmen. Insofern könnte man sagen: Unsere Qualitätsentwicklung war ein Selbstgespräch, eine Verständigung mit den alltäglichen Praxis-Situationen, – „a reflective conversation with the situation"[6] – wie das Donald Schön einmal ausgedrückt hat. Und je mehr wir uns auf diese Praxisforschung, auf eine selbstevaluative Reflexion, einließen, um so komplexer stellten sich uns die Prozesse und Handlungsfelder der Jugendhilfe dar.

Daraus können wir die Schlußfolgerung ziehen: Neue Spielräume sind offenbar nur um den Preis einer erheblichen Komplexitätszunahme zu gewinnen, die instrumentell nicht beherrschbar ist, sonst produzieren wir Kurzschlüsse und Systemabstürze. Günstiger ist ein selbstreflexives Driften und Balancieren im praktischen Experimentieren mit Versuch und Irrtum, vom Erfolg lernend, interessiert an der Kunst, neue Praxis-Architekturen zu entwerfen und neue lebenspraktische Handlungsmuster zu erfinden.

Dazu bedarf es eines offenen Klimas in der Begegnung ebenso wie eines neuen Verständnisses sozialer Hilfepraxis. Vor allem muß man jedoch den Gedanken aufgeben, Qualitätsentwicklung könnte man in einem ordentlichen Verfahren, gewissermaßen im bürokratischen Handlungsvollzug, organisieren, in Auftrag geben. Viel eher handelt es sich um den Versuch, das alltägliche Chaos heutiger Lebensverhältnisse und moderner Hilfesysteme produktiv zu bewältigen, denn was wir tatsächlich als unsere berufliche Aufgabe in der Jugendhilfe vor uns haben, ist: „We are managing messes". Wir versuchen, gangbare Wege in unwegsamem Gelände zu finden. Wir lassen uns auf Risiken ein, die wir als Herausforderung annehmen, ohne größenwahnsinnig zu phantasieren, wir könnten sie ausschalten, denn in humaner Hilfepraxis ist gelingende Intervention unwahrscheinlich. D.h. nun andererseits nicht, sie sei völlig unmöglich, sondern: sie ist nicht sicher planbar.

Darum erweisen sich auch die schlauen Qualitätshandbücher und methodischen Fahrpläne für die Qualitätszirkel und ein Totales Qualitätsma-

---

6 Schön, Donald A.: The Reflective Practitioner. How Professionals Think in Action. New York: Basic Books, 1983, S. 76

nagement als grundsätzlich zu einfach. In Anbetracht der Relativität unserer Erkenntnis und der immer nur relativen Chance gezielter Beeinflussung in sich ständig neu erzeugenden lebenden Systemen wird so mancher Qualitätsmanager schnell zu einem „terrible simplificateur". Sich um Qualität in der Praxis moderner Jugendhilfe zu bemühen, funktioniert nicht mehr nach der Logik einfacher, trivialer Maschinen. Wenn-dann-Programme haben seit der Erfindung der Freiheit und bei der Umstellung der Lebensverhältnisse, auf hoch komplexe, differenzierte Funktionssysteme und permanente Innovation ausgedient. Helmut Willke hat Recht, wenn er schreibt:

> „Es geht darum, ein Verständnis für die grundlegende Schwierigkeit der Intervention in komplexe Systeme zu erzeugen und deutlich zu machen, dass es im Kontext nichttrivialer Systeme nicht mehr genügt, auf ein Knöpfchen zu drücken, ein Gesetz zu machen, eine Anordnung zu geben, ein Medikament zu verschreiben oder eine neue Vorschrift zu erlassen. Zum Normalfall wird vielmehr die *Unwahrscheinlichkeit gelingender Intervention*, das Scheitern trivialisierender Strategien der Veränderung, die Verschärfung von Problemen durch die übliche Reaktion des ‚Mehr-von-demselben.'"[7]

Qualitätsentwicklung intendiert keine einfachen Lösungen. Ihr Anliegen ist reflection-in-action (D. Schön) – sich mit Lust und Laune, List und erfinderischem Experiment in der Praxis sozialer Dienste zu engagieren, mit offenem Ausgang.

Dialog ist für einen solchen Prozess der Qualitätsentwicklung der richtige Ausdruck. Dialog lebt von der Bereitschaft, sich aktiv einzubringen, zu sagen, welche Gedanken und Bilder im eigenen Kopf bei einem besprochenen Thema/Gegenstand kreisen. Dialog ist eine Chance, das Selbstverstehen und das Fremdverstehen zu verbessern. Dies geschieht durch „beständiges Hinterfragen von Prozessen, Sicherheiten und Strukturen, die menschlichen Gedanken und Handlungen zugrunde liegen", wobei zwischen „generativem Dialog", in dem die Grundmuster/Herkünfte des Denkens untersucht werden, und „zielgerichtetem Dialog", in dem bestimmte Probleme, Interessen oder Ziele geklärt und zu neuen Lösungen geführt werden, unterschieden werden kann. (David Bohm)

- Dialogische Erkenntnis zielt nicht auf die Feststellung. Sie will die Wirklichkeit neu erfinden!
- Um Dialoge zu führen, braucht man einen (bergenden) Raum, einen Container, ein Behältnis, einen Kasten – „No container, no dialogue" (William Isaacs).

---

7 Willke, Helmut: Systemtheorie II: Interventionstheorie. Stuttgart: Lucius & Lucius, 1999, S. 4 [UTB 1800]

- Um Dialoge zu führen, braucht man Vertrauen („Ohne Vertrauen – kein Dialog").
- Um Dialoge zu führen, muß man Ziele haben.
- Um Dialoge zu führen, ist es hilfreich eine Begleitung zu haben.
- Dialoge können von einer forschungsinteressierten Haltung profitieren:

Unsere Leitwerte, das Hauptprogramm, die nicht in die Sackgasse der Abwehr führen, können wir so zusammenfassen:[8]

Lernen wollen – nicht schon alles wissen
Trotz sachlicher Differenzen – den persönlichen Respekt wahren
Offen sein für andere Sichtweisen/Vorstellungen
Das Wesentliche, das mir Wichtige aussprechen
Mir und anderen zuhören (nach innen hören – Hören mit dem „dritten Ohr")
Geduld im Prozess haben/Gedanken sich herausbilden lassen, sie zulassen, ihnen nachgehen
Sich selbst verstehen, eigene Denkmuster ergründen
Argumentieren unter Einschluss der Gegenargumente

Wir schauen nach allen Seiten (multiperspektivisches Beobachten):

- in Richtung auf uns selbst (alles Wahrnehmen ist eine Selbstwahrnehmung)
- in Richtung unserer Klienten, ihrer Bedürfnisse, ihres Hilfebedarfs
- in Richtung auf die Geschichte (fragen nach den Hintergründen, der historischen Entwicklung)
- in Richtung auf den rechtlichen Rahmen unserer Praxis
- in Richtung auf die institutionelle Aufgabe (Programmqualität), unsere Ressourcen (Strukturqualität) und unsere Kompetenzen (Fachkräftequalität)
- in Richtung auf das gesellschaftliche Umfeld/den Kontext moderner Lebensverhältnisse
- in Richtung auf den politischen und öffentlichen Raum
- über Dormagen hinaus

Auch wenn wir jetzt den ersten deutschen Qualitätskatalog der Jugendhilfe vorlegen können, wissen wir doch, dass wir noch ganz am Anfang stehen. Und natürlich werden wir weiter arbeiten. Jedenfalls freuen wir uns auf den Dialog mit unseren Fachkolleginnen und -kollegen in der Jugendhilfe aber auch in der weiteren Öffentlichkeit.

---

8 Vgl. auch: Hartkemeyer, M. und J. F./Dhority, L. F.: Miteinander denken. Das Geheimnis des Dialogs. Stuttgart: Klett-Cotta, 1999³

Strukturelle Voraussetzungen guter Fachpraxis[9]

„Ich sehe, daß ich geben muß,
was ich selbst am meisten brauche."
(Anne Michaels)

Der Dormagener Qualitätskatalog der Jugendhilfe hat seinen Schwerpunkt in der Herausarbeitung programmatischer und methodischer Aspekte des konkreten Hilfeprozesses. Er ist so angelegt, dass deutlich wird, was unsere Aufgaben in der Jugendhilfe sind und wie wir sie am besten zu erfüllen versuchen. Und natürlich ist es unser aller Anliegen, ein gutes Ergebnis zu erzielen. Wir wollen mit unserem Einsatz für diejenigen, die für sich und ihre Kinder Hilfe brauchen, Veränderungen bewirken, dass sie nicht weiter benachteiligt sind, aus Konflikten und Notlagen herausfinden, ihr Leben wieder selbst in die Hand nehmen können. In der Diskussion um Qualitätsmanagement und Qualitätssicherung würde man vom Dormagener Ansatz wohl sagen, dass er vor allem an Prozeß- und Ergebnisqualität interessiert sei. Wie steht es aber mit der Strukturqualität, die man sich angewöhnt hat, davon abzugrenzen?[10] Wie kann man die gesamte Praxis in den Blick nehmen und damit die vielfältigen Faktoren und Bedingungen berücksichtigen, von denen die Qualität humaner Dienstleistungen abhängt?

---

9 Der Abschnitt wurde von Reinhart Wolff in Zusammenarbeit mit Uwe Sandvoss erarbeitet.
10 Vgl. z.B.: Donabedian, A.: An Exploration of Structure, Process, and Outcome as Approaches to Quality Assessment. In: Selbmann, H.-K./Überla, K. K. (Hg.): Quality Assessment of Medical Care. Gerlingen, 1982 bzw.: Peterander, F./Speck, O. (Hg.): Qualitätsmanagement in sozialen Einrichtungen. München; Basel: E. Reinhardt, 1999; Knorr, F./Halfar, B. : Qualitätsmanagement in der Sozialarbeit. Regensburg: Walhalla-Fachverl., 2000; Brunner, E. J./Bauer, P./Volkmar, S. (Hg.): Soziale Einrichtungen bewerten. Theorie und Praxis der Qualitätssicherung. Freiburg i. Br.: Lambertus, 1998

Der Kronberger Kreis für Qualitätsentwicklung, an dessen Qualitätskonzept and methodischen Ansatz der Dormagener Qualitätskatalog anschließt, hat ein integriertes Qualitätsmodell vorgeschlagen, das weniger drei Qualitätsebenen (Struktur-, Prozeß- und Ergebnisqualität) unterscheidet, sondern das einen weiten Fächer von Qualitätsdimensionen entwirft, die allerdings alle prozessual aufeinander bezogen sind.

Die Kronberger Qualitätsentwickler sind an der Vernetzung und Wechselseitigkeit von Personen und Umwelt, an Denken, Handeln, emotionaler Beziehung und kommunikativem Austausch im Kontext ganz bestimmter materieller Voraussetzungen und organisatorischer/institutioneller Bedingungen interessiert. Dabei neigen sie dazu, die Verhältnisse nicht so sehr als etwas (Vor)Gegebenes, Vorhandenes sondern als etwas zu verstehen, das gemacht worden ist, das historisch entstanden ist und an dessen Produktion wir häufig aktiv beteiligt sind. Dialogische Qualitätsentwickler sind insofern keine Objektivisten sondern eher kreative Aktivisten: Praxiserfinder. Sie unterscheiden neben der *Prozess- und Programmqualität*, die wir im Dormagener Qualitätskatalog auf 6 Ebenen (Aufgabe/Rechtliche Grundlagen/Probleme im Aufgabenfeld/Qualitätsstandards/Prozessgestaltung – Methoden und Verfahren/Prozessdokumentation) ausgearbeitet haben, die folgenden Qualitätsebenen:

1. Grundorientierung/Leitwerte
2. Leitungsqualität
3. Personalqualität
4. Trägerqualität
5. Einrichtungs- und Raumqualität
6. Kosten-Nutzen-Qualität
7. Qualitätsförderung

Wer ein umfangreiches Qualitätsmanagement (Total Quality Management) in Gang setzen will, muß alle diese Qualitätsdimensionen untersuchen und weiterentwickeln. Hier liegen in Dormagen noch große Aufgaben vor uns. Einige Gesichtspunkte zur Konkretisierungen dieser Dimensionen und Fragestellung, die in diesem Zusammenhang eine Rolle spielen, wollen jedoch bereits jetzt festhalten.

1. Grundorientierung/Leitwerte

Durch alle Aufgabenbeschreibungen und Qualitätsstandards, die wir im Dormagener Qualitätskatalog formulieren, zieht sich wie ein roter (strategischer) Faden eine strategische Orientierung. Wir fragen:

- Sind wir Grundrechtsaktivisten und Anhänger sozialer Demokratie (d.h. halten wir etwas vom bürgernahen Wohlfahrtsstaat und halten an ihm fest, zumal mit dem KJHG die Jugendhilfe eine gute rechtliche Basis erhalten hat)?
- Treten wir ein für Partnerschaft und Partizipation im Hilfeprozess. Sind wir insofern strukturelle Ko-Produzenten, da Sozialarbeit nur im Bündnis mit unseren Klientinnen und Klienten, mit den Nutzern unserer Hilfeangebote möglich ist? Ist der Dialog unsere Methode und Philosophie?
- Und vor allem: Sind wir an der Seite derjenigen, „die mitten unter uns bisher schlecht versorgt worden sind, die von allen anderen bereits aufgegeben wurden, um die vornehmliche berufliche Kompetenz Sozialer Arbeit gelungen umzusetzen: ein sozialer Erfinder zu sein?"[11] Sind wir insofern professionelle Altruisten?

2. Leitungsqualität

Wir fragen: Wie müssen Leitungskräfte qualifiziert sein? Verfügen sie über fachliche und über Managementkompetenzen? Sind sie erfinderisch und wissenschaftlich auf dem Laufenden? Sind sie in der Lage, sich selbst tiefer zu verstehen und können sie aufgrund solcher Selbstreflexivität andere (die Mitarbeiterinnen und Mitarbeiter, aber auch Klientinnen und Klienten) besser verstehen? Können sie vorausdenken und innovativ sein? Können sie andere mitreißen und begeistern (Alpha-Typ)? Können sie Krisen und Konflikte produktiv nutzen? Sind sie in der Lage, schwierige Situationen kritisch zu analysieren und zu erforschen? Können sie aus Sackgassen herausführen? Können sie selbstbewußt Leitung wahrnehmen und zugleich demokratische Mitbestimmung und Kontrolle gutheißen und fördern? Sind sie Spitze und zugleich „Fan flacher Hierarchien"?

3. Personalqualität

Wir fragen: Was müssen die Fachkräfte im Feld der Jugendhilfe können? Welche Studienleistungen müssen wir fordern? Sind sie selbstreflexiv

---

11 Vgl. Jona Rosenfeld. In: Rosenfeld, J. M./Tardieu, B.: Artisans of Democracy. How Ordinary People, Families in Extreme Poverty, and Social Institutions Become Allies to Overcome Social Exclusion. Lanham; New York; Oxford: University Press of America, 2000

und selbstkritisch an ihren eigenen lebensgeschichtlichen und beruflichen Erfahrungen interessiert? Können sie mit Empathie Beziehungen aufnehmen und halten, sich mit den Hilfesuchenden zusammenschließen, ohne sich mit ihnen gemein zu machen und sich ihnen zu unterwerfen? Können sie sich im Interesse emanzipatorischer Veränderungen für die Ratsuchenden und Hilfebedürftigen engagieren, ohne sich und andere zu instrumentalisieren? Sind sie team-interessiert und teamfähig? Haben sie Interesse an Theorie und Forschung und lernen sie gerne? Stehen sie realistisch auf dem Boden der Tatsachen (die sie sich freilich durch Interpretationen und Konstruktionen erschließen)? Sind sie Praxis-Erfinder (s.o.)?

4. Trägerqualität

Wir fragen: Wie nimmt die Kommune als Träger der Jugendhilfe ihre Aufgaben wahr? Wie sehen Bürgermeister und Stadtrat ihre Aufgaben? Sind sie an sozialen Fragen in Gesellschaft und Staat, vor allem aber in der eigenen Region, interessiert? Verfügen sie über den notwendigen Sachverstand? Können sie beherzt und mit einer nüchternen Tatbestandsgesinnung sozialpolitische Ziele entwickeln und realisieren? Sind sie in der Lage, ausreichende Haushaltsmittel für die Aufgaben der Jugendhilfe zu mobilisieren? Nutzen sie die öffentlichen Jugendhilfefachleute als ihre Ratgeber? Fördern sie den Jugendhilfeausschuss als wichtiges Gremium moderner Jugendhilfe und leiten sie die bestehenden Fachausschüsse kompetent an? Sind sie insofern Sachwalter sozialer Gerechtigkeit in unserem Gemeinwesen?

5. Einrichtungs- und Raumqualität

Wir fragen: Gibt es ausreichende und geeignete Arbeitsräume, um die Doppelaufgaben der Jugendhilfe wahrzunehmen (Hilfeprozesse und Verwaltungsprozesse/Beraten und Fallmanagement und Organisieren)? Erlauben die Räume den Schutz der Vertraulichkeit und sichern sie das informationelle Selbstbestimmungsrecht der Bürger? Sind Räume und Ausstattung für vielgestaltige Hilfeprozesse (Methodenvielfalt) geeignet? Sind mindestens zwei besondere Beratungsräume in jedem regionalen Team vorhanden? Sind moderne Informationstechnologien verfügbar und werden sie genutzt? Sind geeignete Gruppen- und Team-Räume für die kollegiale Beratung und Supervision vorhanden? Haben die Räume und

Ausstattungen der Jugendhilfe insofern eine diskriminierende Zweitklassigkeit hinter sich gelassen, die sie traditionell charakterisierte („armselige Räume für Dienste für die Armen")?

6. Kosten-Nutzen-Qualität

Wir fragen: Verfügt die Jugendhilfe über ausreichende Mittel, die sie in die Lage versetzt, ihre Aufgaben zu erfüllen? Werden die Mittel sparsam und effizient eingesetzt? Gibt es ein kluges Kosten-Controlling? Sind Fach- und Budget-Verantwortung verknüpft? Ist ein übersichtliches Kennziffernsystem eingeführt, das die bedarfsorientierte Steuerung des Haushaltes erlaubt? Werden unterschiedliche Finanzierungsquellen (weitere öffentliche und freigemeinnützige, private, von Unternehmen und Stiftungen, Modellversuchsmittel, etc.) erschlossen? Wird in vorbeugende, kostenvermeidende Jugendhilfemaßnahmen investiert? Werden kostenträchtige Hilfemaßnahmen gezielt zurückgeführt?[12] Wird strategisch in die Verbesserung der Personalqualität und Qualifizierung der Fachkräfte (human capital) investiert?

7. Qualitätsförderung

Wir fragen: Wie wird die beherzt begonnene und erfolgreich ins Werk gesetzte Qualitätsentwicklung fortgeführt? Wie werden die entwickelten Vorschläge zur Prozessdokumentation und Evaluation implementiert? Wie und mit welcher Zeitperspektive werden die angeregten Arbeitsmaterialien und Unterlagen für eine aktive Öffentlichkeitsarbeit erstellt und vorgehalten? Wie kann man die Dormagener Jugendhilfe zu einem Organisationsverbund machen, der lernt und der lernend sich verändert und dadurch zu einem Zentrum der Exzellenz wird?[13]

---

12 z.B. liegt Dormagen mit einer 9,18/Tausend-Minderjährigen-Rate für Familienpflege (real 53 im Jahre 2000) und einer 8,3/Tausend-Minderjährigen.Rate für außerfamiliale stationäre Hilfen zur Erziehung (real 61 Fälle) im mittleren Feld; Hinzukamen im Jahre 2000 noch 104 (Tage) Inobhutnahmen. Interessant daran ist allerdings, dass die Anzahl der Familienpflegefälle die der stationären HzE-Fälle übersteigt, was in der Bundesrepublik durchaus nicht der Normalfall ist.
13 Für weitere Hinweise verweisen wir auf PPQ 23 Qualitätsentwicklung und Qualitätssicherung. Im übrigen sind die folgenden Beiträge hilfreich: Die vom Bundesministerium für Familie, Senioren, Frauen und Jugend herausgegebene Reihe: Materialien zur Qualitätssicherung (infos: http://www.bmfsfj.de/biblioth/kindjuge/index.htm; Bestellungen: Fax 030- 206 55 11 16) bzw. die Beiträge: Müller, B.:

Qualitätsprodukt Jugendhilfe. Kritische Thesen und praktische Vorschläge. Freiburg i. Br. : Lambertus, 1996; Meinhold, Marianne: Qualitätssicherung und Qualitätsmanagement in der Sozialen Arbeit: Freiburg i. Br.: Lambertus, 1996; Jordan, E./Reismann, H.: Qualitätssicherung und Verwaltungsmodernisierung in der Jugendhilfe. Münster: Votum, 1998 [mit einer umfangreichen Bibliographie]

Programm- und Prozessqualität – ein Katalog

PPQ 1
Im Vorfeld der Hilfe – die Öffnung der Zugänge[14]

„Wer behauptet, dass Erörterungen nicht die besten Lehrer der Taten seien, der ist entweder unverständig, oder er führt etwas im Schilde".

(Thukydides III, 42)

1. Aufgabe

Gegen die frühere Tendenz in der Jugendhilfe, gesellschaftliche Problemgruppen, insbesondere Arme und Benachteiligte, reaktiv zu erfassen und auszugrenzen, hat sich das moderne Hilfesystem zu einem demokratischen, vielfältigen Dienstleistungsangebot entwickelt. Demgegenüber charakterisierte obrigkeitliche Kontrolle des Jugendamtes auch noch die Vorschriften des Jugendwohlfahrtsgesetzes (JWG). Die damit verbundenen Handlungsmerkmale: Fürsorge, Kontrolle, Bevormundung und staatliche Eingriffe in Familien, haben sich mit dem KJHG seit 1991 grundlegend geändert. Jugendhilfe versteht sich nunmehr generell als unterstützend, helfend, beratend und bürgerfreundlich.

Im Zusammenhang mit den Bestimmungen des KJHG ist es die zentrale Aufgabe des Amtes für Kinder, Familien und Senioren, Bürgerinnen und Bürgern bei der Bewältigung von Krisen, Notsituationen und Problemen sachkundiger Gesprächspartner zu sein und entsprechende Hilfeleistungen anzubieten.

Nach § 1 KJHG haben alle Bürgerinnen und Bürger (insbesondere Eltern und Kinder) ein Recht auf Beratung und Hilfe. Zusammen mit den freien Trägern der Jugendhilfe, mit Selbsthilfegruppen und freien Initiativen bietet das Amt für Kinder, Familien und Senioren eine große Vielfalt unterschiedlicher, auf die komplexen persönlichen Situationen von jun-

---

14 PPQ 1 wurde von Martina Hermann und Marita Scherb-Holzberg erarbeitet.

gen Menschen, Familien und Senioren abgestimmte Hilfen in Form von Beratung, Förderung, Unterstützung und Begleitung an.

Hilfe ist aber nicht selbstverständlich. Hilfe muss zuallererst verständlich, plausibel gemacht werden. Darum ist Arbeit im Vorfeld der Hilfe, ist die Öffnung der Zugänge, eine notwendige Aufgabe der Jugendhilfe.

Offene Zugänge sind für Hilfesuchende notwendige Voraussetzung, um das Angebot des Amtes überhaupt erst einmal wahrnehmen und kennenlernen zu können. Das Amt hat also den Auftrag, vor jedem Beginn eines Hilfeprozesses die verschiedenen Hilfen bekannt zu machen und die Leistungen der Jugendhilfe darzustellen. Vorhandene Barrieren und Schwellen, die Bürgerinnen und Bürger hindern, Hilfe zu suchen und anzunehmen, müssen beseitigt werden. Genaue Informationen müssen den Bürgerinnen und Bürgern durch fachliche Öffentlichkeitsarbeit vermittelt werden.

Da aber auch Fachkräfte anderer Berufsgruppen Nutzer von Leistungen der Jugendhilfe sind – sie suchen nämlich Hilfe für Dritte – muss die Arbeit im Vorfeld der Hilfe Netzwerkarbeit sein. Das heißt: Bereits im Vorfeld der Hilfe müssen wir die Zusammenarbeit mit anderen Fachkräften suchen und anbahnen.[15] Nur so stellt sich das Hilfesystem als ein Ganzes dar und bietet umfassende, konkrete und schnelle Hilfe an. Die Zugänge zu öffnen heißt: Die Hilfe wird attraktiv gemacht und deren Nutzung wird ermöglicht.

Die erste Begegnung zwischen Bürgerinnen und Bürgern und Fachkräften des Amtes für Kinder, Familien und Senioren ist für den weiteren Hilfeprozess von großer Bedeutung. Die Gestaltung des Zugangs entscheidet nicht nur über das Problembewußtsein und die Hilfeakzeptanz der Familie sondern auch über den Verlauf und Erfolg der gesamten Hilfeleistung.

„Öffnung der Zugänge" bedeutet zunächst, auf diejenigen, die Hilfe wollen und brauchen, zuzugehen (outreach – mit der Hilfe hinausreichen[16]).

Wir setzen auf Begegnung und Dialog. Wir erklären unsere Hilfeangebote und gehen aktiv auf Familien zu. Alle Beteiligten werden von Anfang an einbezogen, gefragt und gehört. Jeder Anfang wird für eine partnerschaftliche Problemkonstruktion genutzt. Dabei nehmen die Fachkräfte eine offene, interessierte, zugewandte und freundliche Haltung ein.

Wir wissen: Hilfe ist stets in den Kontext einer Vorgeschichte eingebettet. Was am Anfang geschieht, verweist exemplarisch auf Vergangen-

---

15 Vgl. PPQ Zusammenarbeit, PPQ Fremdmelder, § 81 KJHG
16 Rheinisch: Dä Fahn russhänge! Vgl. BAP, Kölner Rockgruppe

heit, Gegenwart und Zukunft. Insofern ist der Anfang eine strategische Situation, die wir nicht alleine bestimmen. Zugänge sind komplex – der Zugang zur Hilfe ist kein bloßer Zeitpunkt sondern ein Feldgeschehen.

2. Rechtliche Grundlagen

Nach § 1 KJHG hat jeder junge Mensch ein Recht auf Förderung seiner Entwicklung und auf Erziehung. Die Jugendhilfe soll die Verwirklichung dieses Rechts ermöglichen, insbesondere dazu beitragen, die Entwicklung von jungen Menschen zu fördern, Benachteiligungen abzubauen oder sogar zu vermeiden, Eltern bei der Erziehung beraten und unterstützen, Kinder und Jugendliche vor Gefahren für ihr Wohl schützen und eine familienfreundliche Umwelt erhalten und schaffen. Im § 16 Abs.1 (allgemeine Förderung der Erziehung) wird beschrieben, dass die Jugendhilfe Hilfeangebote zu machen hat, die allen zugänglich sind. Dies bedeutet: Die Hilfen müssen bekannt gemacht werden. Der § 81 KJHG regelt die Zusammenarbeit der Jugendhilfe mit anderen Fachstellen und verlangt deren Förderung. In den §§ 5 und 8 KJHG wird die Beteiligung und das Wunsch- und Wahlrecht beschrieben. Seine Realisierung setzt die Information der Bürgerinnen und Bürger über die Hilfeangebote und Hilfeprozesse voraus.

3. Probleme im Aufgabenfeld

(1) **Reaktives Programmkonzept:** Die Aufgaben im Vorfeld der Hilfe – die Öffnung der Zugänge – sind in der Jugendhilfe bisher noch gar nicht richtig entdeckt worden. Vorherrschend war Sozialarbeit traditionell darauf gerichtet, eher reaktiv auf Probleme einzuwirken, anstatt proaktiv und präventiv auf die Bürgerinnen und Bürger zuzugehen. Auf diese Weise ist es zu einer fachlich-programmatischen Vernachlässigung der Chancen von Hilfen im Vorfeld gekommen.

(2) **Mangel an Zusammenarbeit:** Die Notwendigkeit einer breiten Zusammenarbeit und konkreter Absprachen mit anderen Einrichtungen und Fachkräften ist bisher als strategische Notwendigkeit in der Jugendhilfe nicht erkannt worden. Die Vernetzung der unterschiedlichen Hilfesysteme ist nur sporadisch gegeben. Die Zugänge werden nicht gemeinsam angebahnt. Es fehlt an zeitlichen, methodischen Absprachen und Vereinbarungen, wodurch die Handlungsmöglichkeiten der Fachkräfte eingeschränkt werden.

(3) **Negativimage/Vorurteile:** Lange Traditionen des Umgangs mit persönlichen und sozialen Problemlagen haben das Bild der Sozialarbeit in der Öffentlichkeit negativ geprägt. Die Medien greifen diese Tradition nicht selten auf und verfestigen ein Negativimage öffentlicher Jugendhilfe durch eine Berichterstattung, die nicht nur Einzelschicksale skandalisierend aufbauscht, sondern sogar häufig falsche Informationen über das heutige kommunale Jugendhilfeangebot verbreitet. Dadurch entstehen Vorurteile, die bei den Bürgerinnen und Bürgern Mißtrauen wecken. Solche Vorurteile demotivieren z.b. Eltern und Kinder, Hilfe aktiv zu suchen. So spielen bereits vor der persönlichen Kontaktaufnahme mit den Fachkräften der Jugendhilfe negative Einstellungen eine Rolle, die den Zugang zu Hilfeangeboten erschweren. Die Diskrepanz zwischen den hohen fachlichen Ansprüchen an die eigene Arbeit und der demotivierenden Außenwirkung der Jugendhilfe hat hier ihre Grundlagen.

(4) **Vernachlässigte Öffentlichkeitsarbeit:** Es gibt ein Defizit an fachlicher, kundenwirksamer Öffentlichkeitsarbeit in der Jugendhilfe. Die Angebote des Amtes für Kinder, Familien und Senioren werden nicht in der notwendigen Form bekannt gemacht. Zudem fehlen häufig Fachkräfte, die für diese Aufgaben verbindlich verantwortlich sind. Diese Problematik hängt nicht zuletzt mit Auffassungen zusammen, Sozialarbeit dürfe für ihre Angebote keine Werbung machen, Hilfe sei sparsam zu gewähren und Zugänge müßten geradezu erschwert werden – ganz gleich, ob Bürgerinnen und Bürger rechtlich verankerte Ansprüche auf Hilfe und Unterstützung haben oder nicht.

(5) **Abwehr und methodische Defizite:** Auch die Fachkräfte selbst verstellen die Zugänge, bauen Barrieren auf. Ihre eigenen abwehrenden Einstellungen, keine Hilfe leisten zu können oder zu wollen, tragen dazu bei, dass das Hilfesystem unzugänglich bleibt bzw. als eine bürgerfeindliche Aktion mißverstanden wird. Grund dafür sind einerseits fachliche Unklarheiten und Unsicherheiten sowie andererseits eingeschränkte finanzielle, räumliche und methodische Möglichkeiten. Daraus können Überlastung und Unzufriedenheit der einzelnen Fachkräfte entstehen, die ausschlaggebend für eine Abgrenzung gegenüber der Öffentlichkeit und den Hilfesuchenden sind. Dies geschieht um so häufiger, wenn die Fachkräfte ein unsicheres berufliches Selbstverständnis entwickelt haben und ihre Aufgabe (insbesondere bei Wahrnehmung ihrer Garantenpflicht in Fällen einer Kindeswohlgefährdung) als einen lästigen Pflichtauftrag verstehen, dem sie am liebsten ausweichen würden.

(6) **Hilfeablehnung:** Aber auch die Bürgerinnen und Bürger machen es sich selbst im Zugang zu den Hilfeangeboten nicht leicht. Es fehlen ihnen sachgerechte Informationen über Hilfeangebote und -prozesse. Sie wissen oft nicht, an wen sie sich wenden können. Hilfe wird aber auch deswegen nicht gesucht und eingefordert, weil das Eingeständnis, Hilfe in schwierigen Lebenslagen zu brauchen, auf eine Kränkung hinausläuft, es alleine nicht geschafft zu haben. Deswegen melden die Betroffenen – gerade in zugespitzten Notlagen – keinen Hilfebedarf an und verschanzen sich in der eigenen Abwehr, bis die Hilfe schließlich unabweisbar geworden ist.[17]

4. Qualitätsstandards

(1) **Proaktives Programmkonzept:** Wir setzen in der Jugendhilfe auf Begegnung und Dialog. Wir erklären unsere Hilfeangebote und gehen aktiv auf Familien zu. Alle Beteiligten werden von Anfang an einbezogen, gefragt und gehört. Jeder Anfang wird für eine partnerschaftliche Problemkonstruktion genutzt. Dabei nehmen die Fachkräfte eine offene, interessierte, zugewandte und freundliche Haltung ein. Die Bedeutung früher, präventiver Hilfen wird erkannt.

(2) **Zusammenarbeit:** Wir suchen in der Jugendhilfe grundsätzlich die Zusammenarbeit mit anderen Fachkräften und Einrichtungen und nicht nur im Einzelfall. Wir vernetzen die unterschiedlichen Hilfesysteme und sorgen gemeinsam für die Öffnung der Zugänge. Mit unseren Partnern treffen wir methodische Absprachen und Vereinbarungen und fördern die Kooperation.

(3) **Positivimage:** Wir stellen die eigenständigen Aufgaben und Möglichkeiten der Jugendhilfe selbstbewußt heraus und betonen unsere Entschlossenheit, die Bürgerinnen und Bürger bei der Bewältigung ihrer Lebensaufgaben zu unterstützen, insbesondere um Benachteiligungen zu vermeiden und abzubauen, Eltern bei der Erziehung zu beraten und zu unterstützen, Kinder und Jugendliche vor Gefahren für ihr Wohl zu schützen und positive Lebensbedingungen für junge Menschen und Familien zu schaffen.[18] Wir nutzen den Anfang als „Schlüsselsituation", in der sich entscheidet, ob Hilfe überhaupt mög-

---

17 Vgl. PPQ 3 Fremdmelder, PPQ 4 Unfreiwillige Klienten
18 Vgl. § 1 KJHG

lich ist oder auch nicht. Wir haben grundsätzlich zwei Optionen und unterscheiden uns für Hilfe oder Nicht-Hilfe.[19]

(4) **Gezielte Öffentlichkeitsarbeit:** Die Jugendhilfe betreibt eine kundenwirksame fachliche Öffentlichkeitsarbeit. Die Hilfen werden bekannt gemacht, die Barrieren und Schwellen werden gesenkt. In der Öffentlichkeit, gegenüber Eltern, Kindern und Jugendlichen sowie bei anderen Einrichtungen werden das Leistungsangebot und die eigenen Kompetenzen von den Fachkräften der Jugendhilfe selbstbewußt und klar dargestellt. Die Fachkräfte schließen in der Öffentlichkeit bestehende Informationslücken und ebnen den Weg, Hilfen bei Bedarf zu nutzen.

(5) **Fachliche Rollenklarheit/methodische Kompetenz:** Die Fachkräfte treten den Bürgerinnen und Bürgern offen und freundlich gegenüber. Sie sind aufrichtig und realistisch in ihrem Hilfeangebot und sorgen für eine einladende Atmosphäre in ihren Einrichtungen. Die Räumlichkeiten sind kindgerecht, behindertengerecht und methodisch sachgerecht. Die Erreichbarkeit der Fachkräfte ist sichergestellt. Verbindlichkeit und Diskretion im Umgang mit den Bürgerinnen und Bürgern sind selbstverständlich. Die Fachkräfte sind für die Aufgaben im Vorfeld besonders geschult. Spezielle Ansprechpartner koordinieren die Aufgaben im Vorfeld nach innen und außen.

(6) **Hilfemotivierung:** Wir informieren die Bürgerinnen und Bürger über die konkreten Angebote der Jugendhilfe, ihre gesetzlichen Leistungsverpflichtungen und über die Rechte und Ansprüche der Bürgerinnen und Bürger im Hilfeprozess. Wir nehmen die Abwehr der Betroffenen ernst und thematisieren sie als eine verständliche Reaktion auf die Unzulänglichkeiten der öffentlichen Jugendhilfe ebenso wie auf Scham- und Schuldgefühle der Betroffenen, überhaupt auf Hilfe angewiesen zu sein. Wir überrennen daher die Hilfeabwehr nicht sondern nutzen sie als Ausgangspunkt für ein faires und solidarisches Hilfeangebot. Grundsätzlich ermutigen wir die Bürger, selbst Hilfe zu suchen.

5. Prozessgestaltung: Methoden und Verfahren

(1) Wir untersuchen die bisherigen Zugänge der Hilfeangebote des Amtes für Kinder, Familien und Senioren und fragen: Wie kamen Bürge-

---

19 „Wer für alles offen ist, kann nicht ganz dicht sein" (Martin Hüsch)

Im Vorfeld der Hilfe – die Öffnung der Zugänge

rinnen und Bürger bisher zu uns? Welche methodischen Schritte und Verfahren haben sich in der Praxis im Vorfeld bewährt? Wie werden wir von unseren Klienten und Klientinnen und von unseren Fachkollegen und Fachkolleginnen gesehen? Welcher Hilfebedarf besteht? Welche interdisziplinären Kontakte haben sich bewährt?

(2) Die Fachkräfte werden fachlich fortgebildet, sich einladend und kundenfreundlich zu verhalten. Insbesondere wird die Herausbildung eines sicheren Selbstkonzeptes und souveräner Fachkompetenz gefördert (Rollenprofil) und durch Personalentwicklung gestützt.

(3) Die Partnerinstitutionen im Bezirk, insbesondere Kindergärten, Tagesstätten, Horte, Schulen, Kinderärzte, usw. werden regelmäßig kontaktiert. Dadurch wird ein gegenseitiges Verständnis von Arbeitsinhalten, Sichtweisen und Methoden der verschiedenen Professionen erreicht. Über die Verstärkung der Zusammenarbeit bei der Erstellung von Leistungsangeboten wird das Hilfeangebot vernetzt. Stadtteilorientierte, niederschwellige Angebote werden bedarfsorientiert in Kooperation mit den Betroffenen entwickelt und gestaltet.[20]

(4) Es werden regelmäßig schriftliche Presse-Informationen herausgegeben, die Angebote der Jugendhilfe und Wege ihrer Nutzung erläutern. Eine gezielte Berichterstattung durch die Fachkräfte und eine fachliche Unterstützung der Journalisten ermöglichen, falsche Vorstellungen in der Öffentlichkeit über Sinn und Zweck der Jugendhilfe zu revidieren und dadurch Barrieren abzubauen. Informationsbroschüren über die Angebote des Jugendamtes werden erarbeitet, im Amt und in anderen Institutionen ausgelegt und regelmäßig an die Haushalte verschickt. Die bestehenden Ängste und Vorurteile gegenüber der Jugendhilfe werden durch freundliche, informative Anschreiben sowie durch eine bürgernahe Ansprache abgebaut.

(5) Unsere Sprechzeiten sind flexibel am Bedarf ausgerichtet und wir sind auch zu unkonventionellen Zeiten erreichbar. Wir gestalten unsere Räume ansprechend, einladend und sachgerecht, d.h. wir ermöglichen Datenschutz und Diskretion im Hilfeprozess (separate Beratungsräume) aber auch eine größtmögliche Effektivität der Verwaltungsabläufe (angemessene Büroausstattung). Spielmaterial für Kinder steht in jedem Stadtteilbüro bereit.

---

20 Vgl. PPQ 2 Prävention

6. Prozessdokumentation

Um die Qualität der Dienstleistungsgebote zu sichern, dokumentieren wir die folgenden Daten:

(1) Anzahl und Anliegen aller Ratsuchenden
(2) Untersuchungen zur Zufriedenheit von Klienten und Klientinnen bzw. anderen Fachkräften
(3) Veröffentlichungen über die Hilfepraxis des Amtes für Kinder Familien und Senioren
(4) Anregungen und Verbesserungsvorschläge von allen Seiten zur Öffnung der Zugänge in der Jugendhilfe

PPQ 2 –
Frühe und präventive Hilfen für Eltern und Kinder[21]

„Es geht nicht um einen „neuen" Menschen, sondern darum, dem alten, verkrümmten, unterdrückten, dem unterschiedlichen, wandelbaren, unverlierbaren, dem weder guten noch bösen Menschen zu seinem Recht auf sich selbst zu verhelfen".

(Hartmut von Hentig)

1. Aufgabe

Die Aufgabe präventiven Denkens und Handelns in der Jugendhilfe ist es, Hilfeangebote nicht erst dann zu machen, wenn eine problematische Situation bereits eingetreten ist, sondern möglichst frühzeitige, vorausschauende und problemvermeidende Hilfen bereitzuhalten.

Frühe und präventive Hilfen für Familien müssen an den Stärken und Ressourcen von Familien ansetzen und nicht an ihren Defiziten und Entwicklungsrückständen. Die Entwicklung von partnerschaftlichen Hilfeangeboten im nachbarschaftlichen Umfeld muss daher verstärkt werden. Präventive Hilfen dürfen sich nicht auf den Einzelfall konzentrieren, sondern müssen proaktiv im Gemeinwesen ansetzen. Ihre Nutzung muss für die Menschen im Gemeinwesen selbstverständlich und alltäglich werden.

Bei präventiven Hilfen für Familien unterscheiden wir:
1. frühe, soziale Hilfeangebote (wie z.B. Mutter-Kind-Gruppen, Elternberatung, offene Elterntreffs, Gesprächsgruppen) und
2. gesundheitlich orientierte Frühförderung von Risikokindern und körperlich und geistig behinderten Kindern.

Aufgabe von Prävention im psycho-sozialen Kontext ist es:
1. ein soziales Kontaktnetz für Familien zu schaffen, das gegenseitige Unterstützung möglich macht
2. Bindungen in Familien zu fördern und zu stärken
3. Erziehungs- und Betreuungsressourcen von Eltern zu stärken
4. Hilfe zur Selbsthilfe zu leisten

---

21 PPQ 2 wurde von Gudrun Freitag, Martin Hüsch Stelzmann und Liane Kusch erarbeitet

5. Überforderung von Eltern im Umgang mit ihren Kindern, Mißhandlung und Vernachlässigung von Kinder, wie überhaupt Gewalt von Familien frühzeitig zu erkennen und zu verhindern.

Aufgabe von Prävention in der gesundheitlich orientierten Frühförderung ist es,

1. Elternberatung rund um Schwangerschaft und Geburt anzubieten
2. Elternberatung bezogen auf die Versorgung von Säuglingen und Kleinkindern zu leisten
3. Entwicklungsverzögerungen bei Kindern zu erkennen
4. körperliche und geistige Behinderungen bei Kindern zu behandeln.

Da Prävention im örtlichen Gemeinwesen ansetzen muss, ist es sinnvoll, die *psycho-soziale* und die *gesundheitliche Prävention* unter einem Dach anzubieten und nicht – wie dies bisher häufig geschieht – unter verschiedenen Zuständigkeiten (Jugendamt/Gesundheitsamt) an verschiedenen Orten mit unterschiedlichen Ansprechpartnern. Im Rahmen von Prävention muss die interdisziplinäre Zusammenarbeit zwischen Ärzten, Kindergärten, Schulen, Gesundheitsämtern und Jugendämtern intensiviert werden.

Die frühe Unterstützung, Beratung und Förderung von Familien muss als das gesehen werden, was sie ist: Die Vermeidung von traumatisierenden Erfahrungen (nicht zuletzt durch behördliche Eingriffe) und von kostspieligen nachträglichen ‚Behandlungen' (wie Fremdunterbringung und Therapie) durch eine Verbesserung der unmittelbaren Lebensumstände der Familien – von Anfang an, im Zusammenwirken gesellschaftlicher Gruppen, von Initiativen und Vereinen an der Basis des Gemeinwesens selbst.

Auf diese Weise wird ein Perspektivenwechsel der Jugendhilfe möglich, der durch die Stichworte ‚Ressourcenentwicklung' sowie ‚Stützung und Vernetzung im Gemeinwesen' durch das KJHG gekennzeichnet ist. Daraus ergeben sich neue ‚Strukturmaximen'[22] und ‚Handlungsprinzipien'[23] für eine modernen Jugendhilfepraxis:

- **Prävention**, gezielt auf lebenswerte, tragfähige Verhältnisse, in denen Konflikte und Krisen möglichst erst gar nicht entstehen bzw. gerichtet auf vorbeugende Hilfen in Lebenssituationen von Familien,

---

22 Vgl. BMFSJ: 7. Kinder- und Jugendbericht der Landesregierung NRW, 1990, S. 85ff
23 Vgl., Kreft, D./ Mielenz, I. (Hg.): Wörterbuch Soziale Arbeit, Weinheim u. Basel: Beltz, 1996, 4. Auflage, S. 1

die erfahrungsgemäß belastend sind und sich zu Krisen auswachsen können.[24]
- **Lebensweltorientierung**, gerichtet auf die unterschiedlichen Lebenslagen der Menschen. Hierbei sollen dezentrale und regionale Hilfen und Beratungsformen im Ort und Stadtteil verstärkt werden.
- **Alltagsorientierung**, gerichtet auf eine ganzheitliche, nicht ausschließliche individualisierte Hilfe, die im Alltag leicht zugänglich (d. h. niedrigschwellig) ist.
- **Existenzsicherung/Alltagsbewältigung**, orientiert auf die Sicherung von Grundbedürfnissen
- **Partizipation und Freiwilligkeit**, gerichtet auf eine mitgestaltende Beteiligung der Klienten, um die Akzeptanz gegenüber Hilfeangeboten zu erhöhen.
- **Einmischung**, verstanden als Entwicklung von Jugendhilfeangeboten über den traditionellen Zuständigkeitsbereich hinaus: z.b. in den Bereichen Schule, Wohnen, berufliche Bildung, Stadtentwicklung.

Als Ganzes sind damit die Aufgaben und Handlungsmöglichkeiten für die Prävention sozialer Problemlagen stark erweitert. Daneben behält jedoch der Auftrag an die staatliche Jugendhilfe, die Pflege und Erziehung von Kindern zu überwachen, seine Gültigkeit, was auf eine *doppelte Hilfeleistung* für Kinder und Eltern hinausläuft: Unterstützung bei der Sicherung des Kindeswohls und Hilfe für die Eltern, sich zu kontrollieren und damit zu verhindern, dass sie in Gewalt- und Misshandlungskonflikten scheitern.[25]

2. Rechtliche Grundlagen

Bereits Mitte der 80er-Jahre wurde eine moderne Jugendhilfe mit neuen Zielbestimmungen und Prinzipien wie ‚Leistung statt Eingriff', ‚Prävention statt Reaktion', ‚Flexibilisierung statt Bürokratisierung' und ‚Demokratisierung statt Bevormundung' beschrieben.[26] Schließlich hat aber nach einer insgesamt zwanzigjährigen fachlichen Diskussion das 1990 verabschiedete Kinder- und Jugendhilfegesetz ein neues Verständnis von Jugendhilfe durchgesetzt: Nicht mehr die reaktive Aufrechterhaltung der öffentlichen Sicherheit und Ordnung, die Ausgrenzung verwahrloster Ju-

---

24 Vgl. BMFSJ 7. Kinder- und Jugendbericht der Landesregierung NRW 1990, S. 85
25 Vgl. PPQ 8 Kinderschutz
26 Vgl. Münder, J. u.a. (Hg.): Frankfurter Lehr- und Praxiskommentar zum KJHG. Münster: Votum, 1999, S. 84

gendlicher durch geschlossene Unterbringung und Arbeitserziehung oder die Rettung von Kindern vor dem gefährdenden Einfluss ihrer Eltern sind der zentrale Auftrag der Jugendhilfe sondern die Förderung der Entwicklung junger Menschen und ihre Integration in die Gesellschaft durch allgemeine Förderungsangebote und Leistungen in unterschiedlichen Lebenssituationen.[27] Insbesondere im § 16 des KJHG werden die präventiven Aufgaben beschrieben.

3. Probleme im Aufgabenfeld

(1) **Das zentrale Paradox jeder Prävention:** Prävention steht vor einer grundsätzlichen Problematik. Sie will nämlich Problemlagen verhüten, wo Probleme noch gar nicht sichtbar sind, sondern sich möglicherweise erst entwickeln könnten. Was man aber nicht kennt, kann man nicht verhüten. Viel günstiger wäre es deshalb, Lebensbedingungen mit schaffen zu helfen, von denen wir wissen, dass sie sich günstig für die Lebensgestaltung auswirken. Damit Prävention überhaupt wirksam werden kann, muss sie die Stärken der Menschen stärker und die Hilfenetze sicherer machen, was gegenwärtig häufig verfehlt wird.

(2) **Fehlende Programme und Konzepte der Prävention:** Obwohl das KJHG im Geist präventiver Hilfe verfasst ist, gibt es in vielen Jugendämtern bisher kein ausführliches Konzept für die Praxis der Prävention. (Dormagen ist in diesem Zusammenhang keine Ausnahme.) Darüber hinaus ist soziale Arbeit viel zu oft reaktiv, anstatt im Gemeinwesen proaktiv anzusetzen, vorausschauend und problemvermeidend zu wirken. Präventive Hilfeangebote im nachbarschaftlichen Umfeld sind bisher entweder zu wenig vorhanden oder sie werden zu wenig beachtet bzw. nicht miteinander vernetzt.

(3) **Defizit- und Einzelfallorientierung:** In der täglichen Arbeit stehen präventive Maßnahmen in der Reihenfolge weit hinter reaktiven und interventiven, im wesentlichen korrigierenden oder therapeutischen Maßnahmen. Es gibt eine Tendenz, Familien nach ihren Problemen, Einschränkungen und Defiziten einzuschätzen und Hilfen entsprechend zu organisieren.[28] Die Gefahr ist dabei groß, die vorhandenen

---

27 Vgl. Wiesner u. a., SGB VIII, 2000
28 Vgl. Hilfen von Anfang an. Tagung des Vereins für Kommunalwissenschaften e.V in Bogensee. Berlin 1999, S. 9

Stärken und Ressourcen der Familien aus den Augen zu verlieren. Wer an Defiziten ansetzt, trägt – gewollt oder ungewollt – zur Stigmatisierung von Klientinnen und Klienten der Sozialarbeit bei.

(4) **Schichtspezifische Verengung und Versorgungsdefizite:** Vor Ort sind Angebote früher Hilfen – wenn es sie überhaupt gibt – nicht selten auf Mittelschichtangehörige und deren Interessen zugeschnitten. Darum werden Beratungsstellen, Gruppenangebote, VHS-Kurse usw. gerade von denjenigen oft nicht genutzt, deren Zugangsvoraussetzungen, Sprachen und Lebensumstände sich von Mittelschicht- und Oberschichtangehörigen unterscheiden. Nicht selten werden Mobilität und Eigenaktivitäten (nicht zuletzt bei der Infobeschaffung), die Beherrschung bestimmter Verhaltensnormen und ein selbstbewusster Umgang mit Behördenstrukturen einfach vorausgesetzt und selbstverständlich erwartet. Sozial benachteiligte Familien (Sozialhilfeempfänger, Alleinerziehende, junge Mütter, ausländische Familien) werden jedoch auf diese Weise nicht erreicht und es entwickeln sich in der präventiven Arbeit deutliche Versorgungsdefizite. Es fehlt an Informationen, wo es diese Angebote gibt oder bekannte Angebote werden nicht in Anspruch genommen. „Eltern, die nicht über eine sogenannte Geh-Struktur verfügen, sind für solche Angebote nur schwer zu aktivieren."[29] Die Erkenntnis, dass ‚aufsuchende Elternhilfe' für diese Zielgruppe notwendig ist, steckt noch in den Kinderschuhen. Auch werden Kinder oft erst ab Vorschulalter oder Schulalter mit Verhaltensauffälligkeiten den Einrichtungen der Jugendhilfe und des Gesundheitswesens vorgestellt. So können sich unter Umständen Beeinträchtigungen und gestörte Beziehungen bei Kindern schon so verfestigt haben, dass ambulante Hilfen nicht mehr ausreichend sind.

(5) **Kompetenzlücken:** Prävention ist nicht zuletzt problematisch, weil Fachkräfte in der präventiven Arbeit nur unzureichend ausgebildet sind und es an einer reflektierten präventiven Methodenkompetenz fehlt. Häufig wird aber auch für präventive Arbeit gar keine Arbeitszeit veranschlagt, gehen die Fachkräfte in der reaktiven Behandlungsarbeit auf. Damit reproduziert die Praxis die Vernachlässigung eines Aufgabenbereiches, die auch im Feld der Ausbildung und Forschung zu beobachten ist.

---

29 Hilfen von Anfang an. Tagung des Vereins für Kommunalwissenschaften e.V. in Bogensee.. Berlin, 1999, S. 31

4. Qualitätsstandards

(1) **Produktive Lebensweltgestaltung:** Prävention trägt dazu bei, Lebensbedingungen schaffen zu helfen, von denen wir wissen, dass sie sich günstig auf die Lebensgestaltung auswirken, d.h. sie fördert den Kontakt von Familien in Bezirk und Nachbarschaft und organisiert im Verbund hilfreiche Unterstützungssysteme. An den Stärken der hilfenutzenden Menschen ansetzend werden die präventiv wirkenden Fachkräfte zu verlässlichen Partnern in einer neuen Kultur des Aufwachsens.[30]

(2) **Differenzierte Programmkonzepte:** Präventive Arbeit wird unter den Fachkräften in einem abgestimmten Prozess programmatisch entwickelt und organisiert. Die Aufgabe der Prävention ist im Haushalt budgetiert. Die notwendigen Räume und Ausstattungen stehen zur Verfügung. Ausgehend von den Stadtteilbüros des Amtes für Kinder, Familien und Senioren wird ein Gesamtkonzept der Prävention unter Einbeziehung der Hilfeangebote im nachbarschaftlichen Umfeld entwickelt, das die folgenden Elemente erfasst:

- Öffentlichkeitsarbeit
- regelmäßige Besuche von Schulen, Jugendzentren, Kindergärten
- Teilnahme an Festen, politischen Veranstaltungen und Veranstaltungen von Bürgerinitiativen
- Neue Wege der Kontaktaufnahme mit jungen Familien, z.B. über Elternbriefe
- Feste im Stadtteilbüro und Gruppenarbeit für verschiedene Ziel- und Altersgruppen

(3) **Ressourcenorientierung und Milieubezug:** Das präventive Programm ist nicht-diskriminierend. Es vermeidet ausgrenzende Stigmatisierung und moralisierendes Bewerten. Gute Prävention setzt zuerst auf die Milieuveränderung vor der Veränderung einzelner Personen. Dabei sind die Helfer sich dessen bewusst, dass sie ein Teil des Milieus sind, welches sie verändern wollen, dass sie selbst zum Lebensumfeld der Klientinnen und Klienten gehören. Die Veränderung des Milieus beginnt darum mit der Veränderung der helfenden Fachkräfte.

---

30 Vgl.: Bundesministerium für Familien, Senioren, Frauen und Jugend (BMFSFJ) (Hg.): Zehnter Kinder- und Jugendbericht. Bericht über die Lebenssituation von Kindern und die Leistungen der Kinderhilfen in Deutschland. Bundestagsdrucksache 13/11368, Bonn: 1998, S. 25 u. 178

(4) **Soziale Öffnung und Versorgungsbreite:** Der schichtübergreifende Dialog und die interdisziplinäre Kommunikation sind die Basis der Prävention, die sich weniger auf die Behandlung von Defiziten bei Einzelnen, sondern vielmehr auf die Vernetzung existierender Gruppen, Institutionen und Einzelpersonen im Gemeinwesen richtet. Die Sozialarbeiterinnen und Sozialarbeiter wirken als Brückenbauer. Präventive Arbeit hat ihren Kern im Aufbau und in der Gestaltung sozialer Kontakte und der Vernetzung von Hilfesystemen. Prävention ist so angelegt, dass sie interessant ist, dass sie neugierig und Spaß macht, dass sie ermutigt und Entwicklungen im Zusammenwirken aller Beteiligten ermöglicht (Familiennetzwerk als Zukunftsmodell).

(5) **Förderung präventiver Kompetenz:** Die Fachkräfte sind für die präventive Arbeit fortgebildet und verfügen über die notwendige Methodenkompetenz insbesondere über die Netzwerkarbeit, damit sie in der Lage sind, in Kontexten zu denken und zu handeln. Insbesondere kennen sie die moderne Entwicklungspsychologie und Resilienzforschung, um Schutz und Risikofaktoren von Kindern sicher erkennen zu können und Ressourcen für die Hilfeplanung zu erschließen – von Anfang an. Nicht zuletzt verstehen sie es, die Aufgaben der Prävention in der Öffentlichkeit darzustellen und zu vermitteln.

5. Prozessgestaltung: Methoden und Verfahren

(1) Die Planung und Durchführung präventiver Hilfen beginnt bei den Helfern selbst. Sie nehmen sich Zeit für präventive Arbeit und sorgen dafür, dass die präventive Arbeit im Stadtteil präsent ist. Der Kontakt und Austausch zu anderen Kolleginnen und Kollegen wird gepflegt, die Zugänge zu Fachkräften und anderen Hilfen werden geöffnet.
(2) Vorliegende Erfahrungen in der Prävention werden von den Fachkräften studiert und ausgetauscht.
(3) Neben der Risikoerkennung im Einzelfall wird Prävention auf ökologische Sichtweisen (weg vom Einzelnen hin zu Gruppen im Gemeinwesen) umgestellt. Die Ressourcen von Familien, Gruppen und Institutionen werden entdeckt und genutzt.
(4) Die Zusammenarbeit mit anderen Kollegen wird bewusst gesucht, die interessierten Fachkräfte werden miteinander vernetzt (Hilfeverbund, Arbeitsgemeinschaft). Das Jugendamt hat dabei den besonderen Auftrag, den Hilfeverbund zu organisieren.
(5) Niedrigschwelliger Zugang ermöglicht eine gute Nutzung der Angebote im Gemeinwesen:

- offener Treff, Stadtteilcafé
- Frauen-Mütter-Gruppen
- Elterngruppen/Vätergruppen
- Elternbildung
- Sozialberatung, Schuldnerberatung, Rehabilitationsprogramm
- Vermittlung von Hilfen auf Gegenseitigkeit
- Elternbriefe, verschickt durch das Jugendamt

6. Prozessdokumentation

(1) Wir sammeln Daten über Familien mit kleinen Kindern (Sozialraumanalyse/Befragung bei Hebammen, Kindergärten, Ärzten, Krabbelgruppen usw.)
(2) Wir führen eine Fragebogenerhebung bei allen Einrichtungen durch, um einen regionalen Präventionskatalog zu erstellen.
(3) Wir führen Programmevaluationen durch.

PPQ 3
Der Umgang mit Fremdmeldern[31]

> „Nicht die Untersuchungen des Objekts, sondern die des Beobachters eröffnet uns einen Zugang zum Wesen der Beobachtungssituation. Die Daten der Verhaltenswissenschaft sind deshalb unter drei Gesichtspunkten aufzuschlüsseln: 1. das Verhalten des Objekts, 2. die „Störungen", die durch die Existenz und die Tätigkeit des Beobachters hervorgerufen werden, 3. das Verhalten des Beobachters: seine Ängste, seine Abwehrmanöver, seine Forschungsstrategien, seine „Entscheidungen" (d.h. die Bedeutung, die er seinen Beobachtungen zuschreibt)."
>
> (Georges Devereux)

1. Aufgabe

Mit dem Wandel der Entwicklung der Familie und der Stellung der einzelnen Familienmitglieder zueinander haben sich Inhalt und Charakter von Fremdmeldungen gerade im vergangenen 20. Jahrhundert gewandelt. Fremdmeldungen, d.h. die Aufnahme eines Kontaktes mit dem Jugendamt von Personen, die sich selbst erst einmal nicht als Klienten oder Nutzer von Hilfen des Jugendamtes sehen, waren hauptsächlich an beobachtetes abweichendes Verhalten geknüpft. Diese „Melder" waren häufig an den geläufigen Werten und Normen und den ungeschriebenen Gesetzen, was „man" nicht machen durfte, orientiert. Soweit es Kinder betraf, bezogen sich Fremdmeldungen oftmals auf delinquentes Verhalten und offenkundige Verwahrlosung von Kindern und Jugendlichen. Die auf eine Fremdmeldung folgende staatliche Intervention hatte in der Regel repressiven Eingriffscharakter.

Innerhalb der Familie bestand an der Macht der Eltern, insbesondere des Vaters, über die Kinder keinerlei Zweifel. Die Kinder standen unter strenger Aufsicht und galten als das Eigentum der Eltern. Die Idee, dass Kinder als Menschen in Entwicklung zu sehen sind, dass es Kindheit überhaupt gibt, hatte sich noch nicht als soziale Tatsache durchgesetzt.

Erst in den letzten drei Jahrzehnten des 20. Jahrhunderts hat das Kind im Verhältnis zum Erwachsenen an rechtlicher Besserstellung gewonnen. Parallel dazu wurde die Macht der Erwachsenen zurückgenommen. Gleichzeitig begann eine beispiellose institutionelle Vergesellschaftung der Erziehung. Seither sprechen wir von einer „Erziehungskindheit", die

---

[31] PPQ 3 wurde von Fred Bensch, Ulli Biermanski und Klaus Holland erarbeitet.

grundsätzlich widersprüchlich als Kindheit zwischen „Individualisierung und Institutionalisierung" beschrieben werden kann.[32]

Auch Fremdmeldungen heute sind von diesen Ambivalenzen geprägt. Fremdmelder machen sich Sorgen, dass Kinder möglicherweise in ihrer eigenständigen Entwicklung gefährdet sind. Andererseits halten sie an traditionellen Bewertungsmustern von Eltern-Kindbeziehungen und Generationenverhältnissen fest. Nicht selten agieren sie auch aggressive Gefühle gegenüber Eltern und ganzen Familien, denen sie die staatliche Behörde „ins Haus schicken" wollen, damit diese nach dem Rechten sehen. Anstatt selber zu helfen, schalten sie soziale Fachkräfte ein.

Diese Ambivalenzen zu verstehen, ist die reflexive Herausforderung, vor die sich Fachkräfte heute gestellt sehen, wenn sie es mit Fremdmeldungen zu tun haben. Fremdmelder offen anzuhören, ihnen verständnisvoll zu begegnen und ihre Informationen aufzugreifen, ist eine wichtige Aufgabe der öffentlichen Jugendhilfe. Fremdmelder sind unsere Klienten, deren Anliegen wir schätzen und deren Widersprüche wir ernst nehmen. Als Beteiligte am Fall, mit denen man hilfeorientiert zusammen arbeiten kann, nutzen wir sie als Brücke für weitere Hilfeangebote an Eltern und Kinder sowie an andere Fachkräfte.

2. Rechtliche Grundlagen

Im Grundgesetz werden die Werte und Grundrechte formuliert, auf die der Einzelne und die Gruppe in der Gesellschaft Anspruch haben und an denen sich die Gesellschaft orientiert.

Bezogen auf Kinder und Eltern führt das KJHG dazu Weiteres aus.

Im Artikel 6 Absatz 2 verpflichtet das GG die staatliche Gemeinschaft, über die Eltern zu wachen, deren Recht und Pflicht die Pflege und Erziehung der Kinder ist.

Im KJHG wird in den §§ 3,4 und 36 die Zusammenarbeit von den am Hilfeprozess beteiligten Fachkräften gefordert, die aber erst zum Zuge kommen, wenn die Eltern bzw. das Kind Hilfe beantragt haben oder das Jugendamt im Rahmen seines Wächteramtes eingreifen muß bzw. wenn das Familiengericht z.B. nach § 1666 BGB entschieden hat.

Die Aufforderung an einzelne Bürger, sich einzumischen, sich zu engagieren und sich selber im Hilfeprozess zu beteiligen, wird vom Gesetzgeber im Zusammenhang mit Rechten und Pflichten von Kindern und Eltern nicht explizit behandelt. Allerdings legt das Strafrecht die Kriterien

---

32 Vgl. Honig, M.-S.: Entwurf einer Theorie der Kindheit. Frankfurt a. M.: Suhrkamp, 1999

fest, nach denen Menschen zur Hilfeleistung im Gefahren- und Konfliktfall verpflichtet sind (unterlassene Hilfeleistung § 323 c StGB).[33] Nehmen verschiedene Behörden zueinander Kontakt auf, spielen nicht zuletzt auch Datenschutzgesetze[34] eine Rolle, die Fragen der Weitergabe von geschützten Personendaten regeln. Eine allgemeine Melde- und Informationspflicht von Kindeswohlgefährdungen gibt es in Deutschland nicht.

Die Ambivalenz zwischen verantwortlicher Einmischung und Wahrung individueller Freiheitsrechte, zwischen dem verbrieften Schutz der Privatsphäre und der Notwendigkeit öffentlicher Kontrolle, von Eingriff und Hilfe wird an der widersprüchlichen Gesetzeslage deutlich.

3. Probleme im Aufgabenfeld

(1) **Fremdmelder als Nicht-Klienten:**[35] Traditionell stehen in der Jugendhilfe Selbstmelder nicht im Vordergrund. Vielmehr machen andere Fachkräfte, Institutionen und Fremdmelder den Großteil des Hilfebedarfs aus. Schätzungen gehen davon aus, dass die Gruppe der Fremdmelder mindestens 30 % aller Erstmeldungen umfasst. Dennoch sind Fremdmelder als Klienten eher übersehen worden. „Vielfach werden sie als störend erlebt und man signalisiert ihnen, dass sie mit ihrem Anliegen beim Jugendamt an der falschen Adresse seien."[36] Jedenfalls scheinen Fremdmelder für viele Fachkräfte im Jugendamt zunächst keine besonders „beliebten" Klienten zu sein. Sie werden oft als Belastung erlebt und nicht als Partner im Hilfeprozess akzeptiert, zumal Fremdmelder selbst einen eigenen Hilfebedarf in der Regel nicht anmelden. Sie sehen sich als Unbeteiligte und verstehen sich eher als „Auftraggeber" der Jugendhilfe.

(2) **Beziehungsmäßige Spannungen:** In der Begegnung und im Kontakt mit Fremdmeldern und den Fachkräften des Jugendamtes entsteht leicht ein beziehungsmäßiges Spannungsverhältnis. Es wird Druck gemacht und die Fachkräfte reagieren auf den Handlungsdruck von außen oftmals mit Abwehr. Vor allem bestehen unterschiedliche Erwartungen

---

33 Vgl. in diesem Zusammenhang auch: Bringewat, P.: Sozialpädagogische Familienhilfe und strafrechtliche Risiken. Stuttgart: Kohlhammer, 2000
34 Vgl. KJHG §§ 61 ff.
35 Wir nehmen hier die Problemanalyse unserer Grazer Kollegen auf: Vgl. Magistrat Graz (Hg): Qualitätskatalog der Grazer Jugendwohlfahrt. Graz: Magistrat Graz, 2000, S. 3-4
36 ebenda

aneinander: Die Fachkräfte wollen möglichst anschaulich und konkret etwas vom Fremdmelder wissen, schätzen aber dessen „Aufträge" nicht und halten sie häufig für nicht sachgerecht, da sie in die eigenen fachlichen Wahrnehmungsmuster nicht zu passen scheinen. Auf der anderen Seite wollen die Fremdmelder etwas "loswerden", aber am Hilfeprozess wollen sie in der Regel nicht beteiligt werden.

(3) **Widersprüchliche Erwartungen:** Die Beziehung zwischen Fremdmeldern und Fachkräften ist von Anfang an von einem Nebeneinander widersprüchlicher Gefühle, Erwartungen und Wahrnehmungen geprägt. Diese Widersprüche gefährden den Dialog und bestimmen den weiteren Prozess. Fremdmelder versuchen, mit der Meldung für sich zunächst einen Entlastungsgewinn zu erzielen, was auch möglicherweise gelingt. Der mit der Fremdmeldung entstehende Handlungsdruck führt aber oftmals zu einer Tendenz der Instrumentalisierung von Fachkräften. Daraus entwickelt sich nicht selten ein Machtkampf, wer denn nun über die „richtige" Interpretation der Situation verfüge. Das erschwert natürlich die ruhige und überlegte Behandlung des Falls.

4. Qualitätsstandards

(1) **Fremdmelder als unsere Klienten**
Wir informieren die Öffentlichkeit regelmäßig über die Aufgaben des Jugendamtes und machen deutlich, welche Hilfeangebote zu unseren Dienstleistungen gehören und wie man sie nutzen kann. Wir verstehen Fremdmelder als wichtige Klienten, die ein eigenständiges Anliegen haben.

(2) **Zugewandte Arbeitsbeziehungen**
Wir begegnen den Fremdmeldern mit besonderer Wertschätzung. Wir stellen den Inhalt ihrer Meldung in den Mittelpunkt unserer Arbeitsbeziehungen. Unser Bestreben ist der Aufbau einer vertrauensvollen Zusammenarbeit, die wir als Basis und Brücke zu möglichen neuen Klienten nutzen. Zuhören ist unsere Stärke.
Wir weisen die Fremdmelder auf die mögliche Gefahr einer unberechtigten Beschuldigung anderer Menschen hin (üble Nachrede) und erläutern das Grundrecht eines jeden Menschen auf Schutz der Privatsphäre.

(3) **Realistische Erwartungen**
Wir versprechen keine schnellen Lösungen, sondern lernen in der Begegnung, in einem hoch emotionalen Spannungsfeld einen Arbeitsprozess gemeinsam zu gestalten. Wir untersuchen gemeinsam die Situation, entwerfen Hilfepläne und vertrauen darauf, dass sich im dialogischen Kontakt neue kreative Wege und Lösungen einstellen. Wir überzeugen uns gemeinsam mit den Fremdmeldern, ob sofortige Hilfe zur Gefahrenabwehr notwendig ist.

5. Prozessgestaltung: Methoden und Verfahren

Im Vorfeld der Hilfe ist es erforderlich, in der Öffentlichkeit das Hilfeangebot als eine zuverlässige Leistung darzustellen, die dauerhaft angeboten wird. Die Zuständigkeit des Amtes für Kinder, Familien und Senioren wird bekannt gemacht, damit den potentiellen Fremdmeldern die Zugänge klar und nachvollziehbar sind, damit sie auch genutzt werden können (örtliche und sachliche Zuständigkeit; direkte, postalische und telefonische Erreichbarkeit, Öffnungszeiten der Dienststelle, Notdienste).

(1) Wir nehmen die Fremdmeldung zügig und unmittelbar auf als guten gemeinsamen Anfang. Wir suchen den Dialog mit dem Fremdmelder und versuchen ihn in eine prozesshafte Sichtweise einzubinden. Dabei achten wir auf eine partnerschaftliche Ebene und auf eine verständliche Sprache. Wir sorgen so für die notwendige Transparenz in der Vorgehensweise. Wir gestalten das Gespräch in einem Klima der Offenheit und erörtern die Möglichkeiten unserer Dienstleistung. Wir prüfen unsere Zuständigkeit im Fall, ggf. leiten wir Fälle an andere Stellen zuverlässig weiter.

(2) Wir suchen den unmittelbaren Kontakt in einem persönlichen Treffen mit dem Fremdmelder. Dem Fremdmelder wird Vertrauensschutz und Anonymität zugesichert, auf der Grundlage der datenschutzrechtlichen Bestimmungen. Wir machen den Fremdmelder auch auf die Rechte der Betroffenen aufmerksam, auf die sich die Fremdmeldung bezieht.

(3) Die Meldung wird in den Mittelpunkt gestellt und vertiefend abgefragt. Der Fremdmelder erhält eine positive Rückmeldung. Seine Aufmerksamkeit und sein Engagement werden gewürdigt.

(4) Wir achten darauf, dass es nicht zu statischen Rollenverteilungen und starren Auftragserteilungen kommt, sondern halten die Situation für alle Beteiligten offen und prüfen den momentanen Handlungsbedarf. Wir entwickeln ein gemeinsames vorläufiges Handlungskonzept und stellen unsere eigene Handlungsfähigkeit sicher. Weiterhin versuchen

wir zu verdeutlichen, dass wir auch eine Nothilfefunktion ausüben und ggf. konkrete Schritte einleiten müssen (Wächteramt, Garantenpflicht).
(5) Der Erstkontakt wird mit einer verbindlichen Absprache beendet.
(6) Bei komplexen und schwierigen Sachverhalten nutzen wir die kollegiale Beratung und Begleitung. Wir entscheiden in jedem Einzelfall, ob, wann und in welchem Umfang die Fachkräfte der Leitungsebene am Prozess zu beteiligen sind.

6. Prozessdokumentation

Wir erfassen die folgenden Daten:

(1) Was meldet der Fremdmelder? (Gewalt/Kindesmisshandlung/Verwahrlosung/Vernachlässigung usw.)
(2) Wie wurde die Fremdmeldung übermittelt? (brieflich, per E-Mail, persönlich, anonym usw.)
(3) Wer ist der Fremdmelder? (Familienangehöriger, Nachbar, Person im sozialen Umfeld, ein anderer Professioneller usw.)
(4) Welches Anliegen hat der Fremdmelder? (Gefahrenabwehr, Hilfevermittlung, Eingriffswunsch usw.)
(5) Zu welchem Ergebnis hat die weitere Abklärung der Fremdmeldung geführt? (der Hinweis auf eine bestehende Notlage hat sich bestätigt, der Melder konnte in den Hilfeprozess einbezogen werden usw.)

PPQ 4
Arbeit mit unfreiwilligen Klienten[37]

> „Wir müssen lernen, Konfliktspannungen zu ertragen mit widerstreitenden Tendenzen zu leben und eben das Vertrauen zu haben, dass sich im Aushalten dieser inneren Konflikte auch die Lösung einstellt".
>
> (Helm Stierlin)

1. Aufgabe

Die Aufgabe in der Arbeit mit unfreiwilligen Klienten (d.h. mit Menschen, die nicht von sich aus Hilfe suchen) besteht für die Fachkräfte darin, aktiv auf Eltern und Kinder zuzugehen und sich dabei der „Unfreiwilligkeit" dieser Klienten bewusst zu sein. Die Fachkräfte müssen sich bewusst sein, dass sie möglicherweise Widerstände bei den unfreiwilligen Klientinnen und Klienten aktivieren, wenn sie ungebeten von sich aus mit einer Familie Kontakt aufnehmen. Indem sie intervenieren, üben sie natürlich eine Kontrolle aus, oft mit dem Ziel der Wiederherstellung von Normalzuständen im Sinne herrschender Wertvorstellungen und provozieren damit bei den Betroffenen Widerstand. Andererseits treffen sie auf Menschen in Notsituationen, die einen inneren Abwehrmechanismus in Bezug auf ihre eigene Problemwahrnehmung entwickelt haben. Diese eigene, helferunabhängige Unfreiwilligkeit ist um so stärker, je schwerer die Lebensprobleme sich darstellen. Autonomie und Kompetenz von Eltern und Kindern müssen daher allererst herausgearbeitet und unterstrichen werden, damit ein Dialog möglich wird. Dann kann über den Versuch einer gemeinsamen Problembeschreibung der Zugang zu den Hilfen geöffnet und ermöglicht werden.

Weder auf der Seite der Bürgerinnen und Bürger noch auf Seite der staatlichen Sozialarbeit hat sich allerdings eine kritische Tradition oder ein hinreichendes Verständnis in der Unterscheidung von freiwilligen und unfreiwilligen Klienten herausbilden können.

Dies hängt hierzulande nicht zuletzt mit der historischen Erfahrung zusammen, dass die „Obrigkeit" – repräsentiert durch Staat, Kirche und Militär – in die Autonomie von Familien und Bürgern einzugreifen und aus den verschiedensten Gründen und mit unterschiedlichsten Absichten, die dem jeweiligen Zeitgeist entsprachen, Einfluss auf Menschen – vor allem der Unterschichten – zu nehmen pflegte. Die Obrigkeit legte nicht selten in eigener Machtvollkommenheit einfach fest, ob Interventionen

---

37 PPQ 4 wurde von Uli Biermanski, Klaus Holland, Uwe Sandvoss erarbeitet.

notwendig, erwünscht bzw. opportun waren oder nicht. Sowohl die Zielvorgabe als auch die Mittel wurden wenig hinterfragt und selbstverständlich eingesetzt. Veränderungswünsche, Erarbeitung eigener Handlungskompetenz und die Entwicklung eigener Perspektiven auf Seiten der Familien und Bürger wurden als nicht erforderlich angesagt, waren nicht gefragt.

Vor diesem Hintergrund erscheinen auch heute noch unfreiwillige Klienten als Menschen, die von der Gesellschaft und den staatlichen Behörden als Problemträger definiert werden, die aber in der Regel kein eigenes Verständnis von Hilfen, von Angeboten der Veränderung haben und die – von Behörden erfasst – um ihre Autonomie fürchten. „Ihre" Problemlage wird von Dritten (Fachkräften sowie anderen Bürgerinnen und Bürgern) definiert und fremdgemeldet.

Heute geht es in der Jugendhilfe um ein Doppeltes: Die Pflichtaufgabe der Jugendhilfe, das Wächteramt gegenüber den Eltern auszuüben, die ihre Aufgaben gegenüber ihren Kindern nicht ausreichend wahrnehmen und die Wahlfreiheit der Bürgerinnen und Bürger, geeignete Hilfen für sich und ihre Kinder auszuwählen, müssen kritisch balanciert werden. Die Aufgabe der Jugendhilfe besteht nunmehr darin, aus unfreiwilligen Klienten freiwillige und selbstbewusste Partner im Hilfeprozess zu machen.

2. Rechtliche Grundlagen

Im ausgehenden 19. Jahrhundert entwickelte sich in Deutschland, vor dem Hintergrund wachsender sozialer Not, die Diskussion um soziale Gerechtigkeit. Unter Bismarck wurde die soziale Frage mit dem Interesse einer Sozialreform „von oben" aufgegriffen.

Während einerseits die Arbeiterbewegung mit den repressiven Mitteln des ‚Sozialistengesetzes' (1878), bekämpft wurde, sollte mit der Verabschiedung der ersten Sozialgesetze 1883-1889 der Innere Frieden gewährleistet werden.[38]

Grundlage für die Arbeit der heutigen Jugendämter ist das Grundgesetz der BRD von 1949, in dem im Artikel 6 Abs. 1, 2 und 3 der Schutz der Familie und das Wächteramt sowie die Interventionserlaubnis gegen den Willen der Erziehungsberechtigten formuliert sind. Zu den Fragen der Ausführung verweist das GG auf weitere Gesetze, die Grundlage von staatlichem Handeln sein müssen.

---

38 Vgl.: Rohwer-Kahlmann, H.: In: Fachlexikon der sozialen Arbeit. Deutscher Verein für öffentliche und private Fürsorge (Hg.). Frankfurt a. M.: Eigenverlag, 1993, 3. Aufl., S. 852

Die Ausführungen sind im BGB und seit 1990 im KJHG festgelegt, die Eltern oder Kindern einen durchsetzbaren Anspruch auf bestimmte Leistungen der Jugendhilfe bereit stellen. Das gilt aber längst nicht für alle Leistungen, die im Gesetz genannt sind. An vielen Stellen wird der öffentliche Träger der Jugendhilfe allerdings immer noch lediglich durch Soll-Bestimmungen zu einer Leistung angehalten, auf die die Klienten aber nicht einen direkten einklagbaren Rechtsanspruch haben.

In BGB §1666 ist die Verpflichtung des Familiengerichtes zur Gefahrenabwehr bei Bedrohung des Kindeswohles in eingriffsorientierter Weise festgeschrieben, die erst durch den § 1666 a etwas abgemildert und in system- und beziehungsorientierter Weise beschrieben wird.

Mit der Reform von 1998 ist das BGB in den Fragen des Kindschaftsrechtes und der Beistandschaft (§§ 1589-1772) zu Inhalten gekommen, die Dienstleistungsaufträge beschreiben und die frühere Eingriffsmentalität zurückdrängen.

In der hundertjährigen Geschichte der sozialen Gesetzgebung sind die Grundsteine für Freiwilligkeit, Dialog und einen prozessorientierten Ansatz erst allmählich herausgearbeitet worden. Von daher rühren auch die immer noch bestehenden Unsicherheiten bei Klienten und Klientinnen, aber auch bei den Fachkräften des Kinder- und Jugendschutzes. Beide haben immer noch kein rechtes Bewusstsein von ihren eigenen Möglichkeiten und Chancen, neigen beide Seiten immer noch zu den traditionellen Konzepten einseitiger Intervention und restriktiver Eingriffe.

3. Probleme im Aufgabenfeld

(1) **Fehlende Vorfeldarbeit:** In der Arbeit mit unfreiwilligen Klienten fällt immer wieder auf, dass mit dem Hilfeprozess einfach begonnen wird, obwohl die unfreiwilligen Klientinnen und Klienten erst einmal überhaupt nicht wollen. Die Hilfe erst schrittweise anzubahnen, d.h. eine Arbeit im Vorfeld mit unfreiwilligen Klienten, um die angebotenen Hilfen erst einmal zu erläutern, „plausibel" zu machen, wird häufig verfehlt. Viele Fachkräfte überspringen diese notwendige Arbeit und werkeln „einfach darauf los". Sie versäumen, die Vorfeldarbeit als eine besondere Aufgabe wahrzunehmen, die sich nur kooperativ gestalten lässt, also mit Beteiligung der Betroffenen und nicht gegen deren Willen. Die Fachkräfte scheitern darum häufig an der festen Mauer der Unfreiwilligkeit oder versuchen es „mit der Brechstange", was häufig der Anfang vom Ende jeder Hilfe ist.

(2) **Fremderfassung anstelle selbst-interessierter Hilfesuche:** Die Fremderfassung von Klientinnen und Klienten wirft eine weitere Problematik auf: Sie gefährdet nämlich die Wahrnehmung des öffentlichen Wächteramtes gegenüber Eltern zum Schutz von Kindern, die in ihrer Entwicklung bedroht sind. Anstatt öffentlich und überzeugend zu propagieren, in Notlagen selbst Hilfe zu suchen, werden in der modernen Gesellschaft immer wieder unfreiwillige Klienten produziert, die von den Chancen nichts wissen, die Hilfe bietet. Dazu tragen auch die Hilfesysteme selbst bei, die ihre Angebote nicht oder nur unzureichend bekannt machen. So können unfreiwillige Klienten ihre bestehende Wahlfreiheit nicht nutzen, bleibt es ihnen versagt, eine andere Problemsicht der Situation, die sie zu Selbstmeldern gemacht hätte, zu entwickeln. Darum legen sie Wert auf Distanz und wehren Nähe zu den sozialen Fachkräften ab. Lieber verweisen sie auf eine außerhalb ihres eigenen Einflussbereichs liegende Verantwortlichkeit für kritikwürdige Zustände (selbst-abgespaltene Problemsicht). Sie kommen in Kontakt mit der Jugendhilfe, weil faktisch Dritte, also andere Systeme, Probleme haben. Unfreiwillige Klienten sind Klienten, die von Fachleuten oder von Bürgerinnen und Bürgern als problematisch und hilfebedürftig erlebt und eventuell dem Jugendamt gemeldet werden. Sie sehen sich in der Regel selbst nicht in der Lage, die eigenen Probleme zu lösen oder Hilfe, die nötig wäre, selbst zu suchen. Vordergründig haben sie häufig Konflikte mit Fremdmeldern, die nicht selten die eigenen Problemlagen zunächst überdecken. Stigmatisierende Problemzuschreibungen durch Dritte verstellen eine selbstbezogene Problemkonstruktion und die Entwicklung eines eigenen Hilfebedarfs.

(3) **Misstrauen und Widerstand:** Unfreiwillige Klienten leisten oft starken Widerstand, der sich aus historischen aber auch ganz persönlichen Hintergründen ableitet. Nicht wenige Bürgerinnen und Bürger gehen auch heute noch von dem Bild der Jugendhilfe als Eingriffsbehörde aus, was den freien Zugang zu Hilfeangeboten erheblich beeinträchtigt. Fremdgemeldete, unfreiwillige Klientinnen und Klienten entwickeln auch deswegen ein Misstrauen und einen Widerstand gegen soziale Fachkräfte, weil sie den neuen gesetzlichen Auftrag der Jugendämter zumeist nicht kennen. Ihre Hilfe ablehnenden Einstellungen beruhen oft auf Aussagen Dritter oder beziehen sich auf Erfahrungen, die sie in ihren Herkunftsfamilien haben machen müssen. Sie laufen darauf hinaus: Für sie ist die Behörde eine Gefahr. Den sozialen Fachkräften wird daher misstraut, obwohl die Notwendigkeit von Hilfen eigentlich unabweisbar ist, um bestehende Notlagen und

Konflikte zu bewältigen. Nur wenigen Fachkräften gelingt es, diesen Widerstand wahrzunehmen, zu thematisieren und als Anknüpfungspunkt für einen produktiven Hilfeprozess zu nutzen.

(4) **Rollenunklarheit:** Fachkräfte tragen aber auch selbst dazu bei, an den Widerständen unfreiwilliger Klientinnen und Klienten zu scheitern. Sie haben Vorbehalte gegenüber ihrer Rolle als staatliche Garanten des Kindeswohls und sie können sich mit ihrer Nothilfe – und Wächterfunktion nicht anfreunden, weil sie damit immer noch obrigkeitliche Denkmuster verbinden. In früheren Jahren glaubten sie sich mit ihren autoritären Eingriffsmöglichkeiten auf der sicheren Seite gegenüber ihren Vorgesetzten und der Öffentlichkeit. Heute müssen sie sich demgegenüber auf einen zunächst unsicheren Prozess einlassen, in dem man nicht von vornherein wissen kann, wohin die Reise geht. Nach den Bestimmungen des KJHG müssen sich die Fachkräfte – gerade wenn es um Aufgaben des Kinderschutzes geht – auf ihre Klienten offen einlassen, ihnen Vertrauen entgegenbringen, ihnen Hilfen anbieten, nicht zuletzt, um ihnen zu helfen, sich gegenüber ihren Kindern zu kontrollieren. Dieser konzeptuelle Wandel in der Sozialarbeit ist aber weder bei den Bürgerinnen und Bürgern noch bei allen Fachkräften wirklich in seiner ganzen Tragweite verstanden worden. Die Herausforderung besteht heute darin, den Hilfeprozess partnerschaftlich konstruktiv zu gestalten – trotz bestehender Widerstände. Die Chance engagierter Fachkräfte besteht geradezu darin, die unfreiwilligen Klienten dennoch zur Mitwirkung zu motivieren, damit sie in den Prozess des Wandels vom unfreiwilligen zum freiwilligen Klienten einwilligen.

4. Qualitätsstandards

(1) **Überlegte Vorfeldarbeit:** Die Arbeit mit unfreiwilligen Klientinnen und Klienten wird als eine besonders wichtige Arbeit im Vorfeld der Hilfe, als ein spezielles Arbeitsgebiet anerkannt. Sie wird nicht übersprungen. Die Fachkräfte wenden sich fair den Widerständen und Abwehrprozessen der Klientinnen und Klienten zu, die sie als einen Spiegel, als Metapher[39], bestehender Problemlagen verstehen. Während sie den Hilfebedürftigen die Angebote des Jugendamtes erläutern und nahe bringen, klären sie in einem partnerschaftlichen Prozess, um welche Probleme es geht. Sie machen Vorschläge für eine

---

39 als eine sinnbildliche Gestaltung

mögliche Problemkonstruktion und laden die unfreiwilligen Klientinnen und Klienten ein, ihre Sicht der Dinge darzulegen.

(2) **Wahlfreiheit und Nothilfefunktion:** Die Fachkräfte nehmen das öffentliche Wächteramt im Interesse von Kindern selbstbewusst wahr. Sie propagieren öffentlich und überzeugend, dass Eltern, aber auch Kinder und Jugendliche selbst, in Notlagen Hilfe suchen können, auf die sie einen Anspruch haben (Wahlfreiheit). Dabei vermeiden sie stigmatisierende Problemzuschreibung, nehmen aber Hinweise von Dritten interessiert auf. Bei Fällen unmittelbarer Lebensgefahr – und wenn die Sorgeberechtigten eine Zusammenarbeit im Hilfeprozess ablehnen oder dazu nicht in der Lage sind- handeln die Jugendhilfefachkräfte mit aller Fairness und Nüchternheit anstelle der Betroffenen.[40]

(3) **Arbeit am Widerstand:** Die Fachkräfte achten und akzeptieren den Widerstand der unfreiwilligen Klientinnen und Klienten und verstehen ihn als eine Chance im Hilfeprozess. Sie bieten Beziehungen an und bauen Nähe auf. Sie thematisieren den Widerstand geduldig und mit einem langen Atem.

(4) **Rollenklarheit:** Die Fachkräfte schaffen dabei Rollenklarheit, verdeutlichen ihre Aufgaben und sagen, wer sie sind, warum sie kommen und erklären die Zusammenhänge zwischen einer Kindeswohlgefährdung und bestehenden Familienkonflikten einerseits und den möglichen Unterstützungs- und Hilfeangeboten andererseits. Die Fachkräfte klären die Betroffenen über ihre Rechte auf. Sie appellieren an deren eigene Verantwortungsgefühle und stärken sie. Sie suchen den Dialog und engagieren sich an der Seite der betroffenen Familien, um eine Entwicklungspartnerschaft in Gang zusetzen. Sie motivieren auf diese Weise die Betroffenen, ihre Lebenssituation neu zu gestalten oder zu verändern, indem sie sich mit den Klientinnen und Klienten auf eine Ko-Produktion im Hilfeprozess einlassen.

5. Prozessgestaltung: Methoden und Verfahren

(1) Die Arbeit mit unfreiwilligen Klientinnen und Klienten erfordert von den Fachkräften ein hohes Maß an Selbstvertrauen und Fachlichkeit, damit sie sich auf die schwierigen Hilfeprozesse mit unfreiwilligen

---

40 Vgl. PPQ 8 Kinderschutz – Nothilfefunktion

Klientinnen und Klienten einlassen können. Sie nutzen die Informationen, die ihnen von Dritten übermittelt wurden. Mit diesem Bild, diesen ersten Informationen stellen sie einen ersten Kontakt zu den Betroffenen her.

(2) Die Fachkräfte verstehen sich als Mittler zwischen den beteiligten Systemen – mit einem eigenem Verständnis, aber zugleich auch mit einem offenen Interesse an anderen Sichtweisen. Sie geben den Inhalt der Fremdmeldung möglichst genau an die Klienten weiter. Sie achten auf die Signale der Klienten, die Mitgestaltungsmöglichkeiten eröffnen. Sie unterstützen sie in ihren Bemühungen, aus akuten Krisen herauszufinden. Dabei verschaffen die Fachkräfte sich ein eigenes Bild von der Situation der Betroffenen und nehmen deren Kräfte und Ressourcen wahr.

(3) Da Fremdmeldungen oft vermutete Kindeswohlgefährdungen zum Inhalt haben, machen die Fachkräfte gemeinsam mit den Klienten eine Risikoabwägung.[41] Zugleich werden den Klienten Informationen über den gesetzlichen Handlungsauftrag des Jugendamtes vermittelt, damit sie ihre Rechte und Pflichten einschätzen können.

(4) Parallel dazu nehmen sie den zwischenmenschlichen Kontakt zu ihnen auf, bauen Schwellenängste ab und eröffnen einen Zugang zur bestehenden Problematik. Angestrebt wird eine gemeinsame Problemfindung und Problembeschreibung (Dialogische Problemkonstruktion).

(5) Die Fachkräfte motivieren die Klienten, ihre Sicht der Dinge auszusprechen und beginnen mit ihnen einen konkreten Dialog über ihre Alltagssituation und Hoffnungen. Aus der Entwicklung gemeinsamer Arbeitsziele entsteht eine Handlungsorientierung, die den Klienten die Sicht auf konkrete Hilfe ermöglicht und sie in die Lage versetzt, diese auch einzufordern.

(6) Die Fachkräfte prüfen und entscheiden, ob sie im vorliegenden Fall eine kollegiale Beratung in Anspruch nehmen und möglicherweise eine weitere Fachkraft in die Gespräche mit einbeziehen wollen.

(7) Die Fachkräfte sprechen einen weiteren kurzfristig terminierten Kontakt ab, um die zum Klientensystem gehörigen weiteren wichtigen Beteiligten mit in den Prozess einbeziehen zu können.

Der Prozess endet mit einer eindeutigen gemeinsamem Problembeschreibung, so dass der Hilfeprozess auf der Basis einer einvernehmlichen Sichtweise beginnen kann.

---

41 Vgl. PPQ 8 Kinderschutz

6. Prozessdokumentation

Wir erfassen die folgenden Daten
(1) Wer ist der unfreiwillige Klient?
- komplette Familien
- alleinerziehenden Elternteil
- Stieffamilien
- Kinder bis 14 Jahre
- Jugendliche

Sonstige: ....

(2) Wer ist der Dritte, der die Meldung gemacht hat?
- Verwandte
- soziales Umfeld/Funktionsträger
- Kindergarten
- Schule
- Jugendtreff

(3) Was wurde gemeldet?
- Kindesvernachlässigung
- Kindesmisshandlung
- sexuelle Misshandlung
- Erziehungsprobleme
- soziale Auffälligkeiten
- Familienkonflikte
- materielle Not

(4) Konnte eine Beziehung aufgebaut werden?   ja/nein

(5) Konnte eine gemeinsame Problemfindung/Problembeschreibung gefunden werden?   ja/nein/war nicht erforderlich

(6) War eine Schutzmaßnahme erforderlich?   ja/nein/bei ja , welche:

(7) Konnte Hilfe geleistet werden?   ja/nein/bei ja, welche:

Subjektive Einschätzung der Fachkraft zum Prozess:
- positiver Verlauf
- negativer Verlauf

Subjektive Einschätzung des Klienten zum Prozess:
- positiver Verlauf
- negativer Verlauf

PPQ 5
Fall- und Unterstützungsmanagement[42]

„Der Mensch kann dem Menschen wahre Hilfe nur bringen, wenn er mit ihm fühlt;
wenn fremde Not, fremdes Leid für ihn zum eigenen wird.
Verstand und Wissen können ihn lehren, die Not zu sehen, zu begreifen.
Beseitigen kann er sie nur, wenn er sie auch empfindet,
wenn sie ihn im Herzen brennt."
(Alice Salomon)

1. Aufgabe

Fall- und Unterstützungsmanagement ist ein flexibler Prozess der Hilfeleistung für Menschen mit komplexen Problemen, die eine vielseitige Unterstützung erfordern. Es ist das „Kernstück" der Bezirkssozialarbeit. In Dormagen wird Fall- und Unterstützungsmanagement flächendeckend nach Bezirken im ganzen Stadtgebiet angeboten.

In der heutigen gesellschaftlichen Situation entstehen vielfältige Problemlagen, für die vielgestaltige, komplexe Konfliktausprägungen typisch sind. Diese können von rechtlichen über gesundheitliche, ökologische, kulturelle, psychische bis zu ökonomischen (zu Fragen der Existenzsicherung) und sozialen und pädagogischen Problemen reichen. Um eine solche mehrschichtige Problematik effektiv zu bewältigen, werden entsprechend spezialisierte, aber zugleich miteinander vernetzte Institutionen, Einrichtungen und Personen zu Hilfeleistungen herangezogen. Die Aufgabe des Fall- und Unterstützungsmanagers besteht darin, diese Einrichtungen in der Zusammenarbeit und im Zusammenwirken zu koordinieren, wobei er selbst Hilfe leisten kann. Zuvor muss die Fachkraft den Fall erfassen und die bestehenden Probleme erkennen.

Mitte der 70er Jahre ist Case Management in den USA aus der sozialen Einzelhilfe hervorgegangen. Hintergrund war die Kritik an der fehlenden Einbeziehung mehrdimensionaler Problemdefinitionen, der infrastrukturellen Gegebenheiten im Gemeinwesen, der ökonomischen Lebensumstände und der Ressourcen der Institution, des Helfers und des Klienten.[43] Auch die zunehmende Spezialisierung und Differenzierung von sozialen Diensten trug mit zur Entstehung von Case Management bei.

Die Arbeit im Fall- und Unterstützungsmanagement beinhaltet folgende Schwerpunkte:

---

42 PPQ 5 wurde von Ralf Huber, Uwe Sandvoss und Andrea Schultz erarbeitet.
43 Vgl. Deutscher Verein (Hg.): Fachlexikon der sozialen Arbeit, Frankfurt a. M.: Eigenverlag, 1993, S. 265

(1) **Problemerfassung:** Die Jugendhilfe-Fachkraft muss sich mit den sozialen, seelischen (psychischen), gesundheitlichen, pädagogischen, kulturellen, ökonomischen Aspekten und Problemen, mit der Lebensgeschichte und -perspektive der Klientinnen und Klienten auseinandersetzen. Gleichzeitig werden die sozialen Ressourcen des Klienten und seines Umfeldes erfasst. (Über welche Bedürfnisse und Stärken verfügt der Klient und welche Hindernisgründe hemmen die Nutzung von sozialen Ressourcen?)

(2) **„Zentrales Auskunftsbüro":** Hier werden Informationen über das soziale Netz (Adressen, Telefonnummern, Ansprechpartner, Zielgruppen etc. der sozialen Einrichtungen und Institutionen) gesammelt, aktualisiert und vermittelt. (Informationsmanagement)

(3) **Hilfe planen, organisieren:** Ziele und Wünsche werden von den Klienten und der Fachkraft formuliert und gemeinsam nach Prioritäten geordnet. (Welche Aufgaben werden von wem zur Erreichung der Ziele übernommen? Welche Hilfe ist die geeignete?)

(4) **Unterstützung geben, leisten:** Die Fachkraft kann als Koordinator bzw. als direkter Helfer auftreten. Wird die Hilfeleistung an andere soziale Einrichtungen delegiert, vermittelt und koordiniert der Manager die verschiedenen Hilfeanbieter und schafft sich Ressourcen für andere Aufgaben. Leistet der Fall- und Unterstützungsmanager selbst Hilfe, beinhaltet das die persönliche Beratung, Begleitung und Unterstützung des Klienten. Generelles Ziel ist es, ein Netzwerk an Ressourcen für den Klienten zu schaffen, ihn zu stärken bzw. ihn zu befähigen, das soziale Netz für sich selbst zu handhaben.[44]

(5) **Ergebnissicherung/Erfolgskontrolle:** Sie beinhaltet die Prüfung der Effektivität und Effizienz der Hilfe. Dazu werden die Hilfeanbieter und der Klient befragt. Bei einer Beendigung der Hilfe erfolgt die Ablösung des Klienten vom Fall- und Unterstützungsmanager.

Die Ausdifferenzierung der Hilfen im KJHG fördert die Tendenz, den Schwerpunkt der Bezirkssozialarbeit auf Fall- und Unterstützungsmanagement zu legen. Die Tätigkeiten des Bezirkssozialarbeiters richten sich direkt an den Klienten. Die Aufgabe wird in einer Kommstruktur aber auch in einer Gehstruktur, entsprechend den jeweiligen Bedingungen und

---

44 Vgl. Ballew J./Mink. G. : Was ist Case Management? In: Wendt, R. M (Hg.): Fall- und Unterstützungsmanagement. Freiburg: Lambertus, 1996, S. 56

Anforderungen, erfüllt. Es ist ein niedrigschwelliges, unbürokratisches, staatlich organisiertes und finanziertes Angebot, welches alltagstauglich und lebensweltorientiert ansetzt.

2. Rechtliche Grundlagen

Im § 1 KJHG (Recht auf Erziehung, Elternverantwortung und Jugendhilfe) Abs. 3 Satz 2 u. 3 heißt es: Jugendhilfe soll zur Verwirklichung des Rechts junger Menschen (Kinder, Jugendliche, Eltern) auf Förderung, Entwicklung und auf Erziehung zu einer eigenverantwortlichen und gemeinschaftsfähigen Persönlichkeit, indem sie berät und unterstützt, beitragen.

Folgende Leistungen soll die Jugendhilfe bereithalten bzw. erbringen:

(1) Angebote der Beratung in allgemeinen Fragen der Erziehung und Entwicklung junger Menschen (**§ 16 KJHG**)
(2) **§ 18 KJHG** (Beratung und Unterstützung bei der Ausübung der Personensorge) Abs.1: Beratung und Unterstützung bei der Ausübung der Personensorge einschließlich der Geltendmachung von Unterhaltsleistungen für minderjährige Kinder. Abs. 2 und 4 enthalten Regelungen zur materiellen Unterstützung der Mutter und des volljährigen Kindes bis zum 21. Lebensjahr. Im Abs. 3 steht der Anspruch des Kindes/Jugendlichen auf Beratung und Unterstützung bei der Ausübung des Umgangsrecht nach § 1684 BGB.
(3) **§ 19 – 21 KJHG** (Betreuungs- und Unterstützungsangebote) In **§ 19** ist konkret die Leistung zur gemeinsamen Unterbringung von Mutter/Vater und Kindern beschrieben. Die Leistung beinhaltet die Beratung sowie die materiellen Aufwendungen. In **§ 20** wird die Betreuung und Versorgung des Kindes in Notsituationen beschrieben. Das Kind und die Eltern haben einen Anspruch auf Betreuung im elterlichen Haushalt, wenn ein oder beide Elternteile vorübergehend ausfallen. Eltern sollen bei der Erfüllung der Schulpflicht nach **§ 21** beraten und unterstützt werden. Diese Leistung schließt unter Berücksichtigung des Einkommens und Vermögens der Beteiligten materielle Leistungen ein.
(4) Die **§§ 27 KJHG** (Hilfe zur Erziehung), **35a KJHG** (Eingliederungshilfe für seelisch behinderte Kinder und Jugendliche) und **41 KJHG** (Hilfe für junge Volljährige) beschreiben den Anspruch der Personensorgeberechtigten/des Kindes oder Jugendlichen sowie des jungen Volljährigen auf Hilfe zur Erziehung, auf Hilfe zur Eingliederung sowie auf Hilfe zur eigenverantwortlichen Lebensführung. Dies

umfasst die Beratung und die Auswahl der geeigneten Maßnahmen. **§ 36 KJHG (Mitwirkung Hilfeplan)** beschreibt das Verfahren und die Aufgaben des Jugendamtes vor der Inanspruchnahme und vor einer notwendigen Änderung der Hilfe. Dabei haben die betroffenen Personen ein Mitwirkungsrecht und eine Mitwirkungspflichtpflicht sowie ein Wunsch- und Wahlrecht. In **§§ 39 u. 40 KJHG** (Leistungen zum Unterhalt u. Krankenhilfe des Kindes oder Jugendlichen) werden die materiellen Leistungen der Hilfen nach **§§ 32-35a KJHG** beschrieben.

(5) **§§ 50-52 KJHG** (Beratung und Mitwirkung in Verfahren der Vormundschafts-, Familien- u. Jugendgerichte). Das Jugendamt unterstützt das Vormundschafts- und das Familiengericht bei allen Maßnahmen, welche die Sorge für Kinder und Jugendliche betreffen. Das Jugendamt unterrichtet über erbrachte und angebotene Leistungen sowie über mögliche weitere Hilfen. Im Jugendgerichtsverfahren hat es insbesondere zu prüfen, ob für den Jugendlichen eine Leistung der Jugendhilfe in Betracht kommt. Der Jugendliche soll während des gesamten Verfahrens betreut werden.

3. Probleme im Aufgabenfeld

(1) **Hilfeleistung ohne gründliche Problemklärung:** Oft wollen wir helfen, bevor festgestellt wurde, ob der Hilfesuchende überhaupt Hilfe will. Die erste handlungsleitende Frage muss daher sein: Wieso muss eigentlich Hilfe geleistet werden? Meist wird nach Informationen gefragt. In der Sozialarbeit wird viel geholfen, ohne das Problem und die Ressourcen herauszuarbeiten. Eine gründliche Problemanalyse findet wegen eines vermeintlichen Handlungsdrucks oft nicht statt. Es gibt häufig zugeschriebene Probleme oder fremd zugewiesene, externe Problemkonstruktionen, vor allem bei unfreiwilligen Klienten.[45] Die unfreiwilligen Klienten machen uns zu schaffen, da sie fremdbestimmt zu uns kommen und es somit schwer ist, das Problem zu erkennen. Meist verfügen sie selbst über eine andere Problemkonstruktion.

(2) **Belastung (Hektik, Zeit, Verlust des Überblickes):** Fall- und Unterstützungsmanagement hat mit sehr komplexen, vielfältigen, zeitaufwendigen Fällen zu tun, die sich zudem sehr problematisch entwickeln können, ohne dass dies vorauszusehen ist. Wir haben an vielen „Brandherden" gleichzeitig zu arbeiten, so dass wir den Überblick

---

45 Vgl. PPQ 4 Unfreiwillige Klienten

verlieren können. Fall- und Unterstützungsmanagement hat es daher oft mit hektischen Arbeitssituationen zu tun, die einen nicht zur Ruhe kommen lassen. Es besteht die Gefahr, sich zu verzetteln und vor lauter Aktivität, Management (Organisation) keine Beziehung zu den Klienten aufzubauen bzw. den dichten Kontakt zu den Klienten zu verlieren. Hektik, Zeitdruck, vielfältige Problemlagen, regelmäßiger Austausch mit anderen Fachkräften, Bearbeitung mehrerer Fälle gleichzeitig, etc. gehören zum Alltagsgeschäft der Fachkräfte im Fall- und Unterstützungsmanagement. Es kommt daher immer wieder vor, dass es zu großen Belastungen im Berufsalltag kommt, die zu Überforderungen (bis hin zu Krankheiten oder zum „Burn-Out-Syndrom", usw.) führen.

(3) **Abgrenzungsprobleme**: Die Arbeit im Aufgabenfeld erfordert ein breites fachliches Wissen. Diese Allzuständigkeit verleitet allerdings zum einen dazu, eigene fachliche Kompetenzen zu vernachlässigen bzw. zu überschreiten. Zum anderen gibt es Koordinationsprobleme und es fehlt zum Teil an der notwendigen Kooperationsbereitschaft, vor allem im Verhältnis zu anderen Institutionen, mit denen zusammen gearbeitet werden muss.[46]

Allzuständigkeit führt zu Abgrenzungsproblemen. Eine unklare Aufgabenbeschreibung und ein diffuses fachliches Profil (Rollendiffusität, unklare Zuständigkeit) führen dazu, dass Fälle nicht abgegeben werden.

(4) **Informations- und Ressourcenmangel**: Im Fall- und Unterstützungsmanagement braucht der Sozialarbeiter viele Informationen (Adressen, Telefonnummern, Kontaktpersonen, Berichte aus Fachzeitschriften, der aktuellen Presse, Internet usw.). Der Informationsfluss ist stadtteilbüroübergreifend, aber auch unter den Fachkräften selbst nicht hinreichend organisiert. Auch fehlen nicht selten ausreichende Ressourcen, um wirksam helfen zu können.

(5) **Dominanzproblematik**: Klienten haben gegenüber den Fachkräften des Amtes für Kinder Familien und Senioren Erwartungen an Hilfeleistungen, die diese oft nicht erfüllen können. Die Fachkräfte bieten zwar zunächst Entlastung für die Klienten an. Werden aber keine klaren Aufträge formuliert, kommt es immer wieder zu Abhängigkeiten zwischen Klienten und Fachkräften. Versäumen es die Fachkräfte zu vermitteln, dass sie nicht alles für die Klienten machen können und wollen, geraten die Klienten leicht in die Rolle einer unmündigen Person. Es besteht dann die Gefahr, dass die Fachkraft den Klienten bevormundet.

---

46 Vgl. PPQ 22 Zusammenarbeit

(6) **Strukturelle und technische Probleme:** Fehlende oder unzureichende strukturelle Voraussetzungen (Vernachlässigung von Kooperation und das Fehlen der Vernetzung von Hilfen) und mangelhafte technische Ausstattungen (PC, Internet, Anrufbeantworter, Mobiltelefon, usw.) erschweren das Fall- und Unterstützungsmanagement.

4. Qualitätsstandards

(1) **Problemanalyse:** Die Fachkräfte führen erst eine gründliche Problemanalyse durch und stellen fest, ob Hilfe geleistet werden muss. Wenn Hilfe geleistet werden soll, stimmen sie gemeinsam mit dem Klienten ab, welche Hilfeangebote es gibt und welche Hilfe geeignet ist.
(2) **Ressourcenmanagement:** Die Fachkräfte gewährleisten eine gute methodische Organisation (Zeitressourcen), um effektiv Hilfe leisten zu können. Über das Organisieren und Managen hinaus pflegen sie die Beziehung zu den Klienten, indem sie ihn bei allen Schritten im Prozess beteiligen und versuchen, die Stärken der Klienten freizusetzen, zu nutzen und zu stärken..
(3) **Abgrenzungskompetenz:** Die Fachkräfte sind Generalisten, aber sie sind dabei nicht die „Spezialisten für alles". Gute Fachlichkeit besteht darin festzustellen, ob und wann es eines Wechsels von Fachkräften bedarf. Die Fachkräfte gewährleisten eine „gute Übergabe, gute Übergänge" des Falls an andere Kollegen.
(4) **Informationsfluss:** Die Fachkräfte erstellen ein „Hilfelexikon", welches regelmäßig gepflegt und aktualisiert wird, um schnell Informationen (Fachliteratur, Adressen, Kontaktpersonen, Telefonnummern, usw.) weitergeben zu können. Gleichzeitig wird eine Transparenz dieser Informationen für Kollegen und andere Helfer hergestellt.
(5) **Hilfe zur Selbsthilfe:** Die Fachkräfte wissen um die Sorgen und Probleme der Klienten und stehen ihnen helfend und entlastend zur Seite. Sie klären gemeinsam mit den Klienten die Erwartungen und den Auftrag ab. Sie sorgen dafür, dass Hilfe nicht zu Abhängigkeiten führt, vielmehr werden die eigenen Kräfte und Ressourcen der Klienten aktiviert (empowerment).
(6) **Strukturqualität:** Die Fachkräfte sorgen für den kollegialen Austausch, ermöglichen Beratung und Supervision, damit sie sich den vielfältigen Problemen im Arbeitsfeld stellen können und qualitativ gute Arbeit leisten.[47] Sie haben gut ausgestattete Büroarbeitsplätze

---

47 Vgl. PPQ 22 Zusammenarbeit

und nutzen die modernen Kommunikationstechniken, die ihnen die Arbeit erleichtern.

5. Prozessgestaltung: Methoden und Verfahren

(1) **Problemeinschätzung und allgemeine Bedarfsklärung:** In einem Erstgespräch wird die Eingangserwartung geklärt: Was will der Klient? Wie stark ist der Veränderungswunsch bzw. Leidensdruck der Klienten? Wie/über wen ist der Klient zur Fachkraft gelangt?
Im Anschluss daran sollen die Hilfemöglichkeiten, die dem Hilfesuchenden zur Verfügung stehen, von der Fachkraft dargelegt werden. Welche Hilfen werden wie, wo und durch wen angeboten?

(2) **Gemeinsame Problemdefinition und Klärung des Hilfebedarfs mit den Beteiligten:** Durch eine gemeinsame Problemklärung werden die Stärken und Schwächen bzw. die Ressourcen im sozialen Umfeld erforscht. Welches Problem ist für die momentane Lebenslage primär anzugehen bzw. ist relativ überschaubar und einfach zu beheben, dabei wird an den Ressourcen angesetzt.

(3) **Hilfe und Unterstützung:** In dieser Phase werden die Ziele und Teilziele des Klienten und der Fachkraft gemeinsam und übereinstimmend formuliert. Zur Erreichung dieser Ziele werden eigene Ressourcen des Hilfesuchenden oder des sozialen Umfeldes genutzt und geeignete Hilfemaßnahmen geplant: Welche Hilfe ist notwendig? Welcher Helfer ist der geeignete? In welchem zeitlichen Rahmen soll die Hilfe durchgeführt werden?
Bei wechselnder Zuständigkeit der Fachkräfte wird eine Fallübergabe eingeleitet. Bei Hilfen zur Erziehung beginnt ein formelles Verfahren mit Antragstellung und Hilfeplanverfahren.[48]

(4) **Ausführung, Kontrolle und Ende der Hilfe:** Die Fachkraft ist während des gesamten Hilfeprozesses die zentrale Ansprechperson. Sie koordiniert alle am Hilfeprozess Beteiligten. Der Fall- und Unterstützungsmanager hat alle Fäden in der Hand. Er überwacht die Hilfe und dokumentiert den Prozess. Bei Hilfen zur Erziehung dient der Hilfeplan den Prozessbeteiligten zur Steuerung, Kontrolle und Dokumentation: Ist die Hilfe noch die geeignete? Ist die Hilfe effektiv?
Das Ende der Hilfeleistung wird eingeleitet und dokumentiert, wenn die vereinbarten Ziele erreicht oder die Hilfe nicht mehr benötigt oder gewünscht wird. Alle Beteiligten werden davon benachrichtigt und nehmen an einem Abschlussgespräch teil.

---

48 Vgl. PPQ 11 Außerfamiliale Hilfen zur Erziehung im stationären Bereich

6. Prozessdokumentation

Der Prozess wird am Ende dokumentiert. Es wird festgehalten, ob sich etwas verändert hat, was sich verbessert hat, ob Fortschritte im Hilfeprozess erzielt wurden oder welche Hindernisse die Hilfeleistung blockieren. Das Ende des Prozesses wird mit einem Abschlussgespräch markiert, das Ergebnis dokumentiert.

PPQ 6
Beratung: Das Kernhilfeangebot[49]

„Ideen (die selbst Teile unserer Erfahrung sind) werden [nicht „sind"] wahr in genau dem Maß, in dem sie uns dazu verhelfen, mit anderen Teilen unserer Erfahrung ein befriedigendes Einvernehmen herzustellen".

(William James)

1. Aufgaben

Die Beratung ist eine der Kernaufgaben im Amt für Kinder, Familien und Senioren. Eine erfolgreiche Beratung erleichtert künftige Zugänge, ist hilfreich als Prävention und ist der Ausgangspunkt für andere Hilfeformen.

Beratung als eigenständige psychosoziale Hilfeform ist eine professionell gestaltete Methode der Kommunikation zwischen Berater und Ratsuchendem. Sie basiert auf der Methodik der Gesprächsführung, berücksichtigt aber auch Grundlagen der Gesprächspsychotherapie, der Systemischen Familientherapie und der Verhaltenstherapie.

Aufgabe der Beratung ist es:

1. Eine gemeinsame Problemdefinition zwischen Klientinnen und Klienten sowie den Beratern im Dialog zu konstruieren
2. Nach den Ressourcen und Selbsthilfekräften der Klientinnen und Klienten zu suchen bzw. sie neu zu entdecken
3. Im Beratungsprozess gemeinsam mit den Klientinnen und Klienten nach Lösungswegen zu suchen und dabei zuerst an den Ressourcen anzusetzen.
4. Hilfen anzubieten oder auch Hilfen zu vermitteln.

Beratung wird im Amt für Kinder, Familien und Senioren ebenso wie in Einrichtungen der Freien Träger in verschiedenen Formen angeboten. Sie geht von der telefonischen über die Informationsberatung[50] hin zur Lebensberatung. Hier bezieht sie sich schwerpunktmäßig auf bis Klienten mit innerfamiliären Problemen, wobei Fragen zum Umgang mit Konflikten ebenso Thema sind wie die Beziehungen in der Familie und die allgemeine Lebensplanung.

---

49 PPQ 6 wurde erarbeitet von Konrad Borkowitz, Gisela Godenschwager, Barbara Gröfke
50 Vgl. PPQ 5 Fall- und Unterstützungsmanagement

Die Arbeit der Beratungsstellen der Freien Träger unterscheidet sich in zwei Punkten von der Beratung des Amtes für Kinder, Familien und Senioren:

1. Zum einen bieten diese Beratungsstellen Hilfen für bestimmte Problemlagen an, wie z.b. in der Erziehungsberatung, der Ehe-, Familie- und Lebensberatung und der Schwangerschaftskonfliktberatung;
2. Zum anderen wenden sie sich gezielt an bestimmte Personengruppen, wie z.b. die Sozialdienste für Migranten, für Flüchtlinge oder für Aussiedler.

Das Amt für Kinder, Familien und Senioren bietet Beratung in allen Bereichen der allgemeinen Lebensplanung an und wird in Form von Erziehungs-, Paar- und/oder Elternberatung, Trennungs- und Scheidungsberatung, Schuldnerberatung bis zur Beratung in Sozialhilfeangelegenheiten durchgeführt.

Sie wendet sich nicht nur an Eltern und erwachsene Bezugspersonen, sondern wird auch von Kindern und Jugendlichen in Anspruch genommen, im Einzelfall auch ohne Benachrichtigung der Personensorgeberechtigten (§ 8 Abs. 3 KJHG).

Das Amt für Kinder Familien und Senioren hält ein Beratungsangebot für *alle* Bürgerinnen und Bürger vor – von der Wiege bis zur Bahre.

2. Rechtliche Grundlagen

Es gibt kein systematisch geordnetes „Beratungsrecht", aber besonders das KJHG verweist in vielen Abschnitten auf den Anspruch auf Beratung. § 1 Abs. 3.2 KJHG beinhaltet die Beratung von Eltern und Erziehungsberechtigten, § 8 KJHG bestimmt die Beteiligung von Kindern und Jugendlichen sowie eine Beratung von Kindern und Jugendlichen in Konflikten.

Die Förderung der Erziehung in der Familie wird in den §§ 16, 17 (Beratung in Fragen der Partnerschaft, Trennung und Scheidung), § 18 (Beratung und Unterstützung bei der Ausübung der Personensorge) und § 28 KJHG (Erziehungsberatung) gesetzlich normiert. Ein weiterer Anspruch ergibt sich aus § 36 KJHG, der die Beratung über die Inanspruchnahme der Hilfen und über die möglichen Folgen für die Entwicklung des Kindes oder Jugendlichen und Mitwirkung beim Hilfeplan und in § 37 KJHG die Zusammenarbeit bei Hilfen außerhalb der Familie regelt. § 52a KJHG verweist auf die Beratung und Unterstützung bei Vaterschaftsfeststellung und Geltendmachung von Unterhaltsansprüchen und § 53 KJHG auf die Beratung und Unterstützung von Pflegern und Vormündern.

Wichtig für die Beratungsarbeit ist auch § 203 StGB, der die Verletzung von Privatgeheimnissen unter Strafe stellt. Ein Zeugnisverweigerungsrecht steht nach § 53 Abs.1.3a,b StPO nur Beratern in einer anerkannten Beratungsstelle des Schwangerschaftskonfliktgesetzes (§§ 3, 8) und Beratern für Fragen der Betäubungsmittelabhängigkeit zu.

In allen anderen Fällen kommt nur ein aus § 35 Abs. 3 SGB I abgeleitetes Zeugnisverweigerungsrecht in Betracht, wenn der Dienstherr keine Aussagegenehmigung erteilt.

3. Probleme im Aufgabenfeld

(1) **Erwartungen und Projektionen**: Klientinnen und Klienten erwarten häufig vom Berater eindeutige Antworten zur Lösung ihrer Probleme. Dabei wird eine gemeinsame Problembeschreibung durch Projektionen und durch Abwehr (mein Kind hat ein Problem und nicht ich) erschwert. Einen Lösungsweg sehen Klienten in der Abgabe des Problems an den Berater, von dem sie ein „Rezept" zur Behebung der Schwierigkeiten erwarten. Dabei bestehen nicht selten konkrete Vorstellungen, wie ihr Leben aussehen sollte, wenn das Problem gelöst wäre. Gleichzeitig werden Handlungsvorschläge jedoch abgelehnt oder als nicht durchführbar zurückgewiesen. Der Widerstand gegen Veränderungen und die damit verbundene Angst vor etwas Neuem ist oft größer als der Klärungswunsch.

(2) **Datenschutz und Vertraulichkeit**: Da jeder beraterische Ansatz auch eine Einschränkung der Autonomie des Klienten beinhaltet, stellt sich die Frage nach der Kontrolle von außen. Klienten befinden sich in einem Zwiespalt, in welchem Umfang sie persönliche Informationen weitergeben sollen. Sie sind unsicher, wie die öffentliche Jugendhilfe mit den gesammelten Informationen umgeht, wie sie diese bewertet und festhält und wer Zugang dazu hat. Für den Berater besteht parallel dazu ein datenschutzrechtliches Problem der Dokumentation. Er muss entscheiden, was im Hinblick auf die Vertraulichkeit schriftlich festgehalten und was etwa, insbesondere zur Wahrung des Kindeswohls, dokumentiert werden muss.

(3) **Beziehungsprobleme und gesellschaftliche Unterschiede**: Gegenseitige persönliche Sympathien und Antipathien beeinflussen den Beratungsprozess in hohem Maße. Angst und Aggressionen spielen auch hier eine große Rolle. Problematisch ist die Situation dann, wenn die Klienten bei negativen Gefühlen und trotz entsprechender Reflexion keine Möglichkeit haben, den Berater zu wechseln. Beratungseffektivität resultiert u.a. auch aus einer persönlichen Bezie-

hung. Ist diese Beziehung jedoch zu eng (zu privat), verschieben sich die Ebenen zu Ungunsten der Fachlichkeit. Zu berücksichtigen sind auch die kulturellen und gesellschaftlichen Unterschiede zwischen den handelnden Personen, die den Beratungsprozess beeinträchtigen können.

(4) **Rollenunklarheiten:** Mangelnde Abgrenzung zwischen den verschiedenen Rollen (Familienberater, Verfahrensbeteiligter, Wächteramt, Sozialhilfeberatung) erschwert einen konstruktiven Beratungsverlauf. Eine klare Rollentrennung ist jedoch gegenwärtig in Anbetracht großer Arbeitsüberlastungen häufig nicht möglich. Die Berater sind darüber hinaus nicht nur für alle Bereiche der Jugendhilfe zuständig, sondern sind auch Verfahrensbeteiligte vor Gericht und für Teilbereiche der Sozialhilfe eingesetzt. Die Bündelung der o.g. Funktionen erschwert die Rollendifferenzierung.

(5) **Methodische Unklarheiten im Arbeitsfeld:** Im Amt für Kinder, Familien und Senioren gibt es das Problem der Vereinbarkeit zwischen einem geschützten Beratungssetting und den Anforderungen an ein vorzuhaltendes Fall- und Unterstützungsmanagement, d.h. die Aufgaben schließen zum Beispiel auch die Krisenintervention mit ein, wodurch Beratungsprozesse unterbrochen werden können. Auf Grund der kleinen Einheiten in den Stadtteilbüros gibt es Konstellationen, in denen die Aufgaben an andere Kollegen nicht delegiert werden können.

(6) **Organisationsstrukturen/Räumlichkeiten:** Im Amt für Kinder, Familien und Senioren sind die Beratungsebene und Entscheidungsebene nicht immer eindeutig getrennt. Dies führt bei den Klienten zu Verunsicherung und Verärgerung. Für Fachkräfte entsteht dadurch das paradoxe Dilemma, Entscheidungen gegen die eigene Haltung und fachliche Einschätzung treffen zu müssen. Nicht allen Mitarbeitern in den sozialen Diensten stehen ausreichende und geeignete Beratungsräume zur Verfügung. Dies führt regelmäßig zu Störungen, Behinderungen und Unterbrechungen von Beratungsprozessen.

4. Qualitätsstandards

(1) **Wissen um Nichtwissen als beste Fachpraxis:** Zu Beginn der Beratung wissen die Fachkräfte in der Regel nicht, um welches Anliegen es geht. Sie hören aufmerksam und aktiv zu und erfragen die Hintergründe, um sie zu verstehen. Die Problembeschreibungen der Klienten nehmen sie auf und klären mit ihnen Erwartungen und An-

sprüche und ihre Vorstellungen darüber, wie die Hilfe entsprechend ihrer Zielvorstellungen aussehen sollte. Sie arbeiten am Konflikt, d.h. sie erarbeiten im Gespräch mit allen Beteiligten neue Handlungsspielräume. Dabei ist ihr Ziel, dass Klienten ihren Anteil an den Problemen erkennen, um so selbst zur Lösung beizutragen und die einzelnen Schritte zur Veränderung gehen zu können.

(2) **Vertraulichkeit und Zuverlässigkeit**: Damit Klienten Vertrauen gewinnen können, wird ihnen Akzeptanz und Verständnis entgegengebracht. Vertrauen in der Beratungsbeziehung wird u.a. gefördert durch konsistente Verhaltensweisen, wie z.B. Zuverlässigkeit im Einhalten von Terminen und Zusagen, nicht zuletzt die Vertraulichkeit der Gespräche sowie Offenheit und Ehrlichkeit des Beraters. Berater und Klienten entscheiden gemeinsam über Form und Inhalt der Dokumentation des Beratungsverlaufes.

(3) **Akzeptanz, Empathie und Zuwendung**: Beratung findet in einer besonderen Form zwischenmenschlicher Beziehung und Kommunikation statt. Die Haltung des Beraters ist gekennzeichnet durch Akzeptanz, Empathie, Zuwendung und Partnerschaft. Dadurch fördern die Fachkräfte eine positive Beratungsbeziehung, eine offene Kommunikation, die den Klienten ermöglicht, Vertrauen und gegenseitige Sympathie zu entwickeln. Die Beratungsbeziehung erfordert eine bestimmte Distanz zwischen Berater und Klient. Sind Angst und Aggressionen vorhanden und spürbar, so sprechen die Fachkräfte diese Gefühle offen an. Sie achten auf Beziehungsoffenheit, damit auf beiden Seiten nicht ein Gefühl der Vereinnahmung und Manipulation entsteht. Bleiben negative Gefühle nach einer Reflexion bestehen, erhalten Klienten die Möglichkeit, den Berater zu wechseln. In Beratungen gibt es das Problem der Macht auf beiden Seiten. Ein verantwortungsvoller Umgang damit bedeutet, Klienten nicht zu dominieren, sondern die Macht mit ihnen zu teilen und ihnen so zur Selbstständigkeit zu verhelfen.

(4) **Rollenklarheit**: Die Fachkräfte sind sich der verschiedenen Rollen, die sie je nach Beratungsart innehaben, bewusst und machen sie dem Klienten gegenüber ebenfalls deutlich. Dazu gehört auch, dem Klienten den gesetzlichen Auftrag des staatlichen Wächteramtes in der Erziehung zur Wahrung des Kindeswohls zu erläutern. Anstehende kritische Entscheidungen, die nicht mit den Vorstellungen der Klienten übereinstimmen (z.B. bei strittigen Sorgerechtsregelungen oder bei der Herausnahme von Kindern aus der Familie) werden beraterisch besonders vorbereitet. Gibt es keine einvernehmliche Lösung, besteht die Möglichkeit, den Klienten in Absprache an einen Kollegen zu übergeben, damit eine Beratung weiterhin möglich ist.

(5) **Methodenklarheit und fachliche Kompetenz:** Gute Fachpraxis bedeutet, die eigenen Bedürfnisse nach Unterstützung und Methodenklarheit als wesentlichen Bestandteil der Beratungstätigkeit zu erkennen und einzufordern.
(6) **Räumliche und strukturelle Erfordernisse:** Beratung braucht ein professionelles Setting: Dazu gehören geeignete Räumlichkeiten (Beratungszimmer), eine vernünftige und ansprechende Ausstattung und eine ungestörte Gesprächsatmosphäre. Die Beratungsebene wird nicht mit der Entscheidungsebene verknüpft.

5. Prozessgestaltung: Methoden und Verfahren

Jeder Beratungsprozess verläuft in mehreren Phasen, wobei deren Dauer und Intensität abhängig ist von den genannten Problemen der Klienten und der Bereitschaft, sich mit verschiedenen Lösungsmöglichkeiten auseinander zu setzen.

Daher kann ein Beratungsprozess ebenso aus einem Gespräch wie auch aus mehreren Kontakten oder einer langfristigen Beratung bestehen.

(1) **Anfangsphase:** Grundlage jedes Beratungsprozesses ist der Aufbau einer tragfähigen Beziehung zwischen Berater und Klienten. Die wichtigsten Kriterien dafür sind Akzeptanz und Vertrauen, was die positive Wertschätzung der Person und Respekt für sie und ihre Probleme beinhaltet. Gelingt es dem Berater, eine Beziehung aufzubauen, in der Klienten sich anerkannt fühlen und in der sie Zuwendung und die Bereitschaft erleben, ihre Perspektive zu verstehen, sehen sie sich eher in der Lage, ihre Probleme zu nennen und daran zu arbeiten. Zur Klärung des Problems gehört es herauszufinden, wie die Klienten das Problem beschreiben und bewerten, wer aus ihrer Sicht daran beteiligt ist und welche Lösungsversuche sie bisher unternommen haben. Als Ergebnis dieser Abklärung steht die gemeinsam entwickelte Problembestimmung (Problemkonstruktion). Damit ist es möglich und notwendig zu entscheiden, ob die Bearbeitung des Problems in diesem Setting geschehen soll oder ob es andere, sinnvollere Hilfen (Ärzte, spezielle Beratungsstellen, Therapeuten etc.) gibt, die hier effektiver helfen können. Findet die Beratung vor Ort statt, endet die Anfangsphase mit der Schließung eines Arbeitskontraktes, der sicherstellen soll, dass es sich bei der Bearbeitung des Problems um ein gemeinsames Unternehmen handelt, für das Berater und Klient gleichermaßen Verantwortung tragen.
(2) **Die Entwicklung neuer Strategien zur Problemlösung:** Kernpunkt für den Umgang mit Problemen ist das Ernstnehmen der

Sichtweise, die Klienten dazu haben. Daher ist die Neubewertung der Probleme ein Ziel dieser Beratungsphase. Die Beratungsarbeit beinhaltet deshalb, nicht nur das Problem zu sehen sondern auch den Bezugsrahmen, in dem es auftritt und in dem es die Klienten bisher bewertet haben. Die Arbeit an den eigenen „blinden Flecken" beinhaltet das Erkennen und Benennen immer wiederkehrender Verhaltensmuster, die Wahrnehmung von Widersprüchlichkeiten und nicht ausgesprochenen Gefühlen sowie das Aufzeigen von Ressourcen und von Defiziten. Die Herausforderung an den Klienten besteht darin, sein Verhalten aus einer anderen Perspektive zu betrachten und so seinen bisherigen Bezugsrahmen in Frage stellen zu können. Durch die neue Sicht auf das Problem ist eine Neubewertung der Schwierigkeiten möglich und damit die Freisetzung bisher nicht genutzter Ressourcen, die es ermöglichen, neue Lösungsstrategien zu entwickeln.

(3) **Die Handlungsphase:** Die Handlungsphase beginnt mit der Entscheidung, welche Veränderungen tatsächlich unter Berücksichtigung aller denkbaren Vor- und Nachteile erreicht werden sollen. Bei der Planung konkreter Handlungsschritte ist zu berücksichtigen, wer an dem Problem beteiligt ist und in welchen Punkten diese Personen wie miteinbezogen werden können. Auch muss mit Klienten daran gearbeitet werden, dass sich nicht sofort Erfolge erzielen lassen und dass Veränderungen manchmal eine lange Zeit brauchen. Bei der Umsetzung der Handlungsschritte beinhaltet die Beratungsarbeit die Überprüfung von Teilzielen anhand vorher festgelegter Punkte, z.B. woran Klienten erkennen können, dass sich etwas verändert hat. Hier ist auch immer wieder zu überprüfen, ob die festgelegten Ziele angemessen und realisierbar sind oder ob die Notwendigkeit besteht, einzelne Punkte neu zu bewerten. Ein letzter Schritt im Handlungsprozess ist die Sicherung der erzielten Veränderungen. Dazu gehört z.B. die Fähigkeit, alte Verhaltensmuster zu erkennen und zu vermeiden. Aber auch der Aufbau eines tragfähigen sozialen Netzwerkes (Verwandte, Bekannte, soziale Gruppen) kann dazu beitragen, zukünftig mehr Ideen zur Lösung von Konflikten zu entwickeln.

(4) **Die Ablösephase:** Wichtig für den Beratungsprozess ist nicht nur der Aufbau der tragfähigen Beziehung sondern auch die Beendigung der gemeinsamen Arbeit. Damit wird ein klares Zeichen gesetzt, dass die Probleme entweder gelöst sind oder dass die Klienten in der Lage sind, allein damit umzugehen. Hier besteht noch einmal die Möglichkeit, mit den Klienten zu überprüfen, was sie seit Beginn der Beratung verändert haben, aber auch die Punkte zu benennen, die gleich geblieben sind, jetzt aber in einem anderen Licht gesehen werden.

Das Ende der Beratung ist auch ein Zeichen der Wertschätzung für die erreichten Erfolge der Klienten.

6. Prozessdokumentation

a. Welche Daten müssen dokumentiert werden?

- Zugang zur Hilfe: durch wen (Selbst-/Fremdmelder) und in welcher Form?
- zeitliche Fixierung der Hilfe (Beginn, Verlauf, Beendigung)
- Problembeschreibung (durch wen und in welcher Form?)
- Ergebnisprotokoll des Kleinteams im Amt /eingeleitete Hilfeform
- Fortschreibung der Hilfeplanung
- schriftliche Fixierung wichtiger positiver und negativer Ereignisse
- Protokolle der Gespräche im Helfersystem (Schule, Kindergarten etc.)
- ausführliche Dokumentation bei der Gefährdung des Kindeswohls (Gesprächsvermerke, Beobachtungen, Meldungen, etc.)
- Bei Beendigung der Hilfe: Abschlussdokumentation mit der Fixierung der erreichten Ziele (s.o.).

PPQ 7
Hilfe in Krisensituationen[51]

> „Wo aber Gefahr ist, wächst das Rettende auch"
> (Friedrich Hölderlin)

1. Aufgabe

Der Ausdruck „Krise" wird in der Öffentlichkeit – verstärkt durch einen unablässigen Strom medialer Inszenierungen – in vielen Lebensbereichen benutzt, mit inflationärer Tendenz. Semantisch wird Krise als ein Höhepunkt, aber auch als Wendepunkt und Umschlagspunkt eines Geschehens verstanden. Wir sprechen von einer Krise, wenn ein belastendes Ungleichgewicht zwischen der subjektiven Bedeutung, die Betroffene einem Problem zumessen, und den augenblicklichen Bewältigungsmöglichkeiten, die ihnen zur Verfügung stehen, entstanden ist. Diese Gleichgewichtsstörung muss schwer, zeitlich begrenzt und durch die verbliebenen Gegenregulationsmittel nicht zu bewältigen sein.[52]

Systematisch hat man sich hierzulande mit einer Krisentheorie im Kontext der Sozialarbeit weniger beschäftigt. Eine Auseinandersetzung mit der Problematik der Krise und Krisenintervention findet in Deutschland hauptsächlich in der psychologischen und psychiatrischen Diskussion statt.

Krisenintervention als Methode professioneller Hilfe wurde in den 40er Jahren von Erich Lindemann initiiert, der herausstellte:

> „Im Leben jedes Menschen gibt es bestimmte unausweichliche Geschehnisse, die man durchaus als gefährliche Situationen bezeichnen kann. Zu Krisen werden sie aber in der Regel nur für solche Individuen, die aufgrund ihrer Persönlichkeit, ihrer früheren Erfahrungen oder bestimmter Faktoren in der gegenwärtigen Situation gegenüber dieser Belastung besonders verletzlich sind und deren emotionale Ressourcen im Augenblick nicht ausreichen."[53]

Die Aufgabe, vor die eine jede Krisenintervention sich gestellt sieht, ist es, die akute Krisensituation zu entschärfen, um im weiteren die persönliche Integrität der Betroffenen zu erhalten bzw. deren Handlungsfähigkeit

---

51 PPQ 7 wurde von Fred Bensch, Hennes Holtz und Uwe Sandvoss erarbeitet.
52 Vgl. Kast, V.: Der schöpferische Sprung – Vom therapeutischen Umgang mit Krisen, Freiburg 1987, S. 20
53 Vgl. Hoffmann, I./ Roos, J.: Die Krisentheorie. Die vergessene Theorie der Sozialen Arbeit. In: Sozialmagazin (1997) 22 Jg. H. 9, S. 42 -45

wiederherzustellen. Dabei ist entscheidend, den besonderen Typus einer Krise zu identifizieren.

In der Praxis sind jedoch oft mehrere zu unterscheidende Krisen miteinander verknüpft und gleichzeitig da. Sie laufen durcheinander und bedingen sich gegenseitig. Am Ort des Geschehens wird jedoch wichtig, sie zu unterscheiden, um gezielt intervenieren zu können. In der Praxistheorie ist im wesentlichen von folgenden Krisentypen die Rede, die eher durch kognitive Desorganisation verursacht werden, in deren Folge es zu emotionalen Entgleisungen kommt:

- Lebensänderungskrisen (Entwicklungskrisen)
- Traumatische Krisen (z.b. gewaltsamer Tod eines Familienmitgliedes/schwere Kindesmisshandlung)
- Situations- und Ereigniskrisen (äußere Ereignisse wie z.b. soziokulturelle, politische oder ökonomische Ereignisse, Naturkatastrophen),
- psychiatrische und Entwicklungskrisen (innere Ereignisse wie seelische Erkrankungen)

2. Rechtliche Grundlagen

Der Begriff Krisenintervention hat sich in der Praxis für bestimmte Formen des Kinder- und Jugendhilfehandelns etabliert, wird aber im KJHG nicht ausdrücklich genannt. Der Ausdruck „Krise" und damit Hilfe in Krisensituationen findet sich explizit im Bereich der Hilfen zur Erziehung in der Vorschrift über die Sozialpädagogische Familienhilfe nach § 31 KJHG sowie implizit in den §§ 8, Abs. 3 und 42 und 43 KJHG.

Die Bundesarbeitsgemeinschaft der Landesjugendämter (BAGLJÄ) grenzt in ihren Empfehlungen zur Inobhutnahme die Hilfe zur Erziehung ausdrücklich von der Krisenintervention ab. Die Inobhutnahme ist eine Krisenintervention.[54] Eine allgemeine Klärung der Aufgaben der Krisenintervention durch das Gesetz ist bisher nicht erfolgt.[55] Hilfe in Krisensituationen wird im rechtlichen Kontext wenig diskutiert; eine klare Regelung der institutionellen Aufgaben ist kaum auszumachen.

---

54 Vgl.: Bundesarbeitsgemeinschaft der Landesjugendämter (BAGLJÄ) (Hg.): Empfehlungen zur Inobhutnahme gemäß § 42 SGB VIII vom 31. August 1995, S. 3
55 Vgl.: Bundesministerium für Familien, Senioren, Frauen und Jugend (BMFSFJ) (Hg.): Zehnter Kinder- und Jugendbericht. Bericht über die Lebenssituation von Kindern und die Leistungen der Kinderhilfen in Deutschland. Bundestagsdrucksache 13/11368, Bonn 1998, S. 271

3. Probleme im Aufgabenfeld

(1) **Praxisdilemma:** In akuten Krisen- und Konfliktsituationen brauchen Kinder und Eltern in ihrem Lebensumfeld schnelle, direkte und intensive Hilfen, die ihnen Unterstützung, Entlastung und den notwendigen Schutz bieten, damit sie neue Perspektiven entwickeln können. Die Gründe für akute Problemlagen sind vielfältig und liegen zumeist in zugespitzten Überforderungssituationen, die geprägt sein können von körperlicher und psychischer Gewaltanwendung, Vernachlässigung, sexueller Misshandlung, Suizidgefährdung und Drogenabhängigkeit.

Praxisberichten zufolge haben Anfragen, die Unterstützung in eskalierenden Konflikt- und Gefährdungssituationen für Kinder und ihre Familien notwendig machen, in den letzten Jahren erheblich zugenommen. Die Gründe dafür werden in den sich verschärfenden sozialen und wirtschaftlichen Belastungen von Familien gesehen.[56]

Der wachsenden Notwendigkeit, kurzfristig Problemlagen klären zu müssen, stehen jedoch nur sehr begrenzte Möglichkeiten der Praxis gegenüber. Während es verschiedene stationäre Angebote der Kriseninterventionen und Inobhutnahme von Kindern und Jugendlichen gibt (z.B. Bereitschaftspflegestellen, Erziehungs- und Notaufnahmefamilien, Kinder- und Jugendnotdienste, Jugendschutzstellen, Kinderschutzstellen, Mädchenhäuser u.a.), erweist es sich im Bereich der ambulanten Krisenberatung in der Praxis sowohl zeitlich als auch personell oft als schwierig, dem notwendigen Unterstützungsbedarf von Kindern und ihren Eltern zu entsprechen. Mischformen, die ambulante und stationäre Möglichkeiten kombinieren, sind eher selten.

Zudem sind ambulante Jugendhilfeeinrichtungen am Abend und übers Wochenende oft nicht erreichbar, bleibt das Feld tatsächlich der Polizei und den medizinischen Notdiensten und Kliniken (vor allem der Psychiatrie) überlassen. Dadurch ist ein strukturelles Dilemma in der Jugendhilfe entstanden, die Aufgabe der Krisenintervention zu übernehmen, die ein hohes Maß an fachlicher Kompetenz sowie methodischer Flexibilität im personalintensiven Einsatz verlangen.

Beratungsstellen und Allgemeine Sozialdienste der Jugendämter verfügen in der Regel nicht über die notwendigen zeitlichen und personellen Ressourcen, um sich kurzfristig auf akute Familienkrisen zuverlässig einzustellen, um Krisensituationen, in der Kinder und Eltern gefährdet, aber auch am offensten für Veränderung sind, optimal zu nutzen.

---

56 Vgl. a.a.O., S. 269

Selbst Fachberatungsstellen decken diese Form der Hilfe nur unzureichend ab. Besonders schwierig wird es außerhalb der Öffnungszeiten, an Wochenenden sowie an Feiertagen. Krisenberatung findet dann praktisch nicht mehr statt. Krisenhilfe beschränkt sich dann auf die Inobhutnahme, die in der Regel jedoch keine Krisenberatung der Familien einschließt. Bei Maßnahmen der Inobhutnahme fehlt oft das notwendige Klärungspotential und eine ausreichende Kompetenz im Hinblick auf Eltern- und Familienkrisenberatung und Förderung aller Beteiligten.[57]
Die fachliche Herausforderung besteht darin, in akuten Krisen- und Konfliktsituationen für Kinder und Eltern ausreichende Möglichkeiten der ambulanten Krisenberatung sowie Angebote ambulanter und stationärer Krisenintervention im Verbundsystem bereitzustellen.[58]

(2) **Kompetenzprobleme**: Krise als chaotisches, vielschichtiges, widersprüchliches, diffuses und paradoxes Geschehen zu erkennen und zu akzeptieren, bereitet vielen Fachkräften noch erhebliche Probleme. Vor allem haben sie nur unzulänglich gelernt, Krisen in ihren widersprüchlichen Erscheinungsformen zu verstehen. Insbesondere gelingt es ihnen häufig nicht, die verschiedenen Facetten der Krise aufeinander zu beziehen und systemisch zu balancieren; sonst würden sie verstehen:

- Krisen leben von den Gefühlen der Abwehr wie der lustvollen Aufmerksamkeit; sie sind von Faszination und Angst erfüllt.
- Krisen entwickeln einen Sog, haben eine urwüchsige Dynamik und sind mit Projektionen aufgeladen. Krisen lösen daher verwirrende Gefühle und unübersichtliche Situationen aus.
- Krisen haben eine chronische Struktur, sind vorhersehbar und beherrschbar und stellen zugleich eine Ausnahmesituation dar.
- Krisen sind einfach und zugleich komplex und daher diagnostisch schwer zu erfassen.
- Krisen haben etwas Weckendes, Alarmierendes und fordern zum Handeln auf, sind Schlüsselsituationen für Veränderungen.
- Krisen zerstören nicht nur, sondern sind ein strukturerhaltendes Konfliktmuster.
- Krisen reduzieren die Abwehr der Betroffenen und öffnen zugleich Wege der Veränderung.
- Krisen motivieren, Hilfe selbst zu suchen, oder sich helfen zu lassen.

---

57 Vgl. a.a.O., S. 270
58 Vgl. a.a.O., S. 277

- Krisen führen in die Einsamkeit individueller Verzweiflung, wie sie andererseits zu einem Massentheater mehrerer Krisenbesitzer eskalieren können.
- Die Krise ist Gefahr und Chance zugleich.

(3) **Übertragungskrisen im Hilfesystem:** Krisen wirken ansteckend und bewirken Übertragungen und Gegenübertragungen im Hilfesystem. Vor allem spielen Identifikationen von Fachkräften und Hilfebedürftigen eine Rolle. Insbesondere werden ein fasziniertes Mitagieren ebenso beobachtet wie panikartige Flucht oder ängstliche Abwehr. Nicht selten überträgt sich die Krisensituation auf das ganze Hilfesystem, so dass sich die Fachkräfte gegenseitig blockieren und heftige Konflikte miteinander austragen. So werden die Fachkräfte selbst zu Konfliktparteien. Andererseits neigen die Fachkräfte dazu, ihre eigenen persönlichen Lebenskrisen in die Krisen ihrer Klientinnen und Klienten zu übertragen, induzieren sie wiederholungszwangmäßig, was sie selbst nicht bewältigt haben, reproduzieren sie die Vorgeschichte mit veränderten Rollen und einer Hoffnung auf einen veränderten Ausgang. So hat man den Versuch gemacht, das sogenannte Helfersyndrom (was nicht selten zu einem beruflichen Scheitern führt) auf narzisstische Krisen der Helferpersönlichkeit zurückzuführen.[59] Wenn diese Übertragungsphänomene nicht geklärt werden, können Fachkräfte in Krisensituationen nicht wirklich helfen.

4. Qualitätsstandards

(1) **Effektiver Krisendienst:** Das Jugendamt bietet eine schnelle, direkte und intensive ambulante Hilfe in akuten Krisen- und Konfliktsituationen an, die mit stationären Angeboten der Krisenintervention und Inobhutnahme von Kindern und Jugendlichen (freier Träger, mit denen ein Kooperationsvertrag besteht) vernetzt ist.
Dieser ambulante Krisendienst ist auch am Abend und übers Wochenende telefonisch erreichbar und verfügt über die notwendigen personellen und zeitlichen Ressourcen, um kurzfristig in akuten Familienkrisen zu helfen. Die Übernahme des Krisendienstes ist in einem langfristig vereinbarten Dienstplan geregelt.

---

59 Vgl. Schmidtbauer, W.: Der hilflose Helfer. Reinbek b. Hamburg: Rowohlt Taschenbuchverlag, 1972.

(2) **Krisenkompetenz:** Die Fachkräfte haben gelernt, Krisen in ihren widersprüchlichen Erscheinungsformen zu verstehen, systemisch aufeinander zu beziehen und zu balancieren. Sie verstehen Krise als Gefahr und Chance zugleich und können sie für produktive Veränderungen nutzen.
Sie sind methodisch für die Krisenarbeit besonders qualifiziert und bilden sich laufend fort. Sie arbeiten in der Regel in einem Setting der Ko-Beratung (zu zweit und mit einer Unterstützung – Back-up). Sie suchen in der Krise die Zusammenarbeit mit allen Beteiligten, halten verlässlich Kontakt und reduzieren auf diese Weise akute Gefahren und weitere Zuspitzungen. Sie gewähren Schutz und eröffnen produktive Veränderungschancen, nicht zuletzt, indem sie die Selbstregulierungskräfte der Beteiligten fördern.
Die Krisenintervention hat Vorrang vor anderen Arbeitsverpflichtungen der Fachkräfte, die von ihren Kolleginnen und Kollegen während einer Krisenintervention entlastet und unterstützt werden.

(3) **Krisenreflexivität (Reflection-in-Action):** Die Fachkräfte nutzen die gegenseitige Beratung im Team (Supervision/Intervision/kollegiale Beratung), um die Erfahrungen in der Krisenarbeit, insbesondere unbewusste Übertragungs- und Gegenübertragungsreaktionen zu untersuchen und zu reflektieren. Sie versuchen auf diese Weise, die Übertragung persönlicher Konflikte in das akute Krisengeschehen zu kontrollieren. Indem sie ihre Praxis gemeinsam reflektieren (Reflection-in-Action), stärken sie die gegenseitige Unterstützung, die Kollegialität.

5. Prozessgestaltung: Methoden und Verfahren

(1) **Kooperative Krisenhilfe – ein Verbundmodell:** Da es bisher keinen speziellen Krisendienst bei der Stadtverwaltung Dormagen gibt, ist es in einem ersten Schritt notwendig, einen Krisendienst zu organisieren, um in Krisen, die Familien und Kinder gefährden, handlungsfähig zu sein. Hierzu bieten sich zwei Wege an:

- Entweder organisieren wir einen Krisendienst durch einen freien Träger oder
- der Krisendienst wird im Verbund von Stadtverwaltung und freien Verbänden stadtteilübergreifend organisiert:

Während der allgemeinen Geschäftszeiten der Stadtverwaltung wird der Krisendienst durch die Fachkräfte des allgemeinen sozialen Dien-

Hilfe in Krisensituationen

stes sowie der freien Träger sichergestellt. Der Krisendienst wird ggf. stadtteilübergreifend und verbandsübergreifend organisiert und durchgeführt. Außerhalb der Geschäftszeiten gibt es den Krisendienst als Bereitschaftsdienst. Dies bedeutet, täglich, nachts, an Wochenenden und an Feiertagen gibt es einen Bereitschaftsdienst mit zwei Fachkräften, die aus den sozialen Diensten der Stadtverwaltung sowie den freien Verbänden kommen. Der Bereitschaftsdienst wird im wöchentlichen Rhythmus durchgeführt.

Der Krisendienst verfügt über eine angemessene Grundausstattung (Handy/Krisenkoffer mit Adressenliste und Informationsmaterial zu den besten Zusatzhilfen, Erste-Hilfe-Material, Stadtplan, Zigaretten, Süßigkeiten, Malstifte, etc.). Die Fachkräfte können ihre eigenen Fahrzeuge für die Kriseneinsätze nutzen.

Die Fachkräfte haben sich für die Aufgabe der Krisenintervention fortgebildet und qualifizieren sich weiter.

Zusätzlich gibt es die Inobhutnahme durch das Raphaelhaus und von Bereitschaftspflegefamilien. Ambulanter Krisendienst und stationärer Krisendienst kooperieren miteinander und unterstützen sich.

Um ein Stadtteil und Verbände übergreifendes Modell kooperativer Krisenhilfe[60] durchzuführen, werden die folgenden Fragen untersucht und geklärt:

- Welche freien Träger arbeiten an einem solchen Modell mit?
- Wie groß ist die Gesamtzahl sozialpädagogischer Fachkräfte, die an einem solchen Modell mitarbeiten können?

---

60 Ein funktionierender Krisendienst als „*soziale Feuerwehr*" bietet den Bürgerinnen und Bürgern, insbesondere Familien und Kindern, eine schnelle, professionelle Hilfe und lässt sie in ihrer Not nicht allein. Ein Krisendienst bietet eine einmalige Chance zur Profilveränderung der Stadtverwaltung, zu einem erheblichen Imagegewinn. Ein Krisendienst könnte zu einer wesentlichen Dienstleistung der Stadtverwaltung und der freien Träger außerhalb der normalen Geschäftszeiten werden, mit dem sich vor allem auch erhebliche Unterbringungskosten einsparen ließen. Ein solches Programmprofil sollte eine sozial engagierte Stadt nicht aus der Hand geben. Die kürzlichen schweren Krisenintervention des ASD, die zufällig in die Geschäftszeiten der Stadtverwaltung fielen, haben gezeigt, dass mit einem Verbundsystem der Hilfe und mit dem Konzepts der kollegialen Beratung Krisen kompetent bewältigt werden konnten. Erhebliche Unterbringungskosten wurden eingespart. Die gleiche Krise an einem Wochenende ohne Krisendienst zu bewältigen, hätte mit Sicherheit zu anderen Ergebnissen und im Endergebnis zu kostspieligen Unterbringungen geführt. Zunächst bedeutet es jedoch, erhebliche organisatorische Vorarbeiten zu leisten sowie den Bedarf und eine Bereitschaft zur Mitarbeit festzustellen.

- Unter welchen Bedingungen kann ein Verbände übergreifender Krisendienst in die Leistungsverträge mit dem Amt für Kinder, Familien und Senioren aufgenommen werden?
- Wie müssen die flexiblen Arbeitszeitmodelle gestaltet sein, damit die Krisenhilfe mit den vorhandenen Personalressourcen bewältigt werden kann?
- Wie kann die Weiterqualifizierung der Fachkräfte zur kompetenten Durchführung des Krisendienstes konzipiert und organisiert werden?

(2) **Haltung und Kompetenz:** Die Fachkräfte entwickeln eine fachliche Grundeinstellung, mit der sie in eine Krisensituation gehen. Sie wehren die Krise nicht ab, sondern versuchen, sie zu nutzen. Dabei ist es wichtig zu wissen, dass die Zeit für sie und die Hilfesuchenden und nicht gegen sie arbeitet. Eine ausreichende Unterstützung wird im Vorfeld organisiert (kollegiale Hilfe). Die Fachkräfte arbeiten im Setting der Ko-Beratung und können auf eine Unterstützung im Hintergrund (Back-up) zurückgreifen.

(3) **Methodische Schritte:**

- Die Fachkräfte untersuchen zunächst die Krise und stellen fest, welche Kräfte und Ressourcen vorhanden sind. Sie tragen zur Deeskalation im weiteren Verlauf der Krise bei und beteiligen alle an der Konfliktlösung.
- Die Fachkräfte prüfen stets, ob Kinder, Jugendliche und Erwachsene vor sich selbst oder vor anderen geschützt werden müssen und nehmen eine Risikoeinschätzung vor.
- Sie organisieren, wenn nötig, weitere Hilfen und stellen die materielle, psychische und physische Grundversorgung sicher.
- In der kollegialen Reflexion thematisieren sie die eigenen Ängste, Befürchtungen und Hoffnungen, die sie in die Begegnung einbringen und klären, welcher Hilfen wir selbst bedürfen und welche Unterstützung die Menschen brauchen und wollen, die sich in Krisen befinden.
- Die Fachkräfte entwickeln eine erste Problemhypothese, um den Charakter der Krise einzuschätzen und nutzen dabei möglicherweise die multidisziplinäre Fachkompetenz anderer Fachkräfte.
- Die Fachkräfte haben die Krisenanfälligkeit des Hilfesystems selbst im Blick und reflektieren diesen Aspekt kontinuierlich im Prozessverlauf.
- Die Fachkräfte organisieren nach Abschluss der Krise angemessene Schritte der Nachsorge bzw. geeignete Anschlusshilfen.

6. Prozessdokumentation

(1) Jährliche Bedarfsanalysen unter Beteiligung aller Kooperationspartner
(2) Einzelfalluntersuchungen von Krisen, die zu erheblichen Schädigungen oder zum Tod von Beteiligten führten
(3) Exemplarische Untersuchungen gelungener Krisenintervention in einer QE-Werkstatt „*Lernen vom Erfolg*"
(4) Standardisierte Prozessdokumentation aller Kriseninterventionen (laufend).

PPQ 8
Kinderschutz[61]

> „Jede Kindeswohl-Diskussion hat es mit dem Dilemma unbestimmter Rechtsbegriffe und relativer Wertsetzungen zu tun, deren Charakter als interpretatorische Konstruktion durch bloße Feststellungen nicht aufgehoben wird. Kindeswohl ist nur über Kommunikation bestimmbar."
> (Reinhart Wolff)

1. Aufgabe

Moderner Kinderschutz versucht, die Lebensbedingungen von Kindern und Familien positiv zu verändern, indem er die Eigenkräfte der Familien stärkt, soziale Konflikte und Notlagen erkennt und konkret Hilfe leistet. Eltern werden bei der Erziehung und Förderung ihrer Kinder unterstützt. Kinderschutz ist partnerschaftliche Aktion im Gemeinwesen zur Schaffung einer kinderfreundlichen Kultur des Aufwachsens. Kinderschutz ist Familienschutz und als solcher Garant des Kindeswohl.

Kindeswohl heißt: Die Bedürfnisse, Rechte und Interessen eines Kindes sind gewährleistet. Damit das Kind zu einer eigenverantwortlichen und gemeinschaftsfähigen Persönlichkeit heranwachsen kann, müssen die folgenden Bedürfnisse befriedigt werden:

- Körperliche Bedürfnisse, d.h.: Das Kind muss gepflegt, ernährt, versorgt und geschützt werden
- Emotionale beziehungsmäßige Bedürfnisse, d.h.: Das Kind braucht Liebe, Annahme und Zuwendung, Objekte und Orientierung, aggressive und libidinöse Wünsche zu leben und zu bewältigen sowie tragfähige Beziehungsmuster, in denen das Selbst des Kindes wachsen kann
- Intellektuelle Bedürfnisse, d.h.: Das Kind muss gefördert werden, seine geistigen Kräfte zu entfalten und seine Kompetenzen zu entwickeln
- Moralische Bedürfnisse, d.h.: Das Kind braucht moralische Orientierung, die konsistente Sinnkonstruktionen ermöglicht.

Wenn diese Bedürfnisse erheblich gefährdet sind und dauerhaft nicht befriedigt werden, ist das Kindeswohl gefährdet. Kindesmisshandlung und Kindesvernachlässigung sind die wesentlichen Formen einer Kindeswohlgefährdung.

---

61 PPQ 8 wurde von Ulrich Hartz, Martina Hermann und Uwe Sandvoss erarbeitet.

Kinderschutz hat somit eine doppelte Aufgabe:
1. Familien zu unterstützen, Kindern und Eltern zu helfen (Hilfefunktion)
2. Für den Fall, dass Eltern nicht in der Lage oder bereit sind, ihr Kind vor einer Gefährdung zu schützen, sichern die Fachkräfte des Kinderschutzes stellvertretend das Wohl der Kinder. Sie greifen dann – im Konfliktfall aufgrund einer Entscheidung des Vormundschaftsgerichts (Familiengerichts) ein und treten an die Stelle der Eltern (Nothilfefunktion).

Im Zuge der Herausbildung eines eigenständigen professionellen Hilfesystems, das sich strategisch und methodisch von anderen Berufssystemen (z.B. Justiz und Polizei) unterscheidet, ist Kinderschutz grundsätzlich auf Hilfe orientiert, klientenfreundlich und partnerschaftlich engagiert. Diese Konzeption bestimmt die Hilfepraxis, die sich grundsätzlich als Wahrung der Bürgerrechte von Eltern und Kindern versteht. In Wahrnehmung ihres öffentlichen Wächteramtes (Garantenpflicht) engagieren sich die Fachkräfte des Jugendamtes im Interesse der Wahrnehmung dieser Rechte. Kinderschutz als Entwicklungsbegleitung und Entwicklungsförderung heißt immer ein Doppeltes: Schutz des Kindes (notfalls anstelle der Personensorgeberechtigten) und Schutz dieser Sorgeberechtigten (der Eltern) vor Scheitern und Schande im Generationenkonflikt. „Schutz heißt, das Kind vor Schaden zu bewahren und Unterstützung bei der Bewältigung und Heilung eines erlittenen Traumas zu gewähren sowie Schutz der Eltern in lebensgeschichtlichen Katastrophen und vor einem Scheitern von Eltern und Familien in Konflikten.[62]

1. Rechtliche Grundlagen

Die Sorge um die Entwicklung des Kindes und damit auch die Förderung des Kindeswohls ist in Deutschland in drei Rechtsquellen geregelt: im Grundgesetz, im BGB und im KJHG. Im Grundgesetz ist das Elternrecht als Grundrecht verankert und den Eltern wird „zuvörderst" die Erziehungsverantwortung für ihre Kinder übertragen (Art. 6 Abs. 2 Satz 2 GG). Daneben ist der staatlichen Gemeinschaft aufgetragen, über die elterliche Betätigung zu wachen (staatliches Wächteramt – Artikel 6 Abs.2 Satz 1 GG-). Ihren gesetzlichen Ausdruck hat die Erfüllung dieses staatlichen Wächteramtes in § 1 KJHG gefunden: junge Menschen in ihrer in-

---

[62] Qualitätskatalog der Grazer Jugendwohlfahrt. Graz: Stadt Graz- Amt f. Jugend u. Familie, 2000. S. 2 und 8

dividuellen und sozialen Entwicklung zu fördern und dazu beizutragen, Benachteiligungen zu vermeiden oder abzubauen, Eltern und andere Erziehungsberechtigte bei der Erziehung zu unterstützen, Kinder und Jugendliche vor Gefahren für ihr Wohl zu schützen und dazu beizutragen, positive Lebensbedingungen für junge Menschen und ihre Familien zu schaffen .

Bei aller unterschiedlichen Interpretation durch die Rechtswissenschaft im einzelnen herrscht ein weitgehender Konsens darüber, dass beide Bestimmungen im Grundgesetz nicht nur Abwehrrechte gegen Eingriffe des Staates, sondern auch Ansprüche auf ein Tätigwerden des Trägers der öffentlicher Jugendhilfe beinhalten. Der öffentliche Träger der Jugendhilfe ist deshalb sowohl im Hinblick auf die Förderung der elterlichen Erziehungsverantwortung, aber auch im Hinblick auf die Wahrnehmung seines Wächteramtes zunächst dazu verpflichtet, den Eltern Angebote zur Förderung und Verbesserung ihrer Erziehungsfähigkeit – und damit indirekt zur Förderung der Entwicklung des Kindes – zu machen. Dieser verfassungsrechtlich fundierte Förderungsanspruch, wird im KJHG durch ein breites Spektrum von verpflichtenden Leistungen und einzelnen Rechtsansprüchen auf Leistungen der Jugendhilfe konkretisiert.

Art. 6 GG bildet somit die Grundlage für sozialstaatliches Handeln im Einzelfall zur Garantie einzelner Grundrechte.

Darüber hinaus hat das Kind aber auch einen Anspruch auf die Wahrnehmung des staatlichen Wächteramts zu seinem Schutz. Wenn dieser Schutz nicht durch Hilfe für die Eltern gewährleistet werden kann, dann ist dieser Schutz des Kindes mit staatlichen Maßnahmen zum Eingriff in die elterliche Erziehungsverantwortung zu koppeln. Das staatliche Wächteramt zum Eingreifen in die elterliche Erziehungsverantwortung ist nur dann legitimiert, wenn das Wohl des Kindes gefährdet ist und wenn der Eingriff geeignet und erforderlich ist, um eine solche Gefährdung abzuwenden (§§ 1666, 1666 a BGB).

Rechtlich gesehen, stehen dem Jugendamt also zwei Wege zum Schutz des Kindes offen:

a) die Hilfe zur Erziehung für Eltern und Kind, die den Eltern die volle Erziehungsverantwortung belässt, die aber darauf gerichtet ist – anknüpfend an vorhandene Ressourcen – die Erziehungsfähigkeit der Eltern und die Entwicklungsbedingungen für das Kind zu verbessern; (§§ 27 ff KJHG),

b) im Konfliktfall – bei kontroverser Einschätzung der Situation – die Anrufung des Familiengerichts mit dem Ziel, die rechtlichen Voraussetzungen dafür zu schaffen, dass das Kind auch ohne Zustimmung und ggf. auch ohne Mitwirkung der Eltern die notwendigen pädago-

gischen und damit verbundenen therapeutischen Hilfen erhält. Die Befugnis zum Eingriff selbst bleibt dem Familiengericht vorbehalten, das unter den Voraussetzungen der §§ 1666, 1666 a BGB einen Vormund oder Pfleger für das Kind bestellt, der dann die für das Kind notwendigen Sorgerechtsentscheidungen fällt.
Mit der Beratung von Kindern und Jugendlichen, im Konfliktfall (§8 Abs. 3) der Inobhutnahme (§42) und der Herausnahme des Kindes oder Jugendlichen aus anderen Betreuungsarrangements (§43) sind Rechtsgrundlagen geschaffen worden, die den Schutz von Kindern im Krisenfall erweitern.
Bei Lebensgefahr oder drohenden gravierenden Schädigungen sind die Bürgerinnen und Bürger, vor allem jedoch die Fachkräfte des Jugendamtes verpflichtet zur Hilfeleistung im Notfall, um eine drohende Gefährdung abzuwenden. Dies ergibt sich nicht zuletzt aus § 34 StGB (Notstand) und dem § 323 c StGB (unterlassene Hilfeleistung).
c) Bei Gefahr im Verzuge kann auch die Polizei tätig werden.

3. Probleme im Aufgabenfeld

Kinderschutz ist in den letzten Jahrzehnten zu einem Zentralthema geworden, das mit breiter Aufmerksamkeit in der Öffentlichkeit erörtert wird. Insofern ist Kinderschutz top-aktuell, nicht nur in Deutschland, sondern weltweit. Zugleich ist Kinderschutz in die Kritik geraten, besteht ein Widerspruch zwischen der hohen Aufmerksamkeit zum Thema Kinderschutz und den oft mageren Ergebnissen in der Kinderschutzarbeit, gibt es den bemerkenswerten Aufbruch des „Neuen Kinderschutzes" und Fälle dramatisch gescheiterter Kinderschutzfälle, wie z.B. in Coesfeld und Mainz. Trotz großer Fortschritte in der Praxis und auch in der Wissenschaft ist Kinderschutz im Rahmen öffentlicher Jugendhilfe immer noch programmatisch und methodisch irritiert, ist gute Fachpraxis nicht selbstverständlich:

- In Deutschland ist Kinderschutz häufig immer noch reaktive Einzelfallarbeit.
- Präventive Hilfen sind kaum vorhanden.
- Übergreifende Konzepte der Bundesländer (bzw. der Landesjugendämter) fehlen.

Die folgenden Probleme tragen dazu bei, dass unter den Fachkräften der Jugendhilfe viel Unzufriedenheit über Praxis und Ergebnisse des Kinderschutzes herrscht:

(1) **Doppeltes Mandat:** Hilfe verknüpft mit Strafverfolgung hat in der Sozialarbeit eine lange Tradition. Ein solches Konzept wird auch heute noch in vielen Jugendämtern praktiziert. Hilfe in diesem Kontext von Strafverfolgung führt nämlich zwangsläufig in ein programmatisches Dilemma hinein, das zur Verunsicherung der Fachkräfte und zur Verunklarung ihres Rollenprofils beigetragen hat. Auf diese Weise ist in der Bevölkerung ein bestimmtes Bild von Jugendämtern und Sozialarbeit entstanden: Die Menschen sehen das Jugendamt nicht als Hilfeorganisation sondern als verlängerten Arm der Ordnungsbehörden (Polizei, Staatsanwaltschaft und Gerichte). Sie wissen nicht, womit sie es tatsächlich zu tun haben und ob sie rückhaltlos Hilfe erwarten können.

Für die Profession stellt sich dann eine Reihe von Fragen:

- Erstatten die Fachkräfte bei Kindeswohlgefährdung Anzeige (oder etwa nur in Ausnahmefällen) oder bleiben sie grundsätzlich bei Hilfsangeboten?
- Können und sollen sie stellvertretend für die Betroffenen Fälle von Kindesmisshandlung/Kindesmissbrauch anzeigen, auch wenn dies von Eltern und Kindern nicht gewollt wird?
- Haben die Fachkräfte eine rechtliche Verpflichtung, einen Beitrag zur Strafverfolgung zu leisten, um Kinder zu schützen, oder ist dies nicht der Fall oder sogar schädlich?
- Gibt es für die Fachkräfte darüber hinaus eine moralische Verpflichtung der Strafverfolgung, um Kinder zu schützen?
- Beeinträchtigt die Einleitung strafverfolgender Maßnahmen den Erfolg der Hilfe oder sollten die sozialen Fachkräfte dies den Berufsgruppen überlassen, die dafür zuständig sind?

Das doppelte Mandat von Strafverfolgung und Hilfeleistung wird daher für viele zur Last. Hilfe verknüpft mit Strafverfolgung geht nicht zusammen. Es führt zu konzeptionellen Verwirrungen, zu Rollenunklarheit und Rollenverunsicherung. In der Bevölkerung ist dann nicht mehr klar, ob die Fachkräfte des Jugendamtes Sozialarbeiter oder Kriminalbeamte sind. Manche suchen einen Ausweg aus diesem Dilemma, indem sie sich als gesellschaftliche Moralisierungsbeamte profilieren. Dies ist jedoch eine Sackgasse.

Dabei ist die Gesetzeslage im Unterschied zum traditionellen Selbstverständnis der Kinderschutzarbeit eindeutig: § 138 StGB sieht keine Anzeigepflicht für eine drohende Kindesmisshandlung o.ä. vor. Die hier genannten Straftaten betreffen andere strafrechtlich relevante Vorgänge. Bereits geschehene Straftaten werden ohnehin nicht durch § 138 StGB erfasst.

Fest steht: Es gibt keine Anzeigepflicht bei geschehener oder noch drohender Kindesmisshandlung oder Vernachlässigung. Von einem strafrechtlich nicht gebotenen Anzeigeverhalten ist die Meldepflicht nach § 50 Abs. 3 KJHG deutlich zu unterscheiden. Wenn das Jugendamt zur Abwendung einer Gefährdung des Kindeswohls ein Tätigwerden des Familiengerichts für erforderlich hält, so hat es das Gericht anzurufen. Denn nur das Familiengericht ist befugt, in die Rechtsposition der Eltern einzugreifen, nicht die Jugendhilfe selbst. Bei dieser Meldung hat das Jugendamt über angebotene und erbrachte Leistungen zu berichten, um eine an denkbaren Hilfen orientierte Gerichtsentscheidung mit zu wirken.

Die zentrale Aufgabe der Jugendhilfe ist: Hilfe zur Förderung von Kindern zu leisten – und sonst nichts.

Die Fachkräfte bieten Hilfen an und nehmen ohne Vorbehalte ihr Wächteramt wahr und halten damit die gesellschaftlichen Normen und Standards zur Förderung von Kindern aufrecht.

Das Wächteramt umfasst verschiedene Aspekte:

- Hilfestellung und Unterstützung, bei der Gewährleistung des Kindeswohls, präventiv und aktuell.
- Normative Kontrolle und Bekräftigung der Standards moderner Entwicklungsförderung und Erziehung von Kindern. Insofern ist das Jugendamt eine Hilfeeinrichtung, die zugleich „Sozialfeuerwehr" und „Erziehungs-TÜV" ist.

Sozialarbeit muss hier eindeutig Stellung beziehen und sich aus dem historisch entstandenen Rollenmix lösen. Jugendhilfefachleute haben eine doppelte Aufgabe, aber nur in dem Sinne, wie die Aufgabe der Hilfestellung gekoppelt ist mit einem Wächteramt, das Garant für die Einhaltung geltender Standards zur Entwicklung, Förderung und Erziehung von Kindern ist.

(2) **Medialisierung von Kindesmisshandlung und Kinderschutz:** Kindesmisshandlung und Kinderschutz sind aufgrund der Berichterstattung in den Medien einer breiten Öffentlichkeit bekannt geworden, damit sind sie jedoch zugleich zu einem kulturindustriellen Gegenstand geworden. Die Medien neigen jedoch dazu, in der Regel die komplexen Kinderschutzproblematiken zu vereinfachen. Sie suchen häufig den Skandal und bauschen die Fragen der Kindesmisshandlung und des Kinderschutzes sensationell auf. Dabei folgen sie oft dem Modell des Kriminalfilms, gibt es in der Berichterstattung eine Tendenz zur Dualisierung. Die Familie ist Täter oder Opfer, böse

oder gut. Auch die Institution Jugendamt wird ein Opfer solcher Dualisierung, wird sie überschätzt und mit Größenansprüchen allmächtiger Hilfe identifiziert oder als verantwortungslos schlafende, inkompetente, sich grundlos einmischende und bürgerfeindliche Behörde verurteilt. Dann heißt es schnell und widersprüchlich: Der Staat hat nichts getan, ist nicht präsent oder hat staatliche Willkür walten lassen. In einer modernen Informationsgesellschaft, in der der Ereignisjournalismus zum tragenden Prinzip geworden ist, ist Kinderschutz zu einem hochemotionalisierten Arbeitsfeld geworden, in dem eine nüchterne und sachliche Problembearbeitung nicht leicht fällt, nicht zuletzt weil es an einer tragfähigen Zusammenarbeit zwischen sozialen und journalistischen Fachkräften mangelt.

Auf diese Weise ist ein regelrechtes Paradox entstanden: Je größer die Aufmerksamkeit und die sensationelle Beunruhigung, um so weniger gelingt eine nüchterne und sachliche Problembearbeitung.

(3) **Wissensprobleme/Beurteilungskonflikte:** Die Fachkräfte stehen in der Kinderschutzarbeit vor grundsätzlichen Wissensproblemen, die sich mit der wissenschaftlichen, erkenntnistheoretischen Revolution der vergangenen Jahrzehnte sogar noch verschärft haben. Kindesmisshandlung kann inzwischen nicht mehr als eine bloße Gegebenheit verstanden werden. Wir können objektiv nicht genau wissen, was Kindesmisshandlung zweifelsfrei ist. Das Problem ist diffus. Das Problem ist nicht klar, es fehlt die Eindeutigkeit. Es gibt unterschiedliche Werte und Normen zur Beurteilung komplexer und gewaltsamer menschlicher Beziehungen. Das heißt: Kindesmisshandlung ist grundsätzlich relativ. Es gibt keinen absoluten Misshandlungsbegriff. Jede Kindeswohldiskussion hat es mit dem Dilemma unbestimmter Rechtsbegriffe und relativer Wertschätzung zu tun[63]. So gesehen, ist Kindesmisshandlung eine komplexe kommunikative Konstruktion, die in der Auseinandersetzung zwischen Sozialen Fachkräften und betroffenen Eltern jedenfalls einen Wertekonflikt heraufbeschwört. Wenn es um Kindesmisshandlung und Vernachlässigung geht, stehen wir immer in einem multiperspektivischen Kontext kontroverser Beurteilungen. Nicht von ungefähr haben daher viele Familien Angst vor der Definitionsmacht sozialer Fachkräfte. Jede ihrer Beobachtungen ist selbstverständlich an Bewertungen gekoppelt, die schnell als der Weisheit letzter Schluss, als fachliche Wahrheit gelten. Dabei

---

63 Vgl.: Wolff, R.: Die eigenständigen fachlichen Aufgaben des Jugendamtes bei Gefährdung des Kindeswohls. Vortrag auf der Fachtagung „Zum Spannungsfeld zwischen Sozialarbeit und Justiz" der ÖTV. Dresden 1997.

geht verloren, dass jede Definition und Konstruktion von Kindesmisshandlung offen für Irrtum ist, den die Fachkräfte nur im Dialog mit den Betroffenen und eventuell mit weiteren Beobachtern kommunikativ klären können.

(4) **Methodische Dilemmata:** Kinderschutz befindet sich dauerhaft in einer Kette methodischer Dilemmata, die erfolgreichen Kinderschutz beeinträchtigen: Kinderschutz muss sich mit *diagnostischen Problemen* herumschlagen und fixiert sich dabei nicht selten auf kindorientierte Diagnosen ohne Einbeziehung des familiären Kontextes. So verliert Kinderschutzarbeit die gesamte Familie und die weiteren Lebensumstände aus den Augen, wird eindimensional und neigt zu unbedachten Spaltungen des Familiensystems. Dabei besteht die Gefahr einer zu schnellen, nicht gründlich abgeklärten Trennung von der Familie, deren traumatische Folgen nicht selten unterschätzt werden. Sozialarbeit muss hier viel geduldiger werden und prozesshaft ansetzen. Eine gründliche Anamnese ist die Voraussetzung für die Einleitung geeigneter Hilfen. Familien müssen an den Hilfeprozessen beteiligt sein und sie mitgestalten.

In der Kinderschutzarbeit spielen zudem Dritte und Vierte eine große Rolle, die nicht selten an der Produktion von *Hilfesystemkonflikten* beteiligt sind. Häufig sind dies weitere Institutionen mit ihren Fachkräften, die ihre eigene Verantwortung nicht wahrnehmen oder dominant übertreiben. Sie erzeugen Druck und verschärfen die Konkurrenz unter den professionellen Helfern, wodurch eine produktive Kooperation nicht selten in Frage gestellt wird.

Hinzu kommt, dass Familien, in denen es zu Misshandlungssituationen gekommen ist, fast immer unfreiwillige, fremdgemeldete Familien sind. Dies führt zu *Beziehungsproblemen*, die den Vertrauensaufbau erheblich erschweren. Die Familien misstrauen nämlich den Fachkräften des Jugendamtes und haben Angst vor Repression und Strafe. Daher reagieren sie im Erstkontakt meist aggressiv auf die Fachkräfte, die helfen wollen. Aus dieser Situation entstehen typische Gegenübertragungen, vor denen sich die Fachkräfte in Acht nehmen müssen, wenn sie nicht an zu aggressiven Interventionen scheitern wollen. Daneben sind die Fachkräfte geradezu regelmäßig mit schweren Beziehungskonflikten konfrontiert, die sich auch auf die Beziehungen der Fachkräfte mit den Familien auswirken. Sie haben in der Regel einen massiven Widerstand gegen Außenkontakte offizieller Art ausgebildet und können beziehungsmäßig den Kontakt zu anderen Menschen oft nur schwer aufrecht erhalten. Hier hilft nur der geduldige Beziehungsaufbau und ein langer Atem bei der Entwicklung eines Arbeitsbündnisses mit den Betroffenen. Methodisch schwierig ist auch, eine sichere *Risikoeinschätzung* einer bestehenden Kindeswohlgefährdung zu treffen und die Fragen zu beantworten: Wie schätzen wir das Gefährdungspotenzial ein, wenn keine Hilfe angenommen wird? Wie schätzen wir das Risiko ein, wenn wir nicht eingreifen? Ist ein Kind akut gefährdet und worin besteht die Gefährdung? Sind die Grundbedürfnisse der Familienmitglieder gewährleistet. Wie können wir Prognosen sicher machen? Besteht bei den Klienten eine Problemakzeptanz oder besteht gar eine Übereinstimmung mit den Fachkräften in der Problemkonstruktion? Ist die Familie bereit, Hilfe anzunehmen?

Viele Fachkräfte fühlen sich bei der Beantwortung dieser Fragen allein gelassen bzw. sie verfügen nicht über die methodische Kompetenz, sie zu beantworten. Dies ist der Grund für eine weit verbreitete Unsicherheit in der Alltagspraxis der Jugendhilfe.

3. Qualitätsstandards

(1) **Eindeutiges Hilfemandat:** Die Fachkräfte haben einen eigenständigen Auftrag. Sie bieten Hilfen an und sonst nichts. Sie haben ein kritisches und differenziertes Verständnis von Kindeswohlgefährdungen und greifen nur für den Fall, dass Eltern nicht in der Lage oder bereit sind, für ihre Kinder gut zu sorgen, in die Lebensverhältnisse und Autonomie einer Familie durch das Einschalten des Familiengerichts ein. Als Garanten des Kindeswohls wachen sie über die gesetzlich verankerten Pflichten und angemessenen Standards der Entwicklungsförderung und Erziehung von Kindern. Die Fachkräfte tragen dazu bei, engagiert die Lebensbedingungen von Eltern und deren Kindern positiv zu beeinflussen und zu verändern, um Gefährdungen und Krisen zu vermeiden und Wege aus Konflikten zu finden. Ihr Mandat heißt Hilfe auch in den Fällen, wo sie für Eltern und Kinder Nothilfefunktionen wahrnehmen müssen. Als professionelle Partner bleiben die Fachkräfte bei den Familien, sind allparteilich engagiert für die Aufgabe einer umfassenden Entwicklungsförderung.

(2) **Kritischer Umgang mit Medien:** Den Fachkräften ist bewusst, dass sie in einem hoch emotionalisierten, medial erzeugten Spannungsfeld handeln. In kritischer Distanz zu medialen Inszenierungen betrachten und behandeln sie Kinderschutzfälle ruhig, sachlich und nüchtern. Sie bewahren Ruhe und untersuchen die gesamte Situation (Anamnese)

und sind offen für verschiedene Deutungs- und Verstehensalternativen. Sie nutzen die Medien, um beste Fachpraxis in der Öffentlichkeit darzustellen und äußern sich kritisch in Fällen skandalisierender Berichterstattung. Sie werben für ein größeres Verständnis für Eltern und Kinder, die in Notlagen und Konflikten leben. Die Fachkräfte sind solidarisch mit den Betroffenen und schützen sie vor Verfolgung durch die aufgebrachte Öffentlichkeit.

(3) **Multiperspektivisches Fallverstehen:** In der Kommunikation mit den Beteiligten versuchen die Fachkräfte die Komplexität des Misshandlungsgeschehens unter Einbeziehung unterschiedlicher Sichtweisen zu verstehen, die dabei auftretenden Beurteilungskonflikte aufzudecken und zu einer gemeinsamen Sicht und Bewertung der Dinge zu kommen. Sie verstehen Misshandlungen und Vernachlässigungen sowohl als lebensgeschichtlich entstandene Konflikte als auch als Folge sozialer Benachteiligung und Ausgrenzung. Sie machen keine Schuldvorwürfe und sind dennoch nicht blind für Fragen der Verantwortung, die Eltern und Familien, aber auch das soziale Umfeld sowie die professionellen Hilfeinstitutionen für Kinder in unserer Gesellschaft haben.

(4) **Methodische Klarheit und Kompetenz:** Die Diagnosen (Problemkonstruktionen) der Fachkräfte sind multikontextuell und beziehen Familien sowie deren weiteren sozialen Kontext mit ein. Die Fachkräfte lernen, den konkreten Fall in der dialogischen Begegnung mit der Familie, aber auch mit weiteren Personen (Fremdmeldern) zu verstehen, die sie in den Hilfeprozess mit einbeziehen. Sie sind sensibel für Hilfesystemkonflikte und suchen die fachliche Kooperation. Sie schätzen die familiären Widerstände, erkennen und nehmen sie an. Sie arbeiten an ihnen und nutzen sie als Chance, ein tragfähiges Arbeitsbündnis zu entwickeln. Sie suchen Kontakt, schaffen Vertrauen, bieten Hilfe an und sorgen für Transparenz im gesamten Hilfeprozess. Sie sind hilfsbereit und hoffnungsvoll und stehen dennoch mit beiden Füßen auf dem Boden der Tatsachen. Sie handeln entschlossen, wenn dies aufgrund einer präzisen Risikoeinschätzung und unter Abwägung aller Gesichtspunkte notwendig ist. Gerade in Situationen der Inobhutnahme und Herausnahme von Kindern aus den Familien bleiben sie an deren Seite. Fachliche Hilfe und kollegiale Beratung ist für sie selbstverständlich.

5. Prozessgestaltung: Methoden und Verfahren

(1) Vorfeldarbeit: Wenn moderner Kindesschutz nicht mehr nur Einzelfallarbeit sein soll und nicht nur reaktiv agiert, dann muss Jugendhilfe ihre Kinderschutzaufgaben bereits im Vorfeld wahrnehmen. Da die beiden wichtigsten Faktoren der Kindeswohlgefährdung Armut sowie die unzureichende Bereitschaft und Möglichkeit der Erwachsenen, sich auf Kinder und deren Bedürfnisse einzulassen, sind, ist präventive Arbeit notwendig. Das heißt:

- Die Fachkräfte untersuchen zunächst die Lebenslagen der Familien und Kinder in der Region, für die das Jugendamt zuständig ist (Erhebung von Sozialdaten). Dabei liegen ihrem Handeln die verbindlichen Vorschriften des Sozialdatenschutzes nach §§ 61 ff KJHG zugrunde.
- Sie übermitteln ihre Ergebnisse über bestehende soziale Notlagen den Leitungskräften ihrer Einrichtungen sowie den politischen Entscheidungsträgern.
- Die Fachkräfte sind im Bezirk präsent und bekannt und haben Kontakt zu allen sozialen Einrichtungen, Schulen, Kindertagesstätten, usw., die mit Eltern und deren Kindern arbeiten. Insbesondere entwickeln die Fachkräfte präventive Hilfeprogramme vor allem für junge Familien und deren Kinder.
- Sie werben dabei für eine kinderfreundliche Lebenswelt und helfen den Erwachsenen, ihre Kinder besser zu verstehen und zu unterstützen.
- Ihre Hilfen orientieren sich im Besonderen an den Lebensbedürfnissen und Belastungen von Familien, deren Kräfte und Ressourcen sie mobilisieren wollen.
- Die Hilfen werden offensiv bekannt gemacht durch: Zeitungsanzeigen und Programmflyer, durch Kollegen der wirtschaftlichen Jugendhilfe sowie über die anderen sozialen Einrichtungen im Stadtgebiet.

(2) **Hilfeprozess, Prozessbeschreibung:**[64] Haben die Fachkräfte Kenntnis von einer vermuteten Kindeswohlgefährdung, ist es ihr Ziel, diese

---

64 Wir nehmen in diesem Abschnitt Anregungen von Reinhart Wolff auf: Die eigenständigen fachlichen Aufgaben des Jugendamtes bei Gefährdung des Kindeswohls. Vortrag auf der Fachtagung „Zum Spannungsfeld zwischen Sozialarbeit und Justiz" der ÖTV. Dresden 1997. Vgl. auch: Kinderschutz-Zentrum Berlin (Hg.) Kindesmisshandlung. Erkennen und Helfen. Berlin: KSZ, 2000, 8. überarbeitete und erweiterte Auflage

zu überprüfen und eine entsprechende Hilfe für die Familie anzubieten. Dabei beachten sie die folgenden methodischen Gesichtspunkte:

a) Sie wissen, dass es sich in der Regel um zugewiesene, fremdgemeldete Klienten handelt und dass häufig viele andere Helfer/Fachkräfte/Institutionen am Fall beteiligt sind.
b) Die Fachkraft nimmt die Fremdmeldung an, sucht den Dialog mit dem Fremdmelder und versteht die Fremdmeldung als guten Anfang.
c) Jeweils zwei Fachkräfte nehmen solidarisch und offen den Kontakt mit den Betroffenen auf. Sie beschreiben ihre Rolle und besprechen das wahrgenommene Problem (den Konflikt, die möglicherweise bestehende Kindeswohlgefährdung) mit den Eltern und den Kindern. Dabei halten sie sich verschiedene Deutungs- und Verstehensalternativen offen.
d) Dann treffen sie eine gründliche Risikoeinschätzung. Die Einschätzung des eventuell vorhandenen Risikos in einer Familie gelingt am besten, wenn vier Fragen beantwortet werden:

1. Gewährleistung des Kindeswohls
Inwieweit ist das Wohl des Kindes durch die Sorgeberechtigten gewährleistet oder ist dies nur zum Teil oder überhaupt nicht der Fall?
2. Problemakzeptanz
Sehen die Sorgeberechtigten und die Kinder selbst ein Problem oder ist dies weniger oder gar nicht der Fall?
3. Problemkongruenz
Stimmen die Sorgeberechtigten und die beteiligten Fachkräfte in der Problemkonstruktion überein oder ist dies weniger oder gar nicht der Fall?
4. Hilfeakzeptanz
Sind die betroffenen Sorgeberechtigten und Kinder bereit, die ihnen gemachten Hilfeangebote anzunehmen und zu nutzen oder ist dies nur zum Teil oder gar nicht der Fall?

Diese Beurteilungen können in einer quantitativen Skala erfasst werden, um die Risikoeinschätzung zu konkretisieren:

	sehr gut 1	gut 2	befrie-digend 3	ausrei-chend 4	mangel-haft 5
1. Gewährleistung des Kindeswohls					
2. Problem-akzeptanz					
3. Problem-kongruenz					
4. Hilfe-akzeptanz					

Werte 1. + 2. + 3. + 4. : 4 = Risikorate

Bei einer Rate, deren Wert kleiner oder gleich 4 ist (ausreichend), ist eine Fremdunterbringung nicht angeraten.(Weiterer Prozessverlauf siehe PPQ Hilfen zur Erziehung)
Bei einer Rate, deren Wert größer als 4 ist (nicht ausreichend), ist eine Fremdunterbringung angeraten.

Faktoren, die bei der Einschätzung der Gewährleistung des Kindeswohls eine Rolle spielen:

- Das Ausmaß/die Schwere der Beeinträchtigung, Schädigung (Misshandlung, Vernachlässigung)
- Die Häufigkeit/Chronizität der Schädigung (Misshandlung und Vernachlässigung)
- Die Verlässlichkeit der Versorgung durch die Sorgeberechtigten
- Das Ausmaß und die Qualität der Zuwendung der Sorgeberechtigten zum Kind und dessen Annahme
- Die Qualität der Erziehungskompetenz der Sorgeberechtigten
- Das Selbsthilfekompetenz des Kindes (entsprechend seinem Alter und Entwicklungsstand), seine Widerstandsfähigkeit („Resilience") und die Fähigkeit, Hilfe zu holen.

Nach dieser Risikoeinschätzung ist es möglich zu beurteilen, ob Kinderschutz notwendig ist oder nicht.

- Ist Kinderschutz nicht notwendig, besteht kein direkter Handlungsbedarf. Den Betroffenen wird aber eventuell ein präventives beraterisches Angebot gemacht.
- Ist Kinderschutz notwendig, so ist die geeignete und notwendige Hilfe im Dialog mit den Betroffenen zu entwickeln.
- Ist eine ambulante Hilfe, in deren Vordergrund die Unterstützung der Eltern, auch in materieller Hinsicht, steht, geeignet und notwendig, so

können die Ressourcen der Familie und des sozialen Umfeldes aktiviert werden. Die Hilfen gem. § 27 ff. insbesondere Erziehungsbeistandschaft, Sozialpädagogische Familienhilfe oder Erziehungsberatung können als familienunterstützende Hilfen beantragt werden.
- Ist eine Fremdunterbringung mit Einverständnis der Eltern oder ohne deren Unterstützung indiziert, so sind die Gründe für die Fremdunterbringung zu untersuchen und die geeignete Unterbringungsform herauszufinden.

Allgemeine Gründe für Fremdunterbringungen liegen vor:

- Wenn Sorgeberechtigte abwesend, verschwunden oder tot sind und Elternersatzfiguren nicht einsetzbar oder ausreichende ambulante Hilfen nicht möglich sind.
- Wenn Eltern unwiderruflich ihre Elternschaft abgeben und ein Kind aufgeben wollen.
- Wenn Kinder schwer (d.h. erheblich und chronisch) misshandelt, vernachlässigt oder sexuell missbraucht werden, vor allem wenn es sich um Säuglinge und Kleinkinder handelt, *und* ambulante Hilfen nicht angenommen werden oder nicht greifen.
- Wenn auf der Seite der Sorgeberechtigten schwere und chronische Ablehnungen der Kinder und zugleich parentale Erziehungsschwierigkeiten bestehen, die zu erheblichen Entwicklungsbeeinträchtigungen der Kinder geführt haben, die ambulant nicht behandelt oder überwunden werden können.
- Wenn erhebliche unumkehrbare Pubertäts- und Ablösungskonflikte von Jugendlichen auf dem Hintergrund familialer Beziehungsstörungen vorliegen (insbesondere bei nicht erfolgreich neu zusammengesetzten und bei gescheiterten Adoptiv- und Pflegeverhältnissen).
- Wenn schwere psychische Krankheiten und/oder chronische Suchtabhängigkeit dazu führen, dass die Sorgeberechtigten ihre elterlichen Pflichten nicht verlässlich wahrnehmen (können) und ambulante Hilfen nicht angenommen werden oder erfolglos bleiben.
- Wenn notwendige ärztliche Behandlungen des Kindes verweigert werden.

Wenn diese Fragen geklärt sind, ist es sinnvoll zu entscheiden, welche Form der Unterbringung in Frage kommt. Die folgenden Gesichtspunkte können als eine erste Orientierung dienen:

Familienpflege ist in der Regel indiziert bei:
- Säuglingen, Kleinkindern, Vorschulkindern
- Kindern mit langfristiger Unterbringungsperspektive
- Kindern, die eine intensive, kontinuierliche Einzelförderung bzw. Pflege brauchen

Heimerziehung bzw. andere stationäre Formen der Erziehungshilfe sind in der Regel indiziert bei:
- Geschwistergruppen, es sei denn, es findet sich eine besondere dafür geeignete Pflegestelle
- Älteren Kindern (älteren Schulkindern/Jugendlichen/jungen Erwachsenen)
- Kindern deren Probleme nur im Kontext einer Gemeinschaft bzw. mit einer besonderen fachlichen Hilfe (durch in der Regel mehrere Fachkräfte) bewältigt werden können.

Die genannten Gesichtspunkte gelten weniger absolut, sondern sollen als Fragestellung und Orientierung für die fachlichen Bemühungen verstanden werden, umsetzbares Handlungswissen zu entwickeln, das uns befähigt, schwierige Konflikte und Krisen, die das Wohl eines Kindes gefährden, besser zu bewältigen.

6. Prozessdokumentation

(1) Alle Kinderschutzfälle werden nach einem einheitlichen Muster dokumentiert.
(2) Wir untersuchen regelmäßig besonders gelungene Prozesse der Kinderschutzarbeit, um am Erfolg zu lernen.
(3) Laufende Untersuchung des Prozesses
(4) Gescheiterte Kinderschutzmaßnahmen werden über Teamsupervisionen, kollegiale Beratungen (mit Unbeteiligten) reflektiert, mit dem Ziel, aus Fehlern zu lernen, um Kinderschutz zu verbessern.

PPQ 9
Beratung bei Trennung und Scheidung[65]

> nie jemand hinkam nur das Kind
> auf dem Stein inmitten riesiger
> Nesseln wo das Licht eindrang
> durch die zerbröckelnde Mauer
> über sein Buch gebeugt bis tief in
> die Nacht je nach Stimmung im
> Mondschein und sie alle auf den
> Straßen nach ihm suchend oder
> Gespräche erfindend sich in zwei
> Oder mehr teilend so zu sich selber
> Sprechend so zusammen da wo
> niemand je hinkam
> (Samuel Beckett)

1. Aufgabe

Die heutige Fachdiskussion zum Thema Trennung/Scheidung resultiert aus den umwälzenden gesellschaftlichen Veränderungen der letzten 100 Jahre und dem damit einhergehenden Funktionswandel von Familie und Ehe. Mit der zunehmenden Industrialisierung im 19. Jahrhundert war ein Wechsel von der meist bäuerlichen hin zur städtischen Gesellschaft eingeleitet worden. Die Abwanderung der Landarbeiter in die Städte und die sich bildenden Industriereviere führten langfristig zu einer Veränderung familiärer Strukturen. Um den vorher im Rahmen des Großfamiliensystems aufgefangenen Notlagen staatlich begegnen zu können, wurde schließlich die Soziale Gesetzgebung eingeführt.

Die Rechtsbeziehungen in der Familie wurden mit dem Inkrafttreten des BGB am 01.01.1900 geregelt. Gerade das 5. Buch „Familienrecht" hat seitdem durch die weitergehenden gesellschaftlichen Entwicklungen einen erheblichen Wandel erfahren. Er reichte von der alleinigen Entscheidungsbefugnis des Mannes über alle Belange der Familie, bis hin zum gleichberechtigten, partnerschaftlichen Entscheidungsrecht der Eltern. Einer der gravierendsten Einschnitte war dabei die Abschaffung des Schuld- und die Einführung des Zerrüttungsprinzips im Scheidungsrecht.. Das Scheidungsverfahren änderte sich, Scheidung und Scheidungsfolgen werden nun allein vom Familiengericht geregelt. Im Sinne des „Kindes-

---

[65] PPQ 9 wurde von Karola Daniel, Angelika Fernhomberg, Barbara Gröfke und Antje Zöller erarbeitet.

wohls" war es die Aufgabe des Jugendamtes, sich gutachterlich zur Frage des Sorgerechtes zu äußern und dem Gericht eine Beurteilung und einen Entscheidungsvorschlag zu unterbreiten. Die Aufgabe führte zu einer wertenden und auch bevormundenden Arbeitsweise und war in diesem Rahmen der Verantwortung der Eltern übergeordnet.

Der nächste Schritt erfolgte durch das Urteil zum „gemeinsamen elterlichen Sorgerecht" durch das Verfassungsgericht im Jahre 1982. Die Gewichtung verlagerte sich von der Frage, wer das Recht auf die Kinder hat, auf den Punkt, ob und wie Eltern auch nach der Scheidung für ihre Kinder die Elternschaft gemeinsam gestalten können. Ein neues Bewusstsein zur „Familiengerichtshilfe" entwickelte sich in den sozialen Diensten bis hin zu der Frage nach dem heutigen Selbstverständnis im Rahmen des seit 1991 bestehenden KJHG. Mit der Neuregelung des Gesetzes zur Reform des Kindschaftsrechtes zum Juli 1998 wird der *Anspruch der Eltern auf Beratung* unter „angemessener Beteiligung der Kinder" festgeschrieben. Die gemeinsame Ausübung der elterlichen Sorge wird jetzt als Regelfall angesehen. Auch Eltern, die nicht miteinander verheiratet sind, haben die Möglichkeit, durch einverständliche Erklärung ein gemeinsames Sorgerecht zu begründen.

Im Falle von Trennung oder Scheidung bleibt die gemeinsame Sorge so lange bestehen, bis sie auf Antrag durch das Familiengericht aufgehoben wird. Die Beibehaltung oder Aufhebung der gemeinsamen Sorge steht als gleichberechtigte Option nebeneinander.

In den letzten zwei Jahrzehnten haben die zunehmenden Trennungen und Scheidungen von Paaren die gesellschaftliche Realität entscheidend verändert. Ehen werden auf emotionaler Basis geschlossen, Sinn und Funktion haben sich gewandelt. Neben der Ehe als Form des Zusammenlebens gibt es heute eine Vielzahl anderer partnerschaftlicher Lebensformen. Eine Ehe hält in der Realität nicht mehr für „ein ganzes Leben", eine oder mehrere Scheidungen sind zunehmend gesellschaftlich toleriert. Für die Kinder gewinnt ein Aufwachsen in verschiedenen Familiensystemen (Ursprungsfamilie, Einelternfamilie, Stieffamilie...) zunehmend an Normalität.

„Trennung und Scheidung sind Krisen, die Familie nicht beenden, sondern die eine grundlegende Umgestaltung familialer Lebensverhältnisse und Beziehungen zur Folge haben,... in dem es gilt, für das Kind förderliche Bedingungen zu berücksichtigen und zu schaffen."[66]

---

66 Zitat aus Arbeitspapier für Seminar LB 16/96 Josef Faltermeier: Beratung in Fragen der Trennung und Scheidung. Fortbildung zu §§ 17 und 50 KJHG, Deutscher Verein, Frankfurt am Main.

Beschließt ein Paar, sich scheiden zu lassen, setzt es einen ganzen Apparat juristischer, öffentlicher Verfahren und – heute nur auf Wunsch – beraterischer Hilfen in Gang, ohne genau zu wissen, was davon zu erwarten ist.

Die Trennungs- und Scheidungsberatung gem. § 17 SGB VIII bildet, ebenso wie die besondere Methode der Mediation, nur einen Teil des gesamten Scheidungssystems, das Ämter, Gerichte, Rechtsanwälte, Beratungsstellen aber auch die persönlichen Bezugssysteme des Paares bzw. der Familie umfasst. Dabei ist die *Trennungs- und Scheidungsberatung* eine besondere Form der Beratung: Es handelt sich um eine *Familienberatung*, in der das Ehe-Paar in den Hintergrund tritt, während das Eltern-Paar und die Beziehungen zu den Kindern im Vordergrund stehen. Trennungs- und Scheidungsberatung wird definiert als die

> „...Unterscheidung von Veränderungs- und Trennungswünschen, die Bearbeitung des ehelichen Projektionssystems und damit der eigenen Anteile beider Partner am Scheitern der Ehe, die Aufhebung der Abkapselung der Familie und die Arbeit an den Gefühlen, die Unterscheidung von Partnerschaft und Elternrolle sowie die Unterscheidung von innerer und äußerer Scheidung, so das die psychischen Trennungsfolgen nicht in den juristischen Proßeß verschoben werden müssen."[67]

Die Beratung des Amtes für Kinder, Familie und Senioren beinhaltet die Aufarbeitung und Klärung der Elternbeziehungen untereinander und zum Kind und kann bis zur Bearbeitung der „psychischen" Scheidung führen, wenn sie das Wohl des Kindes berührt. Es geht neben der persönlichen Weiterentwicklung um die Einübung der neuen Rollen als Mutter und Vater nach der Scheidung. Die Beratung bewegt sich auf der emotionalen Ebene und bezieht die Vergangenheit mit ein. Damit verändert sich die Aufgabe der Trennungs- und Scheidungsberatung nun endgültig und wandelt sich zu einem Leistungsangebot, welches Eltern in freier Entscheidung nutzen können. Das vom Jugendamt mit der Familie gemeinschaftlich entwickelte Konzept für die zukünftige Ausübung der elterlichen Sorge und des Umgangs ist als eigenverantwortlich entschiedene Vorlage für das Gericht zu sehen und fließt so in das Verfahren ein.

Der moderne Soziale Dienst ist in einem Wandlungsprozess von einer den Eltern übergeordneten Verantwortungsinstanz zum Leistungsanbieter, der auf partnerschaftlicher Ebene Beratung in der Trennungs- und Scheidungskrise der Familie durchführt.

---

67 Vgl. Dt. Verein f. öffentl. u. priv. Fürsorge (Hg.):Fachlexikon der sozialen Arbeit

2. Rechtliche Grundlagen

Hervorzuheben sind im BGB folgende Paragraphen:

(1) § 1626 Elterliche Sorge, Leitlinien für Erziehung und Umgang
(2) § 1626a Elterliche Sorge nicht miteinander verheirateter Eltern
(3) § 1627 Ausübung der elterlichen Sorge
(4) § 1671 Elterliche Sorge nach Trennung und Scheidung der Eltern
(5) § 1684 Umgang des Kindes mit seinen Eltern
(6) § 1685 Umgangsrecht der Großeltern, Geschwister, Stief- und Pflegeeltern (erweiterte Familie)
(7) § 1687 Alleinentscheidungsbefugnisse bei gemeinsamer Sorge, wenn Eltern getrennt leben
(8) § 1697a Kindeswohl als allgemeiner Entscheidungsmaßstab

Berührt werden außerdem die §§ 1626 b-e, 1628-1631, 1631 a-c, 1632, 1666, 1666a, 1672-1673, 1678, 1682, 1686, 1687a, 1696, 1697
  Aus der Zivilprozessordnung (ZPO) sind die wichtigsten Grundlagen die §§:

(1) § 613 Persönliches Erscheinen der Ehegatten, Anhörung, Parteivernehmung
(2) § 614 Aussetzung des Verfahrens
(3) § 621 Zuständigkeit des Familiengerichts
(4) § 623 Verbund von Scheidungs- und Folgesachen
(5) § 630 Einverständliche Scheidung

Im Gesetz über die Angelegenheiten der freiwilligen Gerichtsbarkeit (FGG) sind u.a. über die §§ geregelt:

(1) § 49a Anhörung des Jugendamtes durch das Familiengericht
(2) § 50 Pflegerbestellung
(3) § 50a Persönliche Anhörung der Eltern
(4) § 50b Persönliche Anhörung des Kindes in Sorgerechtsverfahren
(5) § 52 Hinwirkungen auf Einvernehmen der Beteiligten

Aus dem Achten Sozialgesetzbuch Kinder- und Jugendhilfe (SGB VIII) entnehmen wir die folgenden §§:

(1) § 17 Beratung in Fragen der Partnerschaft, Trennung und Scheidung
(2) § 18 Beratung und Unterstützung bei der Ausübung der Personensorge
(3) § 50 Mitwirkung in Verfahren vor den Vormundschafts- und den Familiengerichten

3. Probleme im Aufgabenfeld

(1) **Aufgabenkonflikt:** Der Zugang wird erschwert durch die Verknüpfung der Aufgabenbereiche nach § 17 sowie § 50 SGB VIII in einem Sachgebiet. Freiwilligkeit, Unabhängigkeit und Vertrauensschutz von Beratung stehen im Konflikt mit der Garantenpflicht. Ratsuchende befürchten eine von ihnen nicht beeinflussbare, wertende Mitteilung des Mitarbeiters an das Familiengericht.

(2) **Emotionales Spannungsfeld:** Die Trennungs- und Scheidungssituation ist eine Ausnahmesituation für das gesamte soziale Umfeld (Eltern, Kinder, Verwandte, Freunde) mit der Folge von Ausnahmeverhalten. Die bislang gültige Lebensplanung ist gescheitert, statt dessen geraten Eltern und Kinder nicht nur in eine persönliche, sondern auch in eine existenzielle Krise. Aus einem Paarkonflikt entwickelt sich eine Familienkrise, die in eine Sorgerechtsproblematik übergeht. Dies ist unabhängig davon, ob das Paar verheiratet ist oder nicht. Die Paradoxie der Situation besteht in dem Auseinandergehen als Paar und der gleichzeitigen Rettung oder zumindest der Behauptung der gemeinsamen Elternschaft.

(3) **Instrumentalisierung:** Das Kind steht in der Gefahr, im Rahmen der Struktur instrumentalisiert zu werden. Seine Bedürfnisse werden vorgeschoben, tatsächlich geht es aber um persönliche Kränkungen der Elternteile (narzisstische Haltung bzw. Konflikt). Das Kind ist nur scheinbar im Mittelpunkt. Daher besteht immer die Gefahr, dass das Kind am Prozess nur unzureichend beteiligt wird und auch im Beratungsgeschehen nur eine Randstellung erhält.

(4) **Abgrenzungsproblematik:** Im Beratungsprozess äußert sich das Bedürfnis der Klienten, positive Resonanz zu erhalten und Bündnispartner zu gewinnen. Geht der Berater darauf ein, wird die Bereitschaft des Klienten vermindert, eigenverantwortlich und konstruktiv zur Problemlösung beizutragen. Für den Berater besteht hier die Gefahr der Parteilichkeit.

(5) **Soziokulturelle Verständnisprobleme:** Die Entwicklung zu einer multikulturellen Gesellschaft führt zu Problemen in der Beratung. Nicht nur Sprachprobleme und die Unkenntnis des ausländischen Eherechtes sondern auch das wechselseitige Unverständnis für ein anderes Bild von Familie und ihren Wert für jeden einzelnen erschweren die Zusammenarbeit.

(6) **Mangelnde Fachkompetenz:** Strukturelle Bedingungen behindern die Arbeit in der Trennungs- und Scheidungsberatung. Durch unzureichende und nicht kontinuierliche Fortbildung in diesem besonders problematischen Bereich wird Kompetenz eingeschränkt. Außerdem ist die zeitliche, räumliche und organisatorische Ausstattung für eine ruhige Beratungsatmosphäre nicht in jedem Stadtteilbüro des Amtes für Kinder, Familien und Senioren ausreichend.

4. Qualitätsstandards

(1) **Klare Aufgabentrennung:** Das Leistungsangebot nach § 17 KJHG (Trennungs- und Scheidungsberatung) und die Pflichtaufgabe nach § 50 KJHG (Verfahrensbeteiligung im Scheidungsverfahren) des Amtes für Kinder, Familien und Senioren wird den Eltern gegenüber verständlich gemacht. Die Unterschiede werden deutlich gemacht und die Eltern auf ihr Wunsch- und Wahlrecht bzgl. der Beratungsstelle hingewiesen. Die beiden Tätigkeitsbereiche (Beratung/Verfahrensbeteiligte) werden bei Interessenkollisionen auf verschiedene Fachkräfte delegiert. Welcher der Bereiche delegiert wird, wird nach den Erfordernissen im Einzelfall entschieden. Das Gesetz bietet in § 50 FGG auch die Möglichkeit, dem Kind zur Wahrung seiner Interessen in einem gerichtlichen Verfahren einen Pfleger zu bestellen. Damit soll eine mögliche Interessenkollision zwischen den Eltern und dem Kind unterbunden werden.

(2) **Orientierung und Kreativität:** Die Ambivalenz zwischen der Trennung als Paar und der Fortführung der gemeinsamen Elternschaft wird als Orientierung in der Trennungs- und Scheidungsberatung genutzt. Die existenzielle Krise wird wahr- und ernst genommen mit dem Ziel, neue Lebensperspektiven zu eröffnen und zu entwickeln. Die Konfliktfähigkeit wird gestärkt, um eine Verständigung für die Kinder und die Eltern untereinander zu erreichen. Die Kränkung der Betroffenen wird wahrgenommen und benannt. Die Situation wird mit ihnen besprochen und ihre jeweiligen Rollen werden ihnen verdeutlicht. Mit der Klärung der Elternrolle rückt das Wohl des Kindes in den Mittelpunkt und eine Neuordnung der gemeinsamen elterlichen Verantwortung wird möglich.

(3) **Perspektivenerweiterung für die Familie:** Das Kind wird entsprechend seiner entwicklungsbedingten Möglichkeiten in den Beratungsprozess mit einbezogen. Soweit die Interessen des Kindes The-

ma sind, kommen *alle* Beteiligten an einen Tisch. Das Kind wird bei der Äußerung seiner Bedürfnisse unterstützt. Seine Entwicklungsinteressen werden zur Sprache gebracht und während des gesamten Prozesses berücksichtigt. In der Trennungs- und Scheidungsberatung werden den Eltern Perspektiven zur Stützung ihrer Kinder eröffnet.

(4) **Transparenz:** Der Überblick über das gesamte Verfahren wird ermöglicht. Ziel ist es, dem Klienten das System der zuständigen Institutionen zu erläutern und bekannt zu machen und bei der Nutzung beratend und unterstützend zur Seite zu stehen. Die eigenverantwortliche Beteiligung am gesamten Prozess wird gestärkt, d.h. auch nicht zuletzt, um über die Nutzung der zuständigen Institutionen selbst zu entscheiden. Der Prozess wird mit professioneller Distanz begleitet und unterstützt.

(5) **Netzwerkarbeit:** Ein multikulturelles Netzwerk wird geschaffen. Die Kooperation mit Fachkollegen auch unterschiedlicher Nationalitäten wird aufgebaut. Die Fachkompetenz der Mitarbeiter wird zusätzlich erweitert durch spezielle Fortbildung, Fachaustausch bzw. Workshops mit den Interessenvertretern der jeweiligen Nationalitäten.

(6) **Beratungskompetenz:** Die speziell notwendige Beratungskompetenz wird generell durch entsprechende kontinuierliche Fortbildungen gesichert. Unterschiedliche Fachlichkeiten, sowohl amtsintern, ämterübergreifend wie auch extern werden akzeptiert und genutzt. Ein persönlicher Austausch mit den einzelnen Scheidungsprofessionen wird gepflegt. Die vorhandenen kollegialen fachlichen Ressourcen werden genutzt und gemeinsam weiterentwickelt. Ausreichende und geeignete äußere Rahmenbedingungen – personelle, räumliche und organisatorische Ausstattung – sichern die Qualität des Beratungsgeschehens.

5. Prozessgestaltung : Methoden und Verfahren

Trennung und Scheidung stellen für Ehepaare, Eltern und auch für Kinder einen großen Einschnitt in ihrem Leben dar. Neben vielen anderen Aufgaben ist in dieser Situation die Neuordnung der Beziehungen zwischen den einzelnen Familienmitgliedern oft die schwierigste Herausforderung.

Hier bietet die Trennungs- und Scheidungsberatung Hilfe und Unterstützung an.

1. Zugang:
Es gibt verschiedene Wege, über die Familien das Angebot der Trennungs- und Scheidungsberatung kennenlernen können:

(1) durch ein eigenes Hilfeersuchen im Rahmen der Selbstmeldung,
(2) im Rahmen der Mitwirkung des Jugendamtes im Sorgerechtsabänderungsverfahren gem. § 50 KJHG,
(3) über die Mitteilung des Familiengerichtes an das zuständige Jugendamt gemäß § 17 Abs. 3 KJHG, das das Beratungsangebot an die Eltern heranträgt.

Das Amt für Kinder, Familien und Senioren nimmt schriftlichen Kontakt mit beiden Eltern auf und informiert sie über die bestehenden Beratungsangebote. Die Entscheidung, ob und in welchem Umfang sie das Angebot nutzen, bleibt bei den Eltern. Die Trennungs- und Scheidungsberatung im Rahmen der Jugendhilfe wird in der Regel von Eltern genutzt, bei denen sich mindestens ein Elternteil für eine Trennung entschieden hat. Von den Eltern werden in der Beratung Informationen gesucht über die Auswirkungen der Trennung auf das Kind und über den Verfahrensweg bei einer Scheidung.

2. Erstgespräch:
Nehmen die Eltern bzw. die Elternteile die Hilfe an, findet ein Erstgespräch statt. Hier geht es um ein erstes Kennenlernen zwischen Fachkraft und Eltern/-teil und ein Gespräch über deren derzeitige Lebenssituation (auch in bezug auf die Kinder), eine grundsätzliche Information über die Rolle der Fachkraft im Jugendamt und die Schließung eines Arbeitskontraktes. Die Eltern werden bereits zu diesem Zeitpunkt ermutigt und motiviert, an einem weiteren Gespräch als Eltern gemeinsam teilzunehmen.

3. Beratungsprozess:
1. Im günstigsten Fall finden die Eltern – nach ggf. einzeln geführten Gesprächen mit der Fachkraft – zu einem gemeinsamen Elterngespräch zusammen, das von der Fachkraft moderiert wird.
2. In der Beratung wird versucht, die häufig gestörte Kommunikation zwischen den Elternteilen im Interesse ihrer Kinder wieder in Gang zu bringen.
3. Die jeweiligen Probleme werden offengelegt und die Eltern werden bei der Suche nach Konfliktregelungen und Absprachen im Interesse ihrer Kinder unterstützt. Die Eltern werden in der Wahrnehmung der kindlichen Bedürfnisse gestärkt und ihre gemeinsame Verantwortung für das Kind neu definiert.

4. Die Eltern werden motiviert, ihr Kind zum nächsten Gespräch mitzubringen, damit sein Anteil am Familiengeschehen mit einbezogen werden kann.
5. Das Kind bekommt Gelegenheit, seine eigenen Wünsche, Vorstellungen und Ängste zu äußern. Die neutrale Fachkraft bietet dem Kind Erklärungen, hilft ihm, Loyalitätskonflikte zu mildern oder abzubauen.

4. Beratungsende:
Die Beratung endet mit einer einvernehmlichen Elternvereinbarung oder mit der Überweisung an andere Fachstellen. Auch bei einer vorläufigen Beendigung der Beratungsgespräche wird das Beratungsangebot an die Familie aufrechterhalten.

6. Prozessdokumentation

(1) Statistik der behandelten Fälle (Beratungsanfragen, Erstkontakte, Beratungsprozesse und ihre Ergebnisse)
(2) Nach Abschluss des Beratungsprozesses: Eine schriftliche Befragung der Klienten und Klientinnen über Zwischenergebnisse und Ergebnis und Bewertung der Beratung

> Im Rahmen des Wunsch- und Wahlrechts können die Familien in Dormagen darüber hinaus in einer Trennungs-/Scheidungssituation an einem Mediationsverfahren teilnehmen, das jedoch nicht vom Amt für Kinder, Familien und Senioren angeboten wird. Als ein weiteres, externes Hilfeangebot in Trennungs- und Scheidungssituationen soll daher hier ergänzend die Methode der **Mediation** vorgestellt werden.

Mediation

Basis der Mediation ist die freiwillige, selbstverantwortlich getroffene Entscheidung der jeweiligen Partner, diese Methode der Konfliktvermittlung mit einem **neutralen** ausgebildeten Mediator(in) auszuwählen. Es finden prinzipiell keine Einzelgespräche statt. Eine Mitwirkung im Sinne des §50 KJHG schließt sich aus. Mediation verläuft in der Regel in fünf Stufen, wobei jede Stufe mehr als ein Gespräch beinhalten kann und ein Wechsel der Stufen möglich ist. In jedem Fall müssen aber alle 5 Stufen durchlaufen werden, um eine Mediation abschließen zu können.

Die Konfliktparteien gestalten selbstverantwortlich den Inhalt des Prozesses, der Mediator steuert und strukturiert den Prozess, er ist sozusagen der Regisseur.

(1) Stufe: Einführung – Vorbereitung – Abschluss eines Mediationskontraktes

In der ersten Stufe wird die Basis für die weiteren Verhandlungen geschaffen, z.b. Motivation, Indikation, Erwartungen, Ziele, Rollen der Beteiligten (Anwälte, Mediator), Kosten, eventuelle Übergangslösungen für schon anstehende Punkte.

Die Klärung der Indikation ist besonders wichtig für die Mediation. Nach J. Haynes geht es dabei um die folgenden Fragen:

- Ist das Paar für eine Mediation geeignet (Motivation, Fairness, Offenheit)?
- Kann sich das Paar vorstellen, mit diesem Mediator zu arbeiten?
- Kann der Mediator mit diesem Paar arbeiten?

Der Mediationskontrakt beendet die 1. Stufe.

(2) Stufe: Sammlung der zur Verhandlung anstehenden Regelungs- und Streitpunkte der Beteiligten

In dieser Phase erhalten die beteiligten Konfliktpartner vom Mediator die Möglichkeit, *alle* ihre zur Debatte stehenden Themen zu sammeln, zu benennen und sich für eine Reihenfolge zu entscheiden. Nach Unterstützung aller Parteien in ihrer jeweiligen individuellen Position (Eigeninteresse/Selbstbehauptung) erfolgt im nächsten Schritt die Herstellung von Wechselseitigkeit, d.h. aus den individuellen Problemdefinitionen werden faire wechselseitige Problemdefinitionen entwickelt.

(3) Stufe: Entwicklung neuer Optionen

Es handelt sich hier um die kreativste Stufe in der Mediation. Es geht nicht darum, bereits Lösungen zu finden, sondern zunächst einmal um die Öffnung bzw. Erweiterung der Gestaltungsmöglichkeiten zu jedem Streitpunkt. Damit soll geholfen werden, festgefahrene Positionen zu lockern. „Zur Kreativität gehört auch das Nachdenken über zeitliche Begrenzungen und das Durchspielen von Veränderungen in der Familie (z.B. neue Partner, Wegzug eines Elternteils, Hauptwohnsitzwechsel der

Kinder).[68] Ideen, die sich aus der Optionensammlung entwickeln und mit denen die Verhandlungspartner einverstanden sind, können im Alltagsgeschehen hier bereits unverbindlich erprobt werden.

(4) Stufe: Verhandeln und Entscheiden

Die entwickelten Optionen werden im Falle einer umfassenden Mediation von fachkompetenten Dritten (Beratungsanwälte, Steuerberater, etc.) auf ihre jeweiligen Auswirkungen hin überprüft. Die Ergebnisse daraus werden in der Mediation gegebenenfalls neu diskutiert mit dem Ziel, einer einvernehmlichen und gemeinsam formulierten Vereinbarung, die nochmals in der Praxis erprobt werden kann. Den Parteien muss dabei deutlich gemacht werden, dass eine Veränderung der Entscheidungen auch weiterhin noch möglich ist.

(5) Stufe: Vorbereitung, Durchführung und Überprüfung der Vereinbarung

Die Ergebnisse der vorangegangenen Stufen werden zusammengetragen und schriftlich festgehalten. Es ist möglich, dieses schriftliche Vereinbarungsprotokoll notariell oder durch einen Anwalt juristisch formulieren zu lassen und damit eine Rechtsverbindlichkeit zu erhalten. Die Ergebnisse können aber auch Grundlage im Scheidungsverfahren sein. Die Vereinbarungen werden noch einmal im Alltag in einem vorher vereinbarten zeitlichen Rahmen überprüft. Anschließend erfolgt in einer weiteren Mediationssitzung ein Rückblick und Erfahrungsaustausch. Der Mediationskontrakt wird gelöst und die Verantwortung für den weiteren Verlauf der Übereinkunft wird ganz an die beiden Parteien zurück gegeben.

---

68 Vgl. Dietz H., Krabbe H.: Report Psychologie, Heft: 1/96

PPQ 10
Ambulante Hilfen zur Erziehung[69]

> Gehe zu den Menschen,
> lebe mit ihnen,
> lerne mit ihnen,
> liebe sie,
> beginne mit dem, was sie haben.
> Aber von den besten Führern,
> wenn ihr Ziel erreicht war,
> und die Arbeit getan,
> haben alle Leute gesagt:
> Wir haben es selber gemacht.
> (Altes Chinesisches Gedicht)

Sozialpädagogische Familienhilfe (SPFH)
Erziehungsbeistandschaft (EB)

1. Aufgabe

Vorläufer für die aufsuchende Familienarbeit der heutigen Formen von ambulanten Hilfen zur Erziehung war das Konzept der Sozialen Fallarbeit („social casework") von Mary Richmond. Sie entwickelte eine intensive Form aufsuchender sozialer Arbeit auf der Grundlage der genauen Ermittlung des Notstandes von Klientinnen und Klienten und der Mobilisierung aller verfügbaren individuellen und sozialen Ressourcen.

In Deutschland griff Alice Salomon zu Beginn des letzten Jahrhunderts, den Ansatz Mary Richmonds auf und entwickelte ihn weiter. Allerdings konnte sich in Deutschland „social casework" erst später durchsetzen. Bedingt durch das Massenelend infolge von Weltkrieg und Inflation standen die Einführung gesetzlicher Leistungen und die Errichtung von Fürsorgeeinrichtungen und Anstalten im Vordergrund und nicht so sehr die Abhilfe individueller Not armer Familien.

Erst nach dem Zweiten Weltkrieg entwickelte sich die soziale Arbeit und mit ihr die Jugendhilfe weg von einem obrigkeitsstaatlichen Eingriffsdenken und tendenziell hin zu einem demokratischeren Hilfeverständnis. Noch stärker bewirkte die Protestbewegung der 60er und 70er Jahre umfassende Reformen der Jugendhilfe. In deren Folge wurden u.a. Heimunterbringungen von Kindern und das unzureichende Angebot der

---

[69] PPQ 10 wurde von Konrad Borkowitz, Gisela Godenschwager und Liane Kusch erarbeitet.

ambulanten Jugendhilfe scharf kritisiert. Aufgrund der Forderungen nach einer Verminderung von Fremdplatzierungen von Minderjährigen wurde das Konzept der Sozialpädagogischen Familienhilfe als einer ambulanten, ja sogar präventiven Unterstützung sozial benachteiligter Familien entwickelt. Aufgrund des fachlichen politischen Drucks wurde schließlich die SPFH eingerichtet und die anderen ambulanten Hilfeangebote, wie z.B. die Erziehungsbeistandschaft (EB), weiterentwickelt.

Vorläufer der heutigen Erziehungsbeistandschaft war die sogenannte Schutzaufsicht, eine Maßnahme des Vormundschaftsgerichts, die angeordnet wurde, um körperliche, geistige oder sittliche Verwahrlosung von Minderjährigen und Kindern zu verhüten. Mit dem JWG vom 11.8.1961 wurde der Begriff der Erziehungsbeistandschaft eingeführt. Während bei der Schutzaufsicht der Gedanke an staatliche Kontrolle eine Rolle spielte, sollte bei dem neu eingeführten Begriff ganz eindeutig die pädagogische Komponente dieser Maßnahme hervorgehoben werden.

SPFH und EB sind heute gesetzliche, im KJHG verankerte Pflichtaufgaben des Amtes für Kinder, Familien und Senioren. Voraussetzung für die Einrichtung einer dieser Hilfen ist der konkrete Hilfebedarf und die Bereitschaft der Familie, das Hilfsangebot anzunehmen und mitzuarbeiten.

Das Charakteristische an der SPFH ist, dass sie eine Hilfeform für die gesamte Familie darstellt. Hier geht es nicht nur um die Schwierigkeiten eines einzelnen Kindes bzw. Jugendlichen, sondern das Hilfeangebot ist mehrdimensional und bezieht grundsätzlich die gesamte Familie mit ein. Es orientiert sich zudem an dem Geflecht aus Beziehungsschwierigkeiten, Erziehungskonflikten und sozialen und materiellen Problemen des familiären Systems. SPFH ist eine aufsuchende Hilfe, die größtenteils in der Wohnung der Familie stattfindet.

Die vielschichtigen Problemlagen in den Familien erfordern von den Fachkräften die Wahrnehmung unterschiedlicher Aufgaben auf mehreren Ebenen. Die Spannbreite der Aufgaben reicht von:

- lebenspraktischer Unterstützung,
- Förderung der Außenkontakte,
- Stärkung der Erziehungskompetenz der Eltern,
- Förderung der Kinder (Vermittlung von Zusatzhilfen),
- Unterstützung in finanziellen Fragen,
- Sicherstellung sozialrechtlicher Ansprüche,
- Einbeziehung von Eltern und Kindern in die Gruppenarbeit.

Bei der Erziehungsbeistandschaft steht die Förderung des Kindes/des Jugendlichen in seiner individuellen Persönlichkeitsentwicklung im Zentrum der Hilfe. Die konkrete pädagogische Arbeit erfordert eine Einbeziehung des sozialen Umfeldes und des Familiensystems. Im Rahmen der Erziehungsbeistandschaften werden u.a. folgende Bereiche bearbeitet:

- Beziehungsprobleme,
- Schul- und Ausbildungsprobleme,
- Strafrechtliche Auffälligkeiten von Kindern und Jugendlichen,
- Suchtprobleme von Kindern und Jugendlichen,
- Kindesmisshandlungen,
- Trennung/Scheidung der Eltern,
- Aggressionen von Kindern und Jugendlichen,
- sonstige Probleme.

2. Rechtliche Grundlagen

§ 31 KJHG beschreibt die SPFH wie folgt: „Sozialpädagogische Familienhilfe soll durch intensive Betreuung und Begleitung Familien in ihren Erziehungsaufgaben, bei der Bewältigung von Alltagsproblemen, der Lösung von Konflikten und Krisen sowie im Kontakt mit Ämtern und Institutionen unterstützen und Hilfe zur Selbsthilfe geben. Sie ist in der Regel auf längere Dauer angelegt und erfordert die Mitarbeit der Familie."

SPFH und EB sind den klassischen Hilfen zur Erziehung wie Heim- und Pflegestellenunterbringung gleich gestellt.

§ 30 KJHG lautet wie folgt: „Der Erziehungsbeistand und der Betreuungshelfer sollen das Kind oder den Jugendlichen bei der Bewältigung von Entwicklungsproblemen möglichst unter Einbeziehung des sozialen Umfeldes unterstützen und unter Erhaltung des Lebensbezugs zur Familie seine Verselbständigung fördern."

Neben den freiwillig eingerichteten Erziehungsbeistandschaften gibt es die Möglichkeit der verpflichtenden EB gemäß der §§ 8 bzw. 12 des JGG. Hiernach kann der Jugendrichter nach Anhörung des Jugendamtes und nach einer dann erforderlichen positiven Stellungnahme des Jugendamtes dem Jugendlichen auferlegen, eine Hilfe zur Erziehung in Form der EB in Anspruch zu nehmen. In der Praxis wird diese Möglichkeit allerdings nur selten genutzt.

3. Probleme im Aufgabenfeld

(1) **Ungünstige Zugänge:** Je nach der Intensität der Motivation für die Inanspruchnahme ambulanter Hilfen entwickeln sich bei der Familie oder bei einzelnen Familienmitgliedern Ängste im Hinblick auf die

Person der Beraterin/des Beraters und den Ablauf der Hilfe oder sie bauen Barrieren auf, die eine Zusammenarbeit erschweren.[70] Da die ambulanten Hilfen in der Privatsphäre der Familie geleistet werden, ist die Art und Weise des Zugangs von besonderer Bedeutung. Gleich zu Beginn kann das Spannungsfeld „Heimrecht" gegenüber „ Fachlicher Hilfe" zu einem offenen oder versteckten „Hinauswurf" der Fachkraft führen. Hinzu kommt, dass oft Faktoren wie gegenseitige Antipathie, sprachliche Barrieren, soziokulturelle Unterschiede und dominantes Auftreten den Zugang zu den Familien erschweren.

(2) **Unklare Aufträge:** Wenn zu Beginn keine eindeutige gemeinsame Auftragsklärung mit der Familie erfolgte, geschieht es nicht selten, dass der Familienhelfer von verschiedenen Seiten instrumentalisiert wird. Es kommt dann nicht zu einer offenen, fairen Zusammenarbeit mit der Familie. Es können sich Koalitionen bilden, die die Hilfe blockieren oder gar verhindern. Missverständnisse im Verstehen von Aufträgen führen sowohl bei der Fachkraft, als auch in der Familie zu Verwirrung und Stagnation im Hilfeprozess. Versäumnisse bei der regelmäßigen Reflexion des Hilfeprozesses gefährden den positiven Verlauf der Maßnahme.

(3) **Abwehr:** Überhaupt ist Abwehr auf Seiten der Familien ein Hauptproblem in der Arbeit der Familienhelferin. Dabei lässt sich ein Muster beobachten. Die Familie reagiert mit Abwehr,

- wenn die Fachkraft die beobachteten Defizite und Probleme zu sehr betont und dabei den Blick auf die vorhandenen Ressourcen verliert;
- wenn die Fachkraft die Familie mit schnellen Lösungen überrennt und sich nicht am Tempo der Familie orientiert, wobei Ungeduld und Unruhe diese Abwehr noch verstärken;
- wenn die Fachkraft von der Familie als nicht vertrauenswürdig angesehen wird;
- wenn die Familie befürchtet, einer noch größeren staatlichen Kontrolle ausgesetzt zu sein

(4) **Distanz-Nähe-Problem:** Klienten neigen unbewusst dazu, die Fachkraft für ihre Interessen einzusetzen und sie zur Parteilichkeit zu bewegen. Folgt die Fachkraft unreflektiert diesem Ansinnen der Familie, riskiert sie, in den „Sog der Familie" hineingerissen und ihrem Auftrag nicht mehr gerecht zu werden. Solche meist unbewussten

---

70 Vgl. PPQ 1

Koalitionen verhindern eine offene Kommunikation in und mit der Familie.

(5) **Unterschiedliche, schichtspezifische Werte und Normen**: Bei der Wahrnehmung und Benennung von Problemen in einer Familie treffen in den überwiegenden Fällen unterschiedliche soziokulturelle Maßstäbe zwischen Familie und Fachkraft aufeinander (Vorstellungen von Sauberkeit, Ordnung, Erziehungsverhalten, Verlässlichkeit). Hierdurch wird ein negativer Erwartungsdruck sowohl bei der Fachkraft als auch bei der Familie erzeugt und es schaukeln sich Frustrationen und Aggressionen auf beiden Seiten hoch.

4. Qualitätsstandards

SPFH und EB sind in ihrem Kern aufsuchende Hilfen. Sie finden in der Wohnung, der Lebenswelt der Familie statt. Die Nähe zum Alltag der Familie ist sehr groß – dieses stellt einerseits einen massiven Eingriff in die Autonomie der Familie dar, bietet aber auch andererseits besondere Chancen, im innerfamiliären Kontext an den Ressourcen und Stärken der Familien anzusetzen und Impulse zur Neugestaltung des Lebensalltags zu geben. Wir stellen die wesentlichen Gesichtspunkte guter Fachpraxis heraus:

(1) **Günstige Zugänge**: Die Annahme der Hilfe wird nicht angeordnet. Vorraussetzung für gute Familienhilfe ist die Zustimmung der Familie. Die Fachkraft geht freundlich auf die Familie zu und versucht, sie für eine Zusammenarbeit zu gewinnen. Die Fachkräfte nehmen eine unvoreingenommene, offene, interessierte und annehmende Haltung der Familie gegenüber ein und gestalten die Kommunikation auf einer partnerschaftlichen Ebene. Dies beinhaltet auch das Verwenden einer für den Klienten verständlichen Sprache.

(2) **Klare Aufträge**: Die Fachkräfte achten auf eine klare Auftragslage, die von allen Beteiligten (Familie, Jugendamt) als gemeinsame Arbeitsbasis akzeptiert werden kann. Widersprüche werden dabei thematisiert. Die Bedürfnisse und Ziele der Familie stehen im Vordergrund. In kontinuierlichen Hilfeplangesprächen werden konkrete und realisierbare Ziele und Methoden benannt, die in regelmäßigen Abständen überprüft und ggf. verändert werden.

(3) **Annahme der Kooperation**: Die Fachkräfte orientieren sich an den Ressourcen und helfen der Familie, ihre Stärken wiederzuentdecken.

Sie erkennen die bisherige Lebenserfahrung der Familie an. Auch minimale Handlungsschritte der Familienmitglieder werden erkannt und wertgeschätzt und somit das Vertrauen in die eigenen Fähigkeiten gefördert. Die Familien bestimmen das Tempo. Die Fachkraft nimmt die Familie in ihren Ängsten vor Veränderung und Kontrolle ernst und versucht, Interventionen angemessen zu dosieren.

(4) **Reflexion:** Die Fachkräfte behalten – auch in Familienkonflikten – eine eigene Position bei und vermeiden plumpe Parteilichkeit. Sie helfen der Familie, Kommunikationsprozesse in Gang zu bringen und Lösungen zu initiieren. Regelmäßige Reflexion der Fachkraft mit anderen Fachkollegen (kollegiale Beratung, Supervision) sichert den Fortbestand einer guten Fachpraxis.

(5) **Toleranz und Akzeptanz:** Die Fachkräfte akzeptieren die unterschiedlichen Lebensstile von Familien und sind sich der Unterschiede zu ihrer eigenen kulturellen Herkunft und Schichtzugehörigkeit bewusst.

(6) **Vernetzung:** Die Fachkräfte sehen und unterstützen Familien in ihrem Kontext und vernetzen sie mit anderen Hilfeanbietern unter gleichzeitiger Beibehaltung der Beziehungskontinuität. Familien werden aus ihrer sozialen Isolation herausgeholt und zu neuen sozialen Kontakten im Gemeinwesen ermutigt (z.B. Gruppenarbeit, Feste, Freizeitaktivitäten).

5. Prozessgestaltung: Methoden und Verfahren

Das Verfahren der SPFH/EB ist prozesshaft angelegt und gliedert sich in verschiedene Phasen. Die meisten Familien kommen über die Fachkräfte des Amtes für Kinder, Familien und Senioren zur SPFH und EB. Auch wenn Familien sich bei den freien Verbänden selbst melden oder andere Institutionen (z.B. Kindertagesstätten, Schule) auf eine Familie aufmerksam machen, liegt die Hilfeplanung federführend beim Amt für Kinder, Familien und Senioren.

(1) **Zugang/Vorklärungsphase:** Durch die Fachkräfte des Amtes für Kinder, Familien und Senioren wird neben der Prüfung, ob die Notwendigkeit einer Hilfe vorliegt, bei der entsprechenden Familie auch Motivations- oder Überzeugungsarbeit geleistet. Die Familie wird auf den möglichen Einsatz einer Familienhilfe oder Erziehungsbeistand-

schaft vorbereitet. Zunehmend führen SPFH und EB im Vorfeld gemeinsam mit den Fachkräften des Amtes Gespräche in den Familien mit dem Ziel der Klärung und der Motivierung. Die SPFH/EB- Fachkraft erfährt das erste Mal etwas von den Familien in der Kleingruppe bzw. im SPFH-Team durch die Kollegen des Amtes. Je nach freier Kapazität wird innerhalb des SPFH- Teams festgelegt, welche/r Familienhelfer/-in die Familie betreuen wird.

(2) **Hilfe anbahnen:** In der Regel begegnen sich Fachkraft und die zu betreuende Familie das erste Mal beim Erstgespräch zusammen mit der Fachkraft des Amtes in der Wohnung der Familie. An diesem Gespräch nehmen möglichst alle Mitglieder der Familie teil. Inhalt des Gespräches sind ein erstes Kennenlernen zwischen SPFH-Fachkraft und der Familie sowie die Klärung der gegenseitigen Erwartungen und Möglichkeiten und Grenzen der Familienhilfe.

- Seitens der Fachkraft des Amtes wird nochmals kurz die Problematik dargestellt und sowohl die an SPFH/EB gestellten Erwartungen und Zielvorstellungen erläutert, als auch die Rolle der Fachkraft des Amtes während des Hilfeeinsatzes geklärt.
- Die Familienmitglieder beschreiben aus ihrer Sicht ihre Problemlage und ggf. auch ihre Motivation, Erwartungen und Wünsche an die professionelle Unterstützung.
- Die SPFH/EB-Fachkraft stellt sich der Familie vor und sammelt erste Eindrücke über die Situation in der Familie und die Bereitschaft der Familienmitglieder, sich auf den geplanten Hilfeprozess einzulassen.

Können sich alle Beteiligten auf eine Arbeitsgrundlage für die Familienhilfe/EB einigen und einlassen, beginnt damit die Probephase. Sind Familien sich noch nicht ganz im Klaren darüber, ob sie die vorgeschlagene Hilfe annehmen wollen, übernimmt die SPFH/EB für eine vereinbarte Zeit ein Clearing; damit erhält die Familie die Möglichkeit, für sich herauszufinden, ob sie eine Familienhilfe brauchen kann und welche Unterstützung sie möchte.

(3) **Initiieren und Durchführen der Hilfe:** Mit den Familien wird im Erstgespräch eine *Probephase* von 3-6 monatiger Dauer vereinbart. Für die Familien bedeutet dies die Möglichkeit zu überprüfen, welche Auswirkungen ihre Entscheidung auf ihren Lebensalltag hat und ob sie mit ihrer Entscheidung, Familienhilfe anzunehmen, ihre Lebenssituation verbessern kann. Die Fachkraft ihrerseits nutzt die Probephase zum Aufbau einer Vertrauensbeziehung zwischen ihr und der Familie. Ein weiterer Schwerpunkt besteht darin, herauszufinden, ob

die eingeleitete Maßnahme in der Familie sinnvoll ist und welche Aufgaben/Problembereiche im einzelnen angegangen werden sollen. SPFH/EB als eine intensive Form persönlicher Hilfe basiert auf dem Aufbau einer Beziehungsebene; Sympathie und Antipathie kommen gerade zu Beginn eine große Bedeutung zu. Die Fachkraft versucht, einen Zugang zu finden und zu erreichen, dass die Familie sie als jemanden annehmen kann, der ihnen zwar fremd ist, dem sie aber doch Einblick in ihre Probleme geben will und eine gewisse Nähe zulassen kann. Die Fachkraft will erreichen, dass die Familie mit ihr arbeiten will. Zur Förderung des Vertrauensverhältnisses, aber auch weil es grundsätzlich für die Zusammenarbeit wichtig ist, spricht sie mit der Familie über ihr Arbeitsverständnis: z.B. sieht sie ihre Aufgabe darin, die Familie zu unterstützen und sie nicht zu bevormunden; die Familie behält die Autonomie bei ihren Entscheidungen; Gespräche mit anderen Institutionen wie Kindergarten, Schule, Jugendamt führt die Fachkraft mit Einwilligung bzw. mit aktiver Teilnahme der Familie.
Nach Ablauf der Probephase findet ein Auswertungsgespräch statt zwischen der Familie, der Fachkraft des Amtes für Kinder, Familie und Senioren und der Fachkraft SPFH/EB. Hierbei soll festgestellt werden, ob durch eine längerfristige Unterstützung der Familie die bestehenden Probleme bearbeitet werden können. Kommen alle Beteiligten überein, dass SPFH/EB die geeignete und notwendige Hilfemaßnahme für die Familie darstellt, so wird gemeinsam mit dem Amt für Kinder, Familie und Senioren der Hilfeplan erstellt.

(4) **Überprüfung und notwendige Veränderung der Aufträge:** *Hauptphase:* Sie dauert ca. 1-2 Jahre. Die in der Probephase festgelegten Ziele bilden den „Roten Faden", an dem sich die Arbeit in und mit der Familie orientiert. Die Arbeit im Lebensalltag der Familie beinhaltet allerdings auch, dass veränderte Problemlagen mit in den Hilfeprozess aufgenommen werden. Der Hilfeprozess verläuft nicht gradlinig, sondern ist gekennzeichnet durch Rückfälle, Umwege, durch Stillstand und Misserfolge aber auch durch Fortschritte und Erfolgserlebnisse. Von Seiten der Fachkraft erfordert der Einsatz einen „langen Atem" sowie Geduld, Gelassenheit und Toleranz, um die Familie/den Jugendlichen auf ihrem Weg zur Veränderung ihrer Situation wirksam begleiten zu können. Neben der Eigenreflexion und der Reflexion des Hilfeeinsatzes mit der Familie finden auch insbesondere gemeinsame Gespräche mit der Fachkraft des Amtes als federführender Instanz statt. Die Planungsgespräche finden in der Regel ½ jährlich statt. Die Ergebnisse werden in der Fortschreibung des Hilfeplanes festgehalten. Zum Ablauf der Hauptphase ziehen wiederum

die Fachkraft SPFH/EB, die Familie und die Fachkraft des Amtes für Kinder, Familie und Senioren in einer abschließenden Reflexion Bilanz über die durchgeführte Hilfe. Dies führt zu einer Entscheidung darüber, ob nun die Ablösephase eingeleitet werden kann oder ob die Maßnahme verlängert werden muss (Hilfeplanfortschreibung). *Ablösephase:* Der Beginn dieser Phase wird maßgeblich bestimmt von den erkennbaren Fähigkeiten der Familie, auftretende Probleme und ihren Lebensalltag selbstständig zu bewältigen. Die Häufigkeit und Dauer der Kontakte werden, entsprechend den Erfordernissen der Familie, verringert. Die Familie erhält somit die Gelegenheit, ihre Eigenkräfte zu erproben, in der Gewissheit eventuell noch einmal auf die Hilfestellung der Fachkraft zurückgreifen zu können.

(5) **Methoden**: Auf dem Hintergrund systemischer Sichtweisen bezieht die SPFH sowohl alle Familienmitglieder – die EB alle Familienmitglieder bei Bedarf – als auch das soziale Umfeld mit ein. Die Methoden und Arbeitsformen sind sehr vielfältig und auf die speziellen Bedürfnisse der Familien zugeschnitten.
Sie unterscheiden sich in Alltagsmethoden und professionelle Methoden. Zu den Alltagsmethoden gehören z.B.: das Zuhören, das Fragen, Feedback geben, das Aushandeln und Verträge schließen, das Grenzen setzen, das Anleiten, das Begleiten und gemeinsame Einüben und die Gruppenarbeit.
Professionelle Methoden sind z.B. das Arbeiten mit Plänen (Verstärkerpläne, Lagepläne, Genogrammarbeit), Rollenspiel, Skulpturarbeit, Paargespräche, Familiengespräche, die Arbeit mit Tonband und Video (Video-Home-Training).
Alle angewandten Methoden in der Arbeit achten die Autonomie der Familien und der einzelnen Mitglieder und dienen der Stabilisierung und Erweiterung vorhandener Ressourcen. Die Familien behalten die Freiheit auf Vorschläge einzugehen, diese abzulehnen oder andere Vorschläge zu machen.

6. Prozessdokumentation

Folgende Daten werden dokumentiert:
Durch die SPFH/EB:

- Ergebnis des Erstgesprächs – erster Eindruck, Problembeschreibung und möglicher Auftrag
- Protokolle von Gesprächen mit Institutionen

- Protokolle von Teamsitzungen/Supervisionen
- Abschlussbericht: Was hat sich für die Familien verändert? Welche Ziele sind erreicht/nicht erreicht?
- SPFH/EB führen eine Jahresstatistik

Eine Ergebnisbewertung zum Abschluss kann auch durch eine Familienbefragung erfolgen, die von einer nicht beteiligten Person oder Institution (z.b. von einer Fachhochschule) durchgeführt wird.

Durch das Amt für Kinder, Familien und Senioren:

- Erstellen des Hilfeplans
- Fortschreibung des Hilfeplans
- Protokolle von kollegialer Beratung/Supervision
- Protokolle von Helferkonferenzen, Gesprächen mit Institutionen

PPQ 11
Außerfamiliale Hilfen zur Erziehung im stationären Rahmen[71]

„Die Spaltungen, den Riss, die Übergänge, den Kern, wo die Zerstörung dir geschieht, verhülle, tu, als ob die Ferngesänge aus einer Gondel gehen, die jeder sieht."

(Gottfried Benn)

1. Aufgabe

Die Fremdunterbringung von Kindern außerhalb ihrer Herkunftsfamilien ist eine Hilfe für Kinder und ihre Eltern. Von einem einheitlichen Konzept stationärer Erziehungshilfen zu reden, ist heute nach großen programmatischen und methodischen Umbrüchen nicht mehr möglich. Breit gefächert ist die Palette der möglichen Ausgestaltung stationärer Erziehungshilfen sowie der unterschiedlichen pädagogischen Betreuungskonzepte.[72]

Dezentralisierung, Entinstitutionalisierung, Regionalisierung, Individualisierung und Flexibilisierung zielen auf den Ausbau milieunaher Hilfen, die sich inzwischen deutlich von der traditionellen Erziehungsanstalt unterscheiden.[73]

Fremdunterbringungen haben heute vor allem die Aufgabe, für Kinder und Jugendliche, die aufgrund sozialer, gesellschaftlicher und individueller Belastungen in Familien benachteiligt, gefährdet oder nicht ausreichend in ihrer Entwicklung gefördert sind, einen alternativen Lebensort zur Verfügung zu stellen. Dort sollen junge Menschen durch eine Verbindung eines anregenden Alltagslebens mit pädagogischen und therapeutischen Angeboten in ihrer Entwicklung gefördert werden (§ 1 KJHG). Zwei Ziele werden seither alternativ verfolgt:

(a) Die Rückkehr in die Familie oder die Vorbereitung auf eine Betreuung in einer Pflegefamilie oder
(b) Die Vorbereitung auf ein selbstständiges Leben, durch eine auf längere Zeit angelegte differenzierte Heimerziehung. Dazu gehören vor

---

71 PPQ 11 wurde von Friederike Buba, Angelika Fernhomberg, Gudrun Freitag, Roland Hoffman und Martin Hüsch-Stelzmann erarbeitet.
72 Vgl. Studie des evangelischen Erziehungsverbandes (EREV): Leistungen und Grenzen von Heimerziehung. S. 200
73 Vgl. Zehnter Kinder- und Jugendbericht. S. 251

allem die Kooperation mit den Eltern und dem bisherigen Lebensumfeld und die Begleitung und Beratung vor, während und nach der Fremdunterbringung.

Die historisch weit zurückreichenden Einflüsse ordnungspolitischer Zwänge in der Entstehungszeit der Anstalten, Rettungshäuser und Heime im 19. und 20. Jahrhundert, insbesondere durch die Tradition der Zwangserziehung, haben den Ruf der Heimerziehung bis heute beeinflusst. Dabei spielten widersprüchliche Entwicklungen eine Rolle.

Von Anbeginn der Heimerziehung (früheste Nachweise um 1100), gabt es unterschiedliche Konzepte des Umgangs mit Kindern. Während die einen ‚Prügel Tag und Nacht'[74] verabreichten, gab es schon um 1800 Stimmen, wie Heinrich Pestalozzi, der ‚Helfende Liebe' und „Bildung des Kindes" in den Vordergrund stellten.[75] Die Rettungshauspädagogik des Johann Heinrich Wichern (1808 – 1881) entwickelte mit dem ‚Rauhen Haus' in Hamburg eine Einrichtung, in der ausgebildete Erzieher familienähnliche Betreuung anboten. Mit der Einführung des ‚Preußischen Gesetz betr.: Die Unterbringung verwahrloster Kinder' (1888)[76] wurde die Zwangserziehung von Kindern beschlossen und damit eine gesetzliche Tradition begründet, die bis 1991 reichte. Die bis 1888 bestehenden Anstalten waren überwiegend Einrichtungen, die sich ‚der freien Liebestätigkeit' aus meist christlicher Motivation verpflichtet fühlten. Jetzt wurde dieser christlichen Hülle der repressive Auftrag des wilhelminischen Obrigkeitsstaates aufgepfropft, Kinder und Jugendliche im wesentlichen durch Zwang pädagogisch zu disziplinieren. ‚Aus dieser Verstrickung haben sich die Einrichtungen bis in die 70er Jahre des 20. Jahrhunderts nicht lösen können.'[77]

Um 1900 und verstärkt nach dem I. Weltkrieg und in der Weimarer Republik kam mit der Reformpädagogik, die vom Gedanken einer gesellschaftlichen Erneuerung und der Überbrückung der Klassengegensätze getragen war, eine neue Entwicklung in Gang. Man wollte den Anstaltsgedanken überwinden und es wurden neue Kinder- und Jugendheime aufgebaut, die Konzepte der solidarischen Lebensgemeinschaft betonten. So entstand z.B. in Wien das berühmte Modellprojekt von Siegfried Bernfeld ‚Kinderheim Baumgarten', wo im Sinne einer Kinderrepublik unter Nut-

---

74 Vgl. Post W.: Erziehung im Heim. Perspektiven der Heimerziehung im System der Jugendhilfe. Weinheim u. Mümchen: Juventa, 1997. S. 11
75 Vgl. ebenda, S. 13
76 Vgl. Jugendhilfereport Extra, 75 Jahre Landschaftsverband Rheinland S.21
77 Post W.: Erziehung im Heim. Perspektiven der Heimerziehung im System der Jugendhilfe, S. 20

zung moderner reformpädagogischer und psychoanalytischer Konzepte ein „ernsthafter Versuch mit neuer Erziehung" gemacht wurde.[78] Diese Entwicklungen und zahlreiche andere Reformprojekte wurden im Nationalsozialismus zerschlagen und von der sozialdarwinistischen Ideologie des dritten Reiches abgelöst. Der Schwerpunkt wurde auf die Erziehung der ‚nicht-erbkranken, wertvollen Jugend' gelegt, die in sogenannten Jugendheimstätten einer nationalsozialistischen Zwangserziehung unterworfen wurde. Die Sozialarbeit befasste sich professionell immer mehr mit Aussonderungsaufgaben. Dabei kam es zu einer rassenideologischen Politisierung der Heimerziehung. Grundgedanke war die Überlegenheit der ‚arischen Rasse' und die Legitimierung der *sozialen Selektion* bis zur Vernichtung ‚lebensunwerten Lebens' (wie z.B. im Jugend-Konzentrationslager ‚Moorigen' und ‚Uckermark').

Nach dem 2. Weltkrieg versuchte man, an die reformpädagogischen Entwicklungen der 20er Jahre wieder anzuknüpfen, griff aber auch Anregungen aus den USA und aus Skandinavien verstärkt auf. Wichtige Einschnitte in der Nachkriegszeit waren die Verabschiedung des leicht veränderten JWG, die Heimrevolte der 60er und 70er Jahre und die schließliche Verabschiedung des neuen KJHG 1990.

Mit dem JWG wurde die freiwillige Erziehungshilfe stärker betont, die Erziehungsbeistandschaft mit dem Aspekt Hilfe und Beratung eingeführt. Daneben waren familienorientierte Konzepte wichtig. Dennoch übernahm der Staat auch in der Fürsorgeerziehung des JWG in der Regel die Erziehungsrechte der Eltern und damit auch das Kind. Das Verhältnis der ‚entrechteten' Eltern und der professionellen Erziehungskräfte, die es nun besser machen sollten als die Eltern, war in der Fürsorgeerziehung zumeist gespannt bis gestört.

Mit der 68er-Revolte kam es zu großen Umwälzungen in den Heimen, zur sogenannten Heimkampagne. Sie gab den Anstoß, die Mängel in der Heimerziehung und im System der Jugendhilfe überhaupt und in der Heimerziehung selbst und nicht zuletzt einer breiteren Öffentlichkeit bewusst zu machen und nach Reformen zu suchen.[79] Auch, wenn die Ziele der Heimkampagne der Erprobung in der Realität oft nicht standhielten, gerieten die Jugendhilfeträger doch unter einen erheblichen Veränderungsdruck. Daran konnte schließlich das 1990 verabschiedete KJHG anknüpfen, welches das alte Ordnungs- und Eingriffsrecht zugunsten eines modernen Dienstleistungsgesetzes ablöste und damit auch für die stationären Hilfen eine neue Basis schuf. Es verankert den Rechtsanspruch der Personensorgeberechtigen auf Hilfe. „Erziehungshilfe in der heutigen

---

78 Vgl. Bernfeld S.: Kinderheim Baumgarten, S. 94
79 Vgl. Post W.: Erziehung im Heim, S. 27

Zeit ist daher Hilfe und Unterstützung für die Familie bei der Erziehung ihrer Kinder, soweit von ihr um diese Hilfe nachgesucht wird."[80]

2. Rechtliche Grundlagen

Die rechtlichen Grundlagen der Fremdunterbringung, d. h. der Unterbringung von Kindern und Jugendlichen außerhalb der eigenen Familie, sind im KJHG und im BGB festgelegt. Unterschieden werden muss hierbei zwischen

- kurzfristigen Fremdunterbringungen in besonderen Krisensituationen mit Interimscharakter (Inobhutnahme) und
- mittel- und längerfristigen Fremdunterbringungen, die auf längere Dauer angelegt sind (Tagesgruppe, Vollzeitpflege, Heimerziehung, Betreutes Wohnen).

Die stationäre Form der Unterbringung, die von professionellen Heimeinrichtungen angeboten wird und gewöhnlich mittel- bis längerfristig angelegt ist, wird in § 34 KJHG wie folgt beschrieben:

„Hilfe zur Erziehung in einer Einrichtung über Tag und Nacht (Heimerziehung) oder in einer sonstigen betreuten Wohnform soll Kindern und Jugendlichen durch eine Verbindung von Alltagserleben mit pädagogischen und therapeutischen Angeboten in ihrer Entwicklung fördern. Sie soll entsprechend dem Alter und Entwicklungsstand des Kindes oder des Jugendlichen sowie den Möglichkeiten der Verbesserung der Erziehungsbedingungen in der Herkunftsfamilie

- eine Rückkehr in die Familie zu erreichen versuchen oder
- die Erziehung in einer anderen Familie vorbereiten oder
- eine auf längere Zeit angelegte Lebensform bieten und auf ein selbständiges Leben vorbereiten.

Jugendliche sollen in Fragen der Ausbildung und Beschäftigung sowie der allgemeinen Lebensführung beraten und unterstützt werden."[81]

Diese rechtliche Position macht deutlich, dass bei den heutigen Hilfen zur Erziehung kein gerichtlich angeordneter Eingriffscharakter mehr besteht, sondern ein Rechtsanspruch der Erziehungsberechtigten auf Unterstützung bei der Erziehung ihrer Kinder festgeschrieben ist.

In § 36 – Mitwirkung, Hilfeplan – ist geregelt, wie die Sorgeberechtigten und das Kind bzw. der Jugendliche an der Gestaltung der Hilfe zur

---

80 Jugendhilfereport Extra, 75 Jahre Landschaftsverband Rheinland S.24
81 Vgl. § 34 SGB VIII

Erziehung beteiligt werden sollen. Das Hilfeplanverfahren ist als ein weitestgehend demokratisches Verfahren gestaltet, das der kontinuierlichen Veränderung und Entwicklung einer Familie bei Mitwirkung aller Beteiligten Rechnung trägt.

Die §§ 42 und 43 KJHG legen fest, was zum vorläufigen Schutz von Kindern und Jugendlichen im Rahmen einer Krisenintervention zu tun ist.

In § 42 – Inobhutnahme von Kindern und Jugendlichen – heißt es:

„Das Jugendamt ist verpflichtet, ein Kind oder einen Jugendlichen in seine Obhut zu nehmen, wenn eine dringende Gefahr für das Wohl des Kindes oder des Jugendlichen die Inobhutnahme erfordert." Erforderlich ist, da es sich um eine Mussleistung mit Rechtsanspruchscharakter für Minderjährige handelt, dass – ggf. in Zusammenarbeit mehrerer Jugendämter – rund um die Uhr – sozialpädagogische Angebote der Inobhutnahme zur Verfügung stehen.

In dieser gesetzlichen Vorschrift wie auch im darauffolgenden § 43 wird der Wunsch bzw. die Bitte des Kindes oder Jugendlichen bzw. die Einschätzung des Jugendamtes (Gefahr im Verzuge) über den Elternwunsch gestellt. Die Einwilligung des Sorgeberechtigten ist unter Umständen durch das Familiengericht zu ersetzen.

Auch im BGB ist die rechtliche Grundlage für eine Trennung des Kindes oder Jugendlichen im Rahmen stationärer Fremdunterbringung festgelegt:

Die §§ 1666 – Gefährdung des Kindeswohls – und 1666 a – Trennung des Kindes von der elterlichen Familien, Entziehung der Personensorge insgesamt – stellen die Wahrung des körperlichen, geistigen oder seelischen Wohls des Kindes deutlich über die Elterninteressen. Jedoch wird klargestellt, dass Maßnahmen, die auf Grund von familiengerichtlichen Entscheidungen ergriffen werden, nur zulässig sind, wenn der Gefahr im Verzuge nicht durch andere Hilfen begegnet werden kann.

In § 1631 b BGB ist geregelt, dass eine Fremdunterbringung eines Kindes, die mit Freiheitsentziehung verbunden ist, nur mit Genehmigung des Familiengerichts zulässig ist.

Ohne Genehmigung ist dies nur bei Gefahr im Verzug möglich – die Genehmigung muss dann unverzüglich nachgeholt werden.

Von besonderer Bedeutung ist, dass § 50 FGG die Möglichkeit eröffnet, zur Wahrnehmung der Kindesinteressen einen Verfahrenspfleger zu bestellen.

3. Probleme im Aufgabenfeld

(1) **Fremdunterbringung – ein Feld der großen Widersprüche:** „Es dient dem Wohl des Kindes, wenn alle am Verfahren der Unterbringung Beteiligten anerkennen, dass sie weder einzeln noch zusammen die Eltern – auch durchschnittliche, unvollkommene Eltern – darstellen oder ersetzen."[82]
Mit diesem Zitat wird die ‚strukturelle Inkompetenz des Staates' beschrieben, die umfangreichen sozialen und psychischen Funktionen der Herkunftsfamilie und die emotionale Bindung des Kindes zu Eltern und Geschwistern ihr durch eine Fremdunterbringung ersetzen zu können. Auch wenn die (Ersatz-)Erzieher des Kindes sehr beziehungsfähig sind, ist dies nicht vollständig möglich. Biographie und bisherige Lebenserfahrungen haben das Kind geprägt; es bleibt seinen Eltern für immer emotional verbunden. Auch wenn das Kind von seinen Eltern räumlich entfernt lebt, bleibt es ihnen dennoch emotional nahe.
Fremdunterbringungen laufen daher auf etwas grundsätzlich Widersprüchliches hinaus, versuchen sie doch, eine Entwicklungsförderung durch den vorübergehenden oder dauernden Verlust der Familie zu erreichen – jedenfalls wird er als unvermeidlich in Kauf genommen. Stationäre Erziehungshilfen stehen also immer vor der Herausforderung einer entwicklungsfördernden Beziehungsanbahnung, der stets eine Trennung vorausging. Goldstein/Freud u.a. schlagen daher vor, im Zusammenhang mit der Unterbringung von Kindern statt vom „Wohle des Kindes" von der „am wenigsten schädlichen Alternative" zu sprechen.[83]

(2) **Vorschnelle Trennungen:** Der Trennungskonflikt ist der zentrale Konflikt vor, während und nach einer Fremdunterbringung. ‚Räumliche Trennungen zwischen Kindern und Eltern können unvermeidlich oder notwendig sein, wenn und soweit sie für das Wohl des Kindes die am wenigsten schädliche Alternative darstellen. Ob eine Trennung als Chance ergriffen wird oder traumatische Folgen

---

82 Josef Goldstein J. u. a.: Das Wohl des Kindes. S. 115
83 Joseph Goldstein J. u. a.: Jenseits des Kindeswohls. S. 49
‚Die am wenigsten schädliche Alternative ist danach die Unterbringung und Verfahrensweise, die unter Berücksichtigung des kindlichen Zeitgefühls und auf der eingeschränkten Grundlage kurzfristiger Prognosen, die Chance des Kindes erhöhen, erwünscht zu sein, und die es ermöglichen, daß das Kind eine dauerhafte Beziehung mit wenigstens einem Erwachsenen eingeht, der seine psychologische Elternperson ist oder werden wird'.

hat, hängt wesentlich vom Umgang der Beteiligten miteinander, aber auch vom Umgang der professionellen Helfer mit der betroffenen Familie ab.'[84]
Professionelle Helfer geraten oft unter Druck, problematische Familienverhältnisse ‚wegorganisieren' zu wollen. Druck entsteht auch durch Fremdmelder, Schule usw. aber am häufigsten durch das offensichtliche Leiden des betroffenen Kindes. Die Fachkräfte wollen dies dem Kind ersparen, ihm eine andere Umgebung bieten. Jugendamt und Heim geraten dabei – gewollt oder nicht – in die Rolle des Kinderretters.
Durch vorschnelle Trennungen wird es Eltern und Kindern aber immer wieder faktisch unmöglich gemacht, selbst zu der Schlussfolgerung zu kommen, dass eine zeitlich begrenzte Trennung sinnvoll ist. Von vorschnellen Trennungen und Herausnahmen betroffene Kinder entwickeln in der Fremdunterbringung nach einer guten Startphase oft Tendenzen der Selbstbeschuldigungen und eine verstärkte innere Loyalität zu ihren Eltern, auch und gerade wenn diese sie zuvor schlecht behandelt hatten. Eltern und Kind können sich zum Teil mehr miteinander verbunden fühlen, wenn sie getrennt sind und voneinander entfernt leben, als wenn sie beieinander sind. Diese starken Bindungen führen nicht selten dazu, dass die vom Heim angebotene Beziehung und Förderung vom Kind gar nicht angenommen werden kann, zumal, wenn es den Sinn der Fremdunterbringung nicht verstanden hat.
Primär und auch weiterhin ist es wichtig, die Beziehungsprobleme gemeinsam zu klären, mit Eltern und Kindern einen gemeinsamen Sinn in der Fremdunterbringung zu entdecken. Vor allem gilt dies auch, wenn den Eltern durch das Gericht die Erziehungsverantwortung entzogen und dem Heim oder Jugendamt übertragen wurde.
Die Trennung löst dann bei Kindern und Eltern oft monatelang anhaltende Ambivalenzen aus. Auch für die Helfer ist dies verunsichernd und problematisch. Das Kind schwankt dann zwischen Hierbleiben und Wegwollen und es geht um die Frage, ob mit der Trennung ein Abbruch oder ein Neuanfang der Eltern-Kind-Beziehung einhergeht.
In Fällen offensichtlicher Überforderung oder Unfähigkeit von Eltern, ihre Kinder zu erziehen, besteht das Problem darin, die notwendige Trennung nicht negativ erscheinen zu lassen, das ohnehin angeschlagene Selbstwertgefühl der Eltern nicht noch weiter zu belasten, ihnen

---

84 Maywald J.: Zwischen Trauma und Chance. S. 276

verständlich zu machen, dass sie dennoch „gute Eltern" sind, wenn sie sich nun von ihrem Kind in der gegebenen Situation trennen. Ein weiteres Problem besteht schließlich in Form der Mehrfachtrennungen von Kindern und Jugendlichen, die in Einrichtungen der Jugendhilfe betreut werden. Hier handelt es sich um Kinder, die nacheinander aus mehreren Pflegefamilien oder Heimen als „untragbar" entlassen werden. Helfer und die beteiligten Einrichtungen stehen in solchen Situationen in der Gefahr, einseitige Schuldzuschreibungen an das Kind zu machen, anstatt den Blick auf die eigene Praxis der Jugendhilfe zu richten und neue verlässliche Beziehungen anzubieten und die ‚tieferen Lebensthemen' des Kindes zu verstehen.[85]

Helfer stehen zudem in der Gefahr, die Bedeutung der Ablösung nicht zu erkennen und erklären schnell die bei Abschieden auftretenden Verhaltensweisen mit schon vorher vorhandenen Verhaltensstörungen des Kindes. Ebenso wird von Helfern im Zusammenhang mit Fremdunterbringung oft die Bedeutung des Abschieds nicht erkannt und es wird der Fehler gemacht, Fremdunterbringung zu abrupt zu beenden. Manchmal benötigen Kinder eine Zwischenphase an einem dritten Ort, bevor sie z.B. in eine Pflegefamilie wechseln. Bei abruptem Wechsel werden Helfer häufig mit Übertragungsphänomenen konfrontiert, die sie nicht verstehen. Sie ignorieren, dass zum Abschied Klärungsphasen, aber auch Übergangsrituale, wie Händedruck, Abschiedsessen, usw. gehören.[86]

(3) **Ambivalenzen:** Der Prozess der Fremdunterbringung ist von Ambivalenzen bei allen Beteiligten durchzogen. Liebe und Hass, Bindungs- und Ausstoßungswünsche, Wut und Schuldgefühle, Überfürsorglichkeit und Vernachlässigung sind als Polarität in jeder Beziehung vorhanden.

Familien mit häufigen Konflikt- und Gewalterfahrungen haben oft Schwierigkeiten, diese gegensätzlichen Pole auszubalancieren. Sie sind hin- und hergerissen und fühlen sich beiden Seiten zugleich verpflichtet. Auch Kinder empfinden Ambivalenzen, indem sie einerseits denken, dass ihre Eltern nicht so schlecht mit ihnen umgehen sollten, andererseits sich aber dafür selbst verantwortlich machen, denn andere Eltern behandeln ihre Kinder besser.

---

85 Studie des evangelischen. Erziehungsverbandes Hannover. Leistungen und Grenzen von Heimerziehung. S. 226
86 Vgl. Maywald, J.: Zwischen Trauma und Chance. Trennung von Kindern im Familienkonflikt. Freiburg i. Br.: Lambertus, 1997, S. 25

Helfer stehen in der Gefahr, solche ambivalenten Gefühle nicht auszuhalten und sich vorschnell mit einem Teil des Familiensystems gegen den anderen zu verbünden. Sie erliegen der Illusion, dass die Situation sich verbessern würde, wenn sie nur schnell genug eingriffen.[87]

(4) **Handlungsdruck:** Im Vergleich zu anderen Erziehungshilfen ist die Fremdunterbringung der weitestreichende und kostspieligste Eingriff in das Familiensystem. Alle an der Fremdunterbringung Beteiligten geraten daher immer wieder unter einen starken Handlungsdruck, wobei die Fachkräfte der bezirklichen Sozialarbeit die zentrale Rolle innehaben, Informationen zu sammeln, sie auszuwerten und diese weiter zu vermitteln. Transparentes und komplexes Handeln auf verschiedenen Ebenen ist dabei jedoch nicht immer durchzuhalten, zumal Prozesse der Fremdunterbringung in der Regel nicht ohne starke Emotionen, Projektionen und eine kommunikative Dramatik abgehen. Oft ist die Situation vor der Fremdunterbringung sehr angespannt. Das betroffene Kind zeigt möglicherweise durch sein Verhalten, dass es dringend Hilfe benötigt. Die unter Druck stehenden Eltern und nicht zuletzt auch die Kinder schwanken häufig zwischen Zustimmung und Ablehnung stationärer Hilfe, während für alle Betroffenen ‚die Uhr läuft'. Die Bezirkssozialarbeiterin steht ebenfalls unter dem Druck, die richtige Hilfe schnell auszuwählen. Dabei muss sie alle Beteiligten im System koordinieren und in eine tragfähige Balance zueinander bringen. Eltern und Kinder müssen angemessen beteiligt werden, ihre Ambivalenzen wahrgenommen, zugelassen und bearbeitet werden. Heime müssen angefragt und umfassend informiert werden. Das Kind muss in der Einrichtung vorgestellt werden. Die Entscheidung über die Aufnahme muss abgewartet werden. Fremdmelder und dritte Institutionen wollen informiert werden und am Prozess teilhaben. Umfassende schriftliche Dokumentation, Sozialbericht, Protokolle müssen erstellt werden. Zuvor haben kollegiale Beratung, Supervision und eine Sitzung der Entscheidungsgruppe für stationäre Erziehungshilfe stattgefunden. Eine Abstimmung mit der wirtschaftlichen Jugendhilfe muss auch erfolgen. Und vor allem Eltern, Schulen und Fremdmelder erwarten, dass die Handlungsschritte schnell und zügig ablaufen.
Besonderer Handlungsdruck entsteht in Fällen des Kinderschutzes. Die gesetzlich vorgeschriebene Verantwortung und Garantenpflicht des Jugendamtes löst bei den Fachkräften des Jugendamtes nicht sel-

---

87 Vgl. a.a.O., S. 256

ten persönliche existentielle Ängste aus, zumal, wenn es um einen Fall schwerer Kindeswohlgefährdung geht. Oft fehlt es auch an der konzeptuellen und methodischen Klarheit, wodurch Beratungsprozesse noch zusätzlich irritiert oder sogar verhindert werden, obwohl eine reflektierte Beratung und Begleitung aller Beteiligten gerade in diesen Fällen besonders wichtig wären. (Vgl. PPQ 8 Kinderschutz)

(5) **Kontextverlust:** Heime werden heute vielfach von anfragenden Jugendämtern nicht mehr als dauerhafter, alternativer Lebensort gesehen, in dem das Kind bis zum Erwachsensein leben soll, sondern immer mehr als ‚vorübergehender Lebensort'. Dies setzt aber eine qualitativ gut ausgebildete Mitarbeiterschaft und eine auf die Individualität des Kindes ausgerichtete Qualität stationärer Erziehungshilfen voraus. Einige Heime können dies unter dem wachsenden Kostendruck, aber auch aus fachlichen Gründen nicht immer bieten. Vor allem wird jedoch die wichtige Forderung, die Eltern und das Umfeld in die Prozesse der stationären Unterbringung einzubeziehen, nicht zuletzt wegen mangelnder Elternarbeit der Heime, oft nicht erfüllt und dies entgegen aller ‚Aushängeschilder'. Untersuchungen belegen aber gerade die positiven Auswirkungen von Elternarbeit auf das Ergebnis der Fremdunterbringung.[88] Einrichtungen, die durch eine integrale Arbeitsweise sowohl auf das Individuum als auch auf die familialen und sozialen Zusammenhänge ausgerichtet sind oder die sogar, wie z.B. Familienhilfezentren, zur stationären Aufnahme einer ganzen Familie in der Lage wären, gibt es nur selten.[89]
Kontextverlust ist aber vor allem auch ein beziehungsmäßiges Problem, entsteht in der Heimerziehung oft ein Spannungsfeld zwischen Kontinuitätsversprechen und Kontinuitätsabbruch, wird das vor der Aufnahme gegenüber dem Kind gegebene und psychologisch außerordentlich wichtige Kontinuitätsversprechen immer noch viel zu oft nicht gehalten, einmal wegen der Fluktuation der von Kindern geschätzten oder sogar geliebten Erzieher, zum anderen wegen der immer noch zu hohen Rate von Ausgrenzungen und ungeplanten Abbrüchen im Feld stationärer Erziehungshilfen. Die Gründe für krisenhaftes Scheitern von Fremdunterbringungen müssten überhaupt kritischer gewürdigt werden, da in der Regel vorschnell die Schuld für Abbrüche immer wieder nur bei den Kindern und Jugendlichen ge-

---

88 Studie des evangelischen. Erziehungsverbandes (EREV): Leistungen und Grenzen von Heimerziehung. S. 220
89 Maywald, J.: Zwischen Trauma und Chance. Trennung von Kindern im Familienkonflikt. Freiburg i. Br.: Lambertus, 1997, S. 271

sucht wird[90] anstatt bei den stationären Einrichtungen und im gesamten Hilfesystem selbst, worauf neue Initiativen zur Qualitätsentwicklung in Westfalen mit Recht aufmerksam gemacht haben.[91]

4. Qualitätsstandards

(1) **Stationäre Erziehungshilfe als die am wenigsten schädliche Alternative:** Gute außerfamiliale Erziehungshilfen zeichnen sich dadurch aus, dass sie die konzeptuell unaufhebbaren Widersprüche jeder Fremdunterbringung (nämlich über eine Herauslösung/Trennung vom Herkunftsmilieu eine produktive Entwicklungsförderung von Kindern und Jugendlichen erreichen zu wollen) nicht überspielen sondern versuchen, sie durch eine behutsame und reflektierte Hilfeplanung, die alle Beteiligten einbezieht, eine nüchterne (nicht überzogene) Zielplanung und überlegte Prozessgestaltung in ihren schädlichen Auswirkungen möglichst zu kontrollieren.
Gute Fachpraxis im Feld außerfamilialer Erziehungshilfen verbindet eine multiperspektivische Problem- und Indikationsabklärung (ob überhaupt stationäre Erziehungshilfen notwendig und sinnvoll sind) und einen alle Beteiligten einbeziehenden Auswahlprozess der in Frage kommenden Einrichtungen mit einem Angebot nicht-ausgrenzender, verlässlicher entwicklungsfördernder Heimerziehung, der Kontinuität und Kreativität in der Beziehungsgestaltung wichtige Anliegen sind, die am offenen und partnerschaftlichen Kontakt zum Herkunftsmilieu interessiert ist und für die prinzipiell gilt: Keine Zurückweisung, keine Abbrüche, Erziehungspartnerschaft im Dialog aller Beteiligten.

(2) **Fremdunterbringung als Chance:** Die Unterbringung von Kindern und Jugendlichen in stationären Einrichtungen der Erziehungshilfe gelingt, wenn Familien mit dem Angebot außerfamilialer Erziehungshilfe nicht überrannt werden, d.h. es wird eine begründete Bedarfsfeststellung vorgenommen, wobei die Enwicklungsbedürfnisse der Minderjährigen im Vordergrund stehen. Es wird sodann gemeinsam mit der Familie und den sozialpädagogischen stationären Einrichtungen ein geeignetes Hilfeangebot ausgewählt (Wahlfreiheit). Es

---

90 Leistungen und Grenzen von Heimerziehung, Studie des evangl. Erziehungsverbandes (EREV). S.223
91 Vgl. das Modellprojekt des LJA Westfalen-Lippe „Qualitätsentwicklung in den stationären Erziehungshilfen – eine Qualitätsentwicklungs-Werkstatt für Fachkräfte aus Einrichtungen und Jugendämtern" Mai 2001 bis März 2003.

werden gemeinsam Ziele und Aufgaben erarbeitet, die verbindlich übernommen werden. Eine immer wieder fortgeschriebene überlegte Hilfeplanung orientiert den Hilfeprozess, der auch das Herkunftsmilieu der untergebrachten Minderjährigen einschließt (keine Fremdunterbringung ohne Angebote der Beratung und Begleitung der Familie). Es werden Mehrfachunterbringungen Möglichkeit vermieden. Die Rückgliederung der Minderjährigen in ihre Herkunftsfamilien bleibt eine wichtige Option neben dem verlässlichen Angebots eines sicheren Ortes zum Leben im gemeinschaftlichen Kontext stationärer Erziehungshilfe.

(3) **Ambivalenztoleranz und Besonnenheit:** Stationäre Erziehungshilfe im Verbund mit ambulanter Erziehungshilfe reflektiert die existierenden Ambivalenzen, die in jeder Fremdunterbringung grundsätzlich eine Rolle spielen, die nicht nur eine Reaktion auf Konflikte darstellt, sondern selbst immer wieder auf ein permanentes Konfliktgeschehen hinausläuft: zwischen Eltern und Kindern, zwischen Erzieherinnen, Erziehern und Minderjährigen, zwischen ambulanten und stationären Fachkräften, zwischen Hilfesystem und weiteren Außenstehenden usf.. Vor allem lassen sich die am Fremdunterbringungsprozess beteiligten Fachkräfte nicht unter Handlungsdruck setzen, nehmen sich Zeit (zum Nachdenken, für Absprachen, kollegiale Beratung und Supervision, für die Zusammenarbeit mit allen Seiten, für die Dokumentation der Hilfeprozesse).

(4) **Kontextbezug:** Außerfamiliale Hilfen zur Erziehung kann man nicht im Alleingang machen. Ihr wesentliches Kennzeichen ist vielmehr die komplexe Vernetzung verschiedener Personen, Milieus und Institutionen. Qualität im Hilfeprozess hängt davon ab, ob es gelingt, diese Zusammenhänge in ihren Wechselwirkungen zu verstehen und sich auf einen oft langjährigen Prozess der Zusammenarbeit einzulassen. Dazu gehören als wichtige Elemente: Hilfeplankonferenzen als Forum des Dialogs zwischen allen Beteiligten, freundliche und partnerschaftliche Einbeziehung der Herkunftsfamilie in das Feld stationärer Erziehungshilfe (die über das Konzept der Elternarbeit weit hinausreicht), durchgängige Transparenz im gesamten Prozess und, was die Haltungen und Grundorientierungen der beteiligten Fachkräfte betrifft, Aufrichtigkeit und Fairness, nicht zuletzt Konfliktfähigkeit und die Bereitschaft, ressourcenorientiert und nicht defizitorientiert zu arbeiten und vom Erfolg zu lernen, d.h. grundsätzlich zu versuchen, die Stärken stärker zu machen.

5. Prozessgestaltung: Methoden und Verfahren[92]

1) Es wird im Kontakt von ambulanten und stationären Hilfen der Jugendhilfe ein Netzwerk – Katalog für die stationären Erziehungshilfen – erarbeitet, der alle wichtigen Informationen über stationäre Angebote enthält und zugleich die getroffenen Vereinbarungen über Verfahrenswege bei Fremdunterbringungen enthält. (Institutionen, Adressen, verantwortliche Personen, Leistungsbeschreibungen, Erfahrungen in der Zusammenarbeit etc.).
2) Vor jeder Fremdunterbringung wird eine dialogische Problemkonstruktion mit den Beteiligten als Grundlage für den weiteren Prozess erarbeitet, insbesondere: (a) Durchführung einer Anamnese der Lebensgeschichte und Lebensverhältnisse, die mit einer psychosozialen Diagnose abgeschlossen wird; (b) Abklärung der Notwendigkeit der Fremdunterbringung im Dialog mit der Familie und evtl. weiteren Beteiligten.
3) Es wird sodann eine Kollegiale Beratung durchgeführt.
4) Daran schließt sich eine weitere Erörterung der Fremdunterbringung mit der gesamten Familie an, so dass die Antragstellung abgeklärt werden kann.
5) Der Familie werden außerfamiliale Hilfen im Vorfeld vorgeschlagen und gemeinsam mit ihr besucht (mindestens zwei Einrichtungen stehen zur Wahl).
6) Eine Entscheidungskonferenz findet statt.
7) Mit allen Beteiligten wird die Hilfeplanung der Fremdunterbringung entwickelt.
8) Und es wird eine Vereinbarung abgeschlossen, wie man konstruktiv mit Rückschlägen / Krisen und mit gewünschten Änderungen der Vereinbarungen im Hilfeprozess umgehen kann.
9) Mit Beginn der Fremdunterbringung wird gleichzeitig die Familienberatung intensiviert.
10) Es wird ein fortlaufender Kontakt zwischen Familie und Heim sowie zwischen den Fachkräften des ASD und dem Heim sowie der Familie vereinbart und gehalten.
11) Der Hilfeplan wird in regelmäßigen Abständen unter folgenden Aspekten fortgeschrieben:

---

92 Vgl. auch die Schritte, die im Grazer Qualitätskatalog der Jugendwohlfahrt vorgeschlagen werden, a.a.O. S.118

- Ist die Hilfeform noch erforderlich und angemessen?
- Welche Vorschläge für weitergehende geeignete Hilfe werden gemacht?
- Steht eventuell eine Rückführung ins Familiensystem oder aber Verselbstständigung an? Wie kann sie vorbereitet werden?

6. Prozessdokumentation

1) Die Prozessdokumentation beginnt schon im Erstkontakt mit dem Klienten. Dort wird gemeinsam eine Problemdefinition erarbeitet und eine Anamnese erstellt.
2) Im Falle einer erzieherischen Hilfe nach § 27 ff. KJHG werden die in der ersten Phase (diese kann auch Monate oder Jahre dauern) gewonnenen Informationen in die kollegiale Beratung/Supervision eingebracht. Die wesentlichen Standpunkte und Einstellungen werden dokumentiert.
3) Diese und die unter Punkt 1 gewonnenen Informationen dienen als Grundlage für die Entscheidungsgruppe, an der neben der Familie auch Leitung und Koordination HzE teilnehmen. Sollte die Entscheidungsgruppe die Hilfe nach § 27 KJHG befürworten, muss dokumentiert werden: Welche Hilfe ist die geeignete? Wer nimmt am Hilfeplangespräch teil? Wie müssen die Betroffenen mitwirken?
4) Zu Beginn der Fremdunterbringung wird der Hilfeplan gemeinsam mit der Familie und der Hilfeeinrichtung erstellt. Der Hilfeplan erhält folgende, für die Qualität und den Prozess wichtigen Daten:

   - Beschreibung der Lebens- und Entwicklungssituation
   - Beschreibung der aktuellen Situation
   - Zielbeschreibung, wie die Entwicklung des Kindes/Jugendlichen gefördert werden soll, sowie Angabe methodischer Mittel
   - Aufgaben, die die Einrichtung zu erfüllen hat, damit die Ziele erreicht werden
   - Aufgaben, die die Familie zu erfüllen hat, damit die Ziele erreicht werden
   - Aufgaben, die der ASD und die übrigen Mitwirkenden zu erfüllen haben, damit die Ziele erreicht werden
   - Vereinbarungen für den Fall des Konflikts (wenn z.B. Beteiligte die Vereinbarungen aufkündigen wollen oder sich außerstande sehen, sie weiter aufrecht zu erhalten)
   - eine zeitliche Prognose sowie Rückkehrvoraussetzung werden angegeben

- zusätzliche Hilfen zur Fremdunterbringung werden festgehalten
- Kostenanalyse
- der Zeitpunkt der Hilfeplanfortschreibung wird festgehalten

Der Hilfeplan wird spätestens alle sechs Monate fortgeschrieben. Es wird dokumentiert, welche Teilziele erreicht worden sind. Welche Methoden/Hilfen wurden angewandt? Ist die Hilfe adäquat und ausreichend? Soll die Hilfe fortgesetzt werden? Welche Ziele werden für den Hilfeplanzeitraum aufgestellt? Um die Besprechung dieser Fragen qualifiziert und strukturiert leisten zu können, wird die Hilfeeinrichtung im Vorfeld des Hilfeplangespräches beauftragt, folgende Daten schriftlich zu erheben:

- Gesundheit/körperliche Entwicklung
- Schulische Entwicklung
- Sozialverhalten
- emotionale Entwicklung
- Kontakte zur Herkunftsfamilie
- Stärken/Ressourcen
- Defizite/Probleme
- Ziele für das nächste halbe Jahr
- Welche Methoden und Mittel werden zur Erreichung der Ziele eingesetzt?
- Besondere Förderung und Maßnahmen
- Therapeutische Maßnahmen
- Zusätzliche Kosten

PPQ 12
Aufgaben des Adoptionsvermittlungsdienstes[93]

„Eure Geburt hängt ab von einer Heirat oder vielmehr von allen Heiraten derer, von denen Ihr abstammt. Aber wovon hängen diese Heiraten ab? Von einem zufälligen Besuch, von einer Unterhaltung im Freien, von tausend unvorhergesehenen Gelegenheiten."
(Blaise Pascal)

1. Aufgabe

Die gesetzliche Bedeutung von Adoption hat sich seit der Reform des Adoptionsvermittlungsgesetzes (AdVermiG) 1977 verändert. Bis dahin war sie Annahme an Kindes statt. Heute ist die rechtliche Bedeutung von Adoption: Annahme als Kind.

Adoption ist die Begründung eines Eltern-Kind-Verhältnisses ohne Rücksicht auf die biologische Abstammung. Bei der Adoptionsvermittlung stehen das Kind, seine Bedürfnisse und sein Wohl im Zentrum der Bemühungen.

Die Motivation von Paaren und einzelnen Personen zur Adoption eines Kindes hat sich in den letzten Jahrzehnten verändert. Noch Mitte des 20. Jahrhunderts wurden Kinder von den Adoptiveltern hinzuerwählt, wenn diese kinderlos blieben, sie einen Nachfolger oder Erben brauchten. Die Erhaltung des Familiennamens und die Absicherung der Versorgung der Adoptiveltern bei Krankheit und im Alter waren der häufigste Grund für die Durchführung eines Adoptionsverfahrens. Heute werden Eltern für ein Kind von ausgebildeten Fachkräften der Jugendhilfe gesucht. Die Zahl der ungewollt kinderlos gebliebenen Ehepaare wächst. Umweltbelastungen, Stress etc. sind Gründe hierfür. Oft sehen Ehepaare in der Adoption die letzte Möglichkeit, eine Familie zu werden, nachdem sie im Vorfeld nicht selten die gesamten Möglichkeiten der Reproduktionsmedizin erfolglos ausgeschöpft haben.

In Deutschland ist eine sinkende Geburtenrate zu verzeichnen. Gründe hierfür sind u.a. frühzeitige Aufklärung, Möglichkeiten der Verhütung und Abtreibung, gesellschaftlicher Wertewandel (Trend zur Ein-Kind-Familie). Nicht zuletzt verringert auch der Ausbau der ambulanten Hilfen für junge Mütter und Familien die Zahl der zu adoptierenden Minderjährigen. Einer wachsenden Zahl von adoptionswilligen Paaren steht somit

---

93 PPQ 12 wurde von Friederike Buba, Anne Kampe und Inge Klein erarbeitet.

eine sinkende Zahl von Kindern gegenüber, die zur Adoption freigegeben werden. Diese Relation verändert sich allerdings mit zunehmendem Alter der zu vermittelnden Kinder.

Neben den kinderlos gebliebenen Ehepaaren gibt es allerdings auch Eltern, die bereits eigene Kinder haben und sich aus unterschiedlichsten Gründen entschließen, ein oder mehrere Kinder durch Adoption in ihren Familienverband zu integrieren. Auch die Zahl der Stiefelternadoptionen steigt stetig an. Die Ursache ist im gesellschaftlichen Wandel zu sehen, in der steigenden Trennungs- und Scheidungsrate und der Zunahme sogenannter Patchwork-Familien.

Jahrzehntelang wurden in der Regel Inkognitoadoptionen durchgeführt. Hierbei bleiben die Adoptiveltern den abgebenden Eltern unbekannt, während die Adoptiveltern den Namen der abgebenden Eltern durch Geburtsurkunde und Annahmeantrag erfahren. Seit den 80er Jahren ist ein Wandel in der Vermittlungspraxis beobachtbar. Die offene Adoption gewinnt an Bedeutung:

„Offene Adoption ist ein Sammelbegriff für eine Vielzahl von Adoptionsformen, die sich hinsichtlich des Grades und der Intensität von Kontakten zwischen leiblichen Eltern und Adoptivfamilien unterscheiden."[94] In den Rechtswirkungen finden die oben genannten Unterschiede zwischen den verschiedenen Adoptionsformen jedoch bis heute keine Berücksichtigung; d.h. nach Abschluss der Adoption haben die leiblichen Eltern keinerlei Rechte und Möglichkeiten mehr, die evtl. getroffenen Vereinbarungen mit den Adoptiveltern einzufordern oder durchzusetzen. Bei jeder Vermittlung sollte mit beiden Seiten die für die jeweilige Situation beste Lösung gesucht werden.

Der Adoptionsvermittlungsdienst berät, unterstützt und begleitet abgebende und annehmende Eltern, Kinder und alle am Adoptionsprozess Beteiligten vor, während und bei Bedarf auch im Anschluss an das Verfahren. Das Wohl des Kindes und seine volle Integration in die neue Familie sind der oberste Bewertungsmaßstab aller die Annahme als Kind betreffenden Aktivitäten.

Die Adoptionsvermittlung hat folgende Aufgaben:

1. Hilfe und Beratung für die abgebenden Eltern/Mütter
2. Überprüfung und Auswahl der am besten geeigneten Adoptiveltern
3. Hilfe und Beratung der Adoptiveltern bis zum Abschluss der Adoption (Adoptionspflege)

---

94 Textor, M.: Offene Adoptionsformen. In: Nachrichtendienst des Dt. Vereins, Heft , 1991, S. 107

4. Hilfe und Beratung der Adoptivkinder z.b. bezüglich Kontaktaufnahme zu ihrer Herkunftsfamilie (Wurzelsuche)
5. Nachbetreuung bei Bedarf
6. Beratung und Durchführung von Verwandten- und Stiefelternadoptionen
7. Zusammenarbeit mit anderen Institutionen

2. Rechtliche Grundlagen

Der folgende rechtliche Rahmen ist Grundlage für alle Formen der Adoption (Inkognitoadoptionen, offene Adoptionen, Stiefeltern- und Verwandtenadoptionen):

Grundsätzlich gilt: Die Adoptionsvermittlung ist alleinige Aufgabe der Fachstellen. In § 1 des Adoptionsvermittlungsgesetzes (AdVermiG) heißt es:

Adoptionsvermittlung ist das Zusammenführen von Kindern unter 18 Jahren und Personen, die ein Kind annehmen wollen, mit dem Ziel der Annahme als Kind.

Jeder Mensch hat aufgrund der Verfassung das Recht auf freie Entfaltung seiner Persönlichkeit (Art. 2 GG). Für das Kind bedeutet dies einen Anspruch auf die Betreuung durch eine oder mehrere bleibende Bezugspersonen, die ihm Pflege und Erziehung angedeihen lassen und die es benötigt, um seine körperlichen, seelischen und geistigen Kräfte zu entfalten. Es ist das Recht und die Pflicht der Eltern, diesem Anspruch des Kindes gerecht zu werden (Art. 6 GG). Die Gemeinschaft muss die Eltern hierbei unterstützen. Sind die Eltern nicht bereit oder nicht in der Lage, diese Aufgabe zu erfüllen, so befindet sich das Kind in einer Notlage, und es müssen Ersatzeltern bzw. andere Bezugspersonen gefunden werden, die es für die Dauer seiner Erziehungsbedürftigkeit pflegen und erziehen. Die rechtliche Festlegung dieses Verhältnisses kann durch die Adoption erfolgen.

Das AdVermiG will die Voraussetzungen dafür schaffen, dass jedenfalls dem Grundsatz nach jeder Minderjährige, der der Adoption bedarf, von Adoptiveltern adoptiert werden kann.

Die Annahme Minderjähriger fußt, über das *AdVermiG* hinaus, auf folgenden Paragraphen des *BGB, KJHG und FGG:*

In § 1741 BGB heißt es:
Die Annahme als Kind ist zulässig, wenn sie dem Wohl des Kindes dient und zu erwarten ist, dass zwischen dem Annehmenden und dem Kind ein Eltern-Kind-Verhältnis entsteht.

In § 1746 BGB heißt es:
Zur Annahme ist die Einwilligung des Kindes erforderlich. Für ein Kind, das geschäftsunfähig oder noch nicht 14 Jahre alt ist, kann nur sein gesetzlicher Vertreter die Einwilligung erteilen.

In § 1747 BGB heißt es:
Zur Annahme eines Kindes ist die Einwilligung der Eltern erforderlich.

In § 1748 BGB heißt es:
Das Vormundschaftsgericht hat auf Antrag des Kindes die Einwilligung des Elternteils in bestimmten Ausnahmesituationen zu ersetzen (wegen anhaltend gröblicher Pflichtverletzung, wegen Gleichgültigkeit u.a.).

In § 1751 BGB heißt es:
Mit der Einwilligung eines Elternteils in die Annahme ruht deren elterliche Sorge; der persönliche Umgang darf nicht ausgeübt werden. Das Jugendamt wird Vormund.

In § 1752 BGB heißt es:
Die Annahme als Kind wird auf Antrag des Annehmenden vom Vormundschaftsgericht ausgesprochen.

In § 1754 BGB heißt es:
Das Kind erlangt die rechtliche Stellung eines gemeinschaftlichen Kindes der Annehmenden.

Adoption und Datenschutz

In Art. 2 Nr. 3 des Gesetzes zur Neuordnung des Kinder- und Jugendhilferechts vom 26.6.1990 ist bestimmt, dass das AdVermiG ab dem 1.1.1991 als besonderer Teil des Sozialgesetzbuches gilt (Art. 2 § 1 Nr. 16 SGB I). Daraus folgt, dass in der Adoptionsvermittlung die Datenschutzbestimmungen des 10. Buches des Sozialgesetzbuches (§§ 67 – 85 SGB X) neben den allgemeinen Datenschutzgesetzen der Länder zur Anwendung kommen und nicht die entsprechenden Vorschriften des KJHG (§§ 61 – 68 KJHG). Die bereichsspezifischen Datenschutznormen des KJHG sind aber immer dann zu beachten, wenn im Rahmen einer Adoptionsvermittlung Aufgaben nach dem KJHG wahrgenommen werden (Amtsvormundschaft für Anzunehmende, Beratung und Belehrung gem. § 51 KJHG, Mitwirkung bei der Erstellung eines Hilfeplanes, Adoption von Pflegekindern). In Zweifelsfällen sollen daher beide Gesetze beachtet werden. Die Datenschutzregelungen gelten für alle an einer Adoption beteiligten Personen.

Von besonderer Bedeutung ist § 36 KJHG. Bei der Prüfung der Frage, ob und welche längerfristig zu leistenden Hilfen zur Erziehung in Betracht kommen, ist in jedem Fall zu prüfen, ob die Annahme als Kind in Betracht kommt. Mit der Verbindlichkeit dieser Vorschrift wird dem Jugendhilfeträger aufgegeben, Adoption in jedem Fall als ein Instrument der Jugendhilfe zu verstehen. Damit soll erreicht werden, dass bei prognostizierbarem Ausfall der bisherigen Familie für ein Kind eine neue Familie gesucht bzw. durch die Adoption begründet wird. Gerade die Vorschrift des § 36 KJHG macht die besondere Verantwortung der Jugendhilfe deutlich.

3. Probleme im Aufgabenfeld

(1) **Missverhältnis zwischen „Angebot und Nachfrage":** Die Anzahl der Personen und Paare, die sich um die Adoption eines Säuglings oder Kleinkindes bewerben, steigt stetig an, es gibt jedoch nur sehr wenige Kinder in diesem Alter, für die Adoptiveltern gesucht werden. Die Fachkräfte führen sehr intensive und persönliche Eignungs- und Überprüfungsgespräche mit den Bewerbern, die aufgrund des oben genannten Sachverhaltes nur in den seltensten Fällen zu der Vermittlung eines Kindes führen. Es entsteht der Eindruck, dass für den „Aktenschrank" gearbeitet wird. Die Bewerber, deren Adoptionswunsch nicht erfüllt wird, reagieren frustriert. Sie sehen dann die Fachkräfte eher als „Adoptionswunschverhinderungsstelle".

(2) **Abwehr/Ausgeliefertsein/Abhängigsein:** Bewerber um die Annahme eines Kindes müssen sich einer umfangreichen und detaillierten Eignungsprüfung unterziehen. Es wird von ihnen erwartet, dass sie große Teile ihres privaten und beruflichen Lebens offenlegen, unabhängig davon, ob die Chance auf eine Adoptionsvermittlung gegeben ist. Sie reagieren daher oft mit Abwehr und Unsicherheit gegenüber der Verwaltungskraft und haben aber, soll ihr Anliegen bearbeitet werden, nicht die Wahl intime Informationen vorzuenthalten.
Viele Bewerber haben darüber hinaus Versagensängste, da sie im Laufe der Eignungsprüfung mit der eigenen Zeugungsunfähigkeit konfrontiert werden, womit sie umgehen müssen. Eine evtl. Ablehnung durch die Adoptionsvermittlungsstelle beinhaltet darum eine weitere Kränkung, die abgewehrt werden muss – was wiederum den Kontakt zu den Fachkräften des Adoptionsvermittlungsdienstes erschwert.

(3) **Hohe emotionale Brisanz:** Die abgebenden Mütter/Eltern sind oft sehr ambivalent, ihr Kind tatsächlich abzugeben, zumal Ressentiments aus dem familialen und sozialen Umfeld zu befürchten sind. Einerseits ist es eigentlich unmöglich, ein Kind abzugeben – andererseits gibt es gute Gründe dafür. Die Fachkräfte sind mit diesem Dilemma konfrontiert und müssen damit umgehen.
Beratung erfolgt daher in einem Feld schwankender emotionaler Einstellungen, heftigster Probleme, vieler Projektionen etc.. Kein Wunder, das sich die abgebenden Eltern/Mütter häufig in einer strukturellen Krisensituation befinden.

(4) **Pädagogische Einschätzungen/Werte und Normen:** Eine weitere Schwierigkeit lässt sich beobachten: Es gibt oft eine große normative Strenge der Fachkräfte gegenüber den Bewerbern bei gleichzeitiger starker emotionaler Orientierung am Kindeswohl. Je stärker die narzisstischen Wünsche der Bewerber nach Selbstvervollständigung durch ein Kind sind und je weniger das thematisierbar ist, desto weniger werden die Bewerber von den Fachkräften als geeignet eingeschätzt. Erschwerend kommt hinzu: Die zur Adoption freigegebenen Kinder kommen häufig aus problembelasteten Familien und wurden wie jedes andere Kind auch schon vor der Geburt durch unterschiedliche Faktoren geprägt. Spätere Entwicklungsstörungen und Erziehungsschwierigkeiten in dem neuen Familienverband haben eventuell bereits hier ihre Ursachen, deshalb ist ein äußerst sensibles und problembewusstes Erziehungsverhalten der annehmenden Eltern Voraussetzung für eine gute Adoptionsvermittlung.

(5) **Unzureichende Informationsquellen:** Vermittlung krankt oft an fehlenden Informationen über das Kind und die Herkunftsfamilie: Unvollständige oder unwahre Informationen über den physischen und psychischen Entwicklungsstand des Kindes, über einschneidende traumatische Erlebnisse, über die Herkunftsfamilie, über Verlauf von Schwangerschaft und Geburt, über Krankheiten und Allergien in der Familie etc. erschweren die Entscheidung der Fachkräfte und der Adoptiveltern. Pädagogische Ansätze in der Adoptivfamilie können demzufolge nicht gezielt geplant werden und Konflikten und Enttäuschungen kann man daher oft nicht fachlich angemessen begegnen.

4. Qualitätsstandards

(1) **Aufklärung und Information:** Bewerber für die Adoption eines Säuglings oder Kleinkindes werden ehrlich und offen über das Missverhältnis von Angebot und Nachfrage in Kenntnis gesetzt, um den Versagensängsten, beim Nichtzustandekommen der gewünschten Adoption, bereits in diesem Stadium entgegen zu wirken. Ihnen werden die Gründe für die intensiven persönlichen Eignungs- und Überprüfungsgespräche anhand des gesetzlichen Auftrages plausibel erläutert.

(2) **Fairer Umgang:** Die Adoptionsbewerber werden als Kooperationspartner geschätzt, die die wichtige Aufgabe übernehmen wollen, für ein fremdes Kind die Verantwortung in allen Lebensbereichen zu übernehmen. Für die Fachkräfte sind Adoptiveltern eine dringend notwendige Ressource, um Kindern ein geeignetes „Zuhause" bieten zu können. Die Gespräche werden vertraulich und wohlwollend geführt. Die Individualität der Bewerber sowie die persönliche Lebenssituation werden wertgeschätzt. Dem Wunsch auf Annahme eines Kindes wird mit Verständnis und Ernsthaftigkeit begegnet. Die Adoptionsbewerber werden über andere Möglichkeiten informiert (z.B. Auslandsadoption). Die Fachkräfte sind sich der unfreiwilligen Kinderlosigkeit aus medizinischer und psychologischer Sicht bewusst.

(3) **Fachliche Begleitung:** Eltern/Müttern und auch Vätern, die ihr Kind zur Adoption freigeben wollen, werden umfassend beraten. Ihnen werden Hilfsmöglichkeiten, die zur Entlastung ihrer Lebenssituation und zu einem weiteren Zusammenleben mit dem Kind beitragen, aufgezeigt. Die Fachkräfte nehmen in diesem Prozess eine wertfreie Haltung ein. Sie informieren über die rechtlichen Möglichkeiten und Konsequenzen einer Adoption. Sie begleiten und unterstützen die Eltern/ Mütter/Väter während des gesamten Verfahrens. Bei Bedarf beraten sie die Eltern auch noch nach Abschluss des Verfahrens, denn die Praxis zeigt, dass die Abgabe des Kindes und der damit verbundene Verlust noch für eine lange Zeit immer wieder auch die Gedanken der Eltern bestimmen und Probleme der Akzeptanz und Verarbeitung der getroffenen Entscheidung bewirken können.

(4) **Pädagogische Beratung:** Die Adoptiveltern werden auf ihre neue Rolle vorbereitet. Es werden spezifische Schwierigkeiten mit Adoptivkindern angesprochen.

Entsprechende Lösungsmöglichkeiten werden bereits im Vorfeld mit den Adoptiveltern erarbeitet. Auch im späteren Verlauf stehen die Fachkräfte den Kindern, deren Eltern und den Herkunftsfamilien bei Bedarf zur Verfügung. Schwierige Prozesse, z.b. wenn das Kind auf der Suche nach seiner Herkunftsfamilie ist, werden begleitet.

(5) **Sammlung und Sicherung von Informationen und Daten:** Die Fachkräfte sammeln alle relevanten Informationen, die für das Kind und die annehmenden Eltern von Bedeutung sein könnten. Diese Informationen beziehen sich auf die Herkunftsfamilie, die gesundheitliche und psychische Entwicklung des Kindes, die Gründe der Freigabe zur Adoption, etc. Die vorhandenen Daten werden entsprechend dokumentiert und gesichert.

5. Prozessgestaltung: Methoden und Verfahren

(1) Im Vorfeld der Beratung werden im Rahmen von Öffentlichkeitsarbeit, Gemeinwesenarbeit, Erwachsenenbildung etc. Möglichkeiten der Adoptionsvermittlung dargestellt.
(2) Die Überprüfung der Bewerber erfolgt durch die zuständige Adoptionsvermittlungsstelle (persönliche Gespräche und Prüfung der erforderlichen Unterlagen)
(3) Eventuelle Vermittlung in weiterführende Beratungen/Therapien.
(4) Bei Auftrag zur Adoptionsvermittlung: Auswahl und Beratung der Annehmenden (bei offenen Adoptionen: Kontaktherstellung zwischen Adoptiv- und Herkunftseltern)
(5) Durchführung des Adoptionsverfahrens und Koordination der rechtlichen Erfordernisse
(6) Bei Bedarf: Nachbetreuung aller am Prozess Beteiligten

6. Prozessdokumentation

(1) Erhebung einer Jahresstatistik
(2) Erstellung eines Fragebogens (anonym) bzgl. Zusammenarbeit, Anregung und Kritik.

PPQ 13
Hilfe zur Erziehung in Pflegefamilien[95]

„Die guten Erzieher unterscheiden sich von den schlechten nur durch die Anzahl der begangenen Fehler, des begangenen Unrechts. Es gibt Fehler, die ein guter Erzieher nur einmal begeht, die er, wenn er sie kritisch überdacht hat, nie wiederholt. Ein solcher Fehler bleibt lange im Gedächtnis... Ein schlechter Erzieher gibt den Kindern die Schuld am eigenen Versehen."
(Janusz Korczak)

1. Aufgabe

Die Unterbringung von Kindern in fremden Familien hat eine lange Tradition. Schon in früheren Jahrhunderten wurde die Aufnahme von Kindern in Pflegefamilien angestrebt, die in Waisenhäusern und Findelhäusern aufwuchsen. Motivation für die aufnehmenden Familien war nicht etwa soziales Engagement sondern hatte überwiegend wirtschaftliche Gründe. Die Pflegekinder (Kostkinder) wurden oft ausgebeutet und mussten hart arbeiten. Historisch gesehen gibt es einen langen Streit zwischen institutionellen Hilfen zur Erziehung und der Option auf Unterbringung in Pflegefamilien. Dieser traditionell immer wiederkehrende Konflikt, in welche Richtung die Jugendhilfe geht, ist bereits im „Waisenhausstreit" des frühen 19. Jahrhunderts deutlich geworden.

Heute werden Pflegefamilien als „Hilfe zur Erziehung der ersten Wahl" – gerade für junge Kinder – bevorzugt. Zu Beginn der 70er Jahre entstand die Kampagne: *Holt die Kinder aus den Heimen*. Dies hatte in vielen Jugendämtern zur Folge, dass die Familienpflege neu in den Blick kam und besondere Pflegekinderdienste eingerichtet wurden.

Die Pflegefamilie ist heute eine besondere Lebensform, in der Hilfe zur Erziehung gewährt wird. Es geht im Kern um die Entwicklungsförderung von Kindern und zwar nicht losgelöst von ihrer Herkunftsfamilie, sondern im Kontakt und in der Auseinandersetzung um die Realisierung der besten Möglichkeiten – oder vorsichtiger ausgedrückt: der am wenigsten schädlichen Alternative für das Kind.

Der Pflegekinderdienst nimmt folgende Aufgaben wahr:

(1) Überprüfung und Auswahl der am besten geeigneten Pflegebewerber
(2) Vermittlung von Pflegeverhältnissen d.h. Zusammenführung von Herkunftsfamilie und Pflegefamilie

---

95 PPQ 13 wurde von Anne Kampe, Inge Klein, Friederike Buba erarbeitet.

(3) Zusammenarbeit mit den Kolleginnen und Kollegen aus den Stadtteilbüros gem. §§ 36, 37 KJHG
(4) Betreuung und Beratung der Pflegefamilie und des Pflegekindes
(5) Zusammenarbeit mit anderen Institutionen.

Dabei haben sich unterschiedliche Formen der Unterbringung in Pflegestellen herausgebildet:

(1) **Vollzeitpflege:** Betreuung und Erziehung eines Kindes oder Jugendlichen über Tag und Nacht außerhalb des Elternhauses in einer anderen Familie
(2) **Wochenpflege:** Betreuung und Erziehung eines Kindes oder Jugendlichen über Tag und Nacht außerhalb des Elternhauses in einer anderen Familie, wobei die Wochenenden in der Regel im Elternhaus verbracht werden
(3) **Kurzzeit- oder Bereitschaftspflege:** Vorübergehende Unterbringung bzw. Notaufnahme und Inobhutnahme von Kindern oder Jugendlichen über Tag und Nacht außerhalb des Elternhauses in einer anderen Familie
(4) **Tagespflege:** Betreuung und Erziehung eines Kindes über Tag in der Regel außerhalb des Elternhaushaltes in einer anderen Familie
(5) **Verwandtenpflege:** Betreuung und Erziehung eines Kindes oder Jugendlichen über Tag und Nacht außerhalb des Elternhauses bei Verwandten oder Verschwägerten bis zum dritten Grad, d.h. Geschwistern, Onkel/Tante und Großeltern
(6) **Vollzeitpflege in einer Erziehungsfamilie:** Betreuung und Versorgung von besonders entwicklungsbeeinträchtigten Kindern oder Jugendlichen über Tag und Nacht außerhalb des Elternhauses, in der Regel in einer anderen Familie, wobei mindestens einer der Eltern eine pädagogische Qualifikation haben sollte. Derzeit ist ein starker Trend zur Professionalisierung von Familien in diesem Sinne zu verzeichnen.

(*Anmerkung*: Die Aufgaben bezogen auf Punkt 4, 5 und 6 werden im hiesigen Amt für Kinder, Familien und Senioren von den sozialpädagogischen Fachkräften in den Stadtteilbüros wahrgenommen.)

2. Rechtliche Grundlagen

Gemäß § 27 KJHG haben Personensorgeberechtigte Anspruch auf Hilfe zur Erziehung, wenn eine dem Wohl des Kindes entsprechende Erziehung nicht gewährleistet ist und die Hilfe für seine Entwicklung geeignet und notwendig ist.

Hilfe zur Erziehung gem. § 33 KJHG kann in verschiedenen Pflegeformen wie Vollzeit-, Wochen- und Kurzzeitpflege gewährt werden. Es kann sich um eine zeitlich befristete oder eine auf Dauer angelegte Lebensform handeln. Letzteres in solchen Fällen, in denen eine Adoption eines Kindes nicht in Betracht kommt (siehe § 36 Abs. 1 Satz 2 KJHG).

Familienrechtlich bleiben die Verpflichtung und die Berechtigung der elterlichen Sorge bei den Eltern eines Kindes, es sei denn, es werden gem. § 1630 Abs. 3 BGB Angelegenheiten der elterlichen Sorge auf die Pflegeperson durch Beschluss des Familiengerichts übertragen. Soll ein Dauerpflegeverhältnis durch die Herausnahme des Kindes durch die Eltern beendet werden und besteht die Befürchtung, dass das Kindeswohl durch die Herausnahme des Kindes zu diesem Zeitpunkt gefährdet ist, kann das Familiengericht eine sog. Verbleibensanordnung treffen. Diese Entscheidung bedeutet aber kein endgültiges Verbleiben des Kindes in der Pflegestelle. Der zivilrechtliche Schutz eines Kindes in seiner Pflegestelle ist daher nur ein zeitweiliger, denn auch die Pflegeperson kann ihrerseits das Pflegeverhältnis beenden und das Kind an seine Eltern bzw. an das Jugendamt zurückgeben. Um so wichtiger sind daher die Auswahl der Pflegeeltern und die Vorbereitung auf ihre neue Rolle und Funktion.

Bei der Bereitschaftspflege und Kurzzeitpflege kann es sich darüber hinaus auch um eine Inobhutnahme nach § 42 KJHG handeln.

3. Probleme im Aufgabenfeld

Im Bemühen um die Bewältigung der zentralen Aufgabe, zwei Familien zusammenzubringen, und zwar in der Auseinandersetzung um die Realisierung der besten Möglichkeiten bzw. der am wenigsten schädlichen Alternative für die Kinder, haben sich – wie die Erfahrung zeigt – die folgenden Probleme im Aufgabenfeld ergeben:

(1) **Angebotslücke:** Es gibt eine Angebotslücke, d.h. es stehen nicht genügend geeignete Familien zur Verfügung, insbesondere für ältere oder schwer traumatisierte Kinder. In vielen Familien sind beide Elternteile berufstätig. Die Verwirklichung der Frauenrolle wird heute nicht mehr selbstverständlich ausschließlich in der Familienarbeit angestrebt. Die moderne Frau verbindet Familien- und Berufstätigkeit. Wirtschaftlich und gesellschaftlich ist die Professionalität der Pflegeeltern nicht ausreichend anerkannt. Die Erziehung und Versorgung eines Pflegekindes bindet Kraft, Energien und Zeit. Der Aufwand kommt einer Berufstätigkeit gleich. Bei älteren, auffälligen und traumatisierten Kindern kommt es häufig zu Konflikten mit der Folge

starker Belastungen für die eigene Familie. Gesellschaftliche Veränderungen und eine stark zunehmende Individualisierung tragen dazu bei, dass immer weniger Familien bereit sind, die Zeit, Kraft und Energie für ein Pflegekind aufzubringen. Hinzukommt: Wer ein Kind aufnimmt, muss auch dessen Herkunftsfamilie akzeptieren und für eine partnerschaftliche Zusammenarbeit mit ihr offen sein. Viele Familien wollen aber nur das Kind aufnehmen und haben Schwierigkeiten, auch die Herkunftsfamilie anzunehmen.

(2) **Konkurrenz zwischen Herkunfts- und Pflegefamilie**: Zwischen Herkunftsfamilie und Pflegefamilie gibt es oft große Konkurrenz, die nicht selten einen Konflikt zwischen Bindung und Loslösung heraufbeschwört. Lebt ein Kind sich in der Pflegefamilie ein und betrachtet dieses System als seine neue Familie, hat dieser Prozess die Ablösung von der Herkunftsfamilie zur Folge. Dies wird von den meisten Herkunftsfamilien als sehr schmerzhaft erlebt. Auf der anderen Seite haben auch die Pflegefamilien mit dem Konflikt von Bindung und Loslösung und den damit verbundenen Konkurrenzkonflikten zu kämpfen. Sie werden von den Pflegefamilien häufig nicht thematisiert und oft auf die Herkunftsfamilie übertragen. Eine andere Konfliktvariante ist die, dass die Herkunftsfamilie verhindert, dass ein Kind in dem neuen Familienverband Bindungen eingehen kann (z.B. wenn Eltern den Kindern falsche Versprechungen machen).

(3) **Unterschiedliche Perspektiven:** Ein weiteres Konfliktpotential in der Praxis besteht darin, dass Herkunfts- und Pflegefamilien von unterschiedlichen Perspektiven, was die Dauer der Fremdunterbringung betrifft, ausgehen. Während die Pflegefamilie behutsam eine Bindung zum Kind aufbaut und von einer langfristigen Entwicklungs- und Hilfeplanung ausgeht, arbeitet die Herkunftsfamilie häufig daran, dass das Kind so bald wie möglich wieder in den Familienverband zurückkehrt. Fehlende gegenseitige Akzeptanz und Anerkennung (verstärkt u.a. durch unterschiedliche Schichtzugehörigkeit) erschweren hier die Zusammenarbeit.

(4) **Helferkonflikt:** Im Amt für Kinder, Familien und Senioren ist der Pflegekinderdienst zuständig für die Beratung und Betreuung der Pflegefamilien. Die sozialpädagogischen Fachkräfte in den Stadtteilbüros betreuen die Herkunftsfamilie des Kindes. Damit kann es zu Interessenkonflikten zwischen den Fachkräften kommen, wenn sie die Hoffnungen und Erwartungen der jeweiligen Familien, die sie betreuen, parteilich vertreten. Die Konflikte der Pflegefamilie und der

Herkunftsfamilie werden dann oft in das Helfersystem übertragen und leben dort weiter. Es geht aber darum, schwere Kränkungen, große Hoffnungen und Erwartungen gemeinsam auszubalancieren.

(5) **Reibungspunkte in der Praxis:** Für beide Familien und damit auch für die Kinder ist aufgrund des beschriebenen Konfliktpotentials die persönliche und emotionale Belastung – insbesondere in der Krise – ausgesprochen hoch. Wenn es zu schweren Konflikten zwischen leiblichen und Pflegekindern kommt, ist das Hilfesystem – Pflegefamilie – gefährdet. Misslingt eine Intervention durch die Fachkräfte, muss in aller Regel das Pflegekind, auch wenn es sich ansonsten in der Familie wohl fühlt, die Pflegefamilie verlassen. Besuchskontakte sind nicht selten neuralgische Punkte, die den Beteiligten ein hohes Maß an Toleranz abverlangen und deren Organisation für die Fachkräfte erhöhte Anforderungen bedeuten.

4. Qualitätsstandards

(1) **Werben um Pflegefamilien:** Die Fachkräfte suchen durch gezielte Werbung Pflegefamilien, die bereit sind, nicht nur ein Kind aufzunehmen, sondern auch dessen Herkunftsfamilie zu akzeptieren und die für eine partnerschaftliche Zusammenarbeit mit ihr offen sind. Im Vorfeld der Arbeit wird den Bewerbern für spätere Pflegeverhältnisse ausreichend Unterstützung und Begleitung zugesagt. Die Pflegeeltern werden für ihre neue Tätigkeit qualifiziert (z.B. durch Elternabende, VHS Kurse, Fachliteratur, etc.). Das soziale Engagement der Pflegefamilien wird von den pädagogischen Fachkräften wertgeschätzt. Sie erfahren aber auch Anerkennung für ihre Leistungen durch Politik und Verwaltungsspitze der Stadt. Die Fachkräfte begegnen den Pflegefamilien als professionelle Kooperationspartner.

(2) **Kooperation:** Die Fachkräfte begleiten sowohl die Pflegefamilie als auch die Herkunftsfamilie im Prozess. Sie thematisieren die Konkurrenzkonflikte und decken sie auf. Sie verstehen sich als Vermittler zwischen den unterschiedlichen Familiensystemen und schaffen dadurch Verständnis für die jeweilige Situation des anderen Familiensystems. Das Pflegekind steht im Mittelpunkt aller Bemühungen. Pädagogische Interventionen geschehen bei Bedarf und zeitnah.

(3) **Reflexion:** Die Fachkräfte kooperieren und lernen gemeinsam den Fall zu verstehen, ohne ihr jeweiliges Mandat für ihre Klienten –

Pflegekinderdienst (Pflegefamilie und Pflegekind), Sozialpädagogische Fachkraft des ASD (Herkunftsfamilie) – aus dem Blick zu verlieren. Sie nutzen die kollegiale Beratung oder Supervision, um Konflikte, die ins Helfersystem übertragen werden, zu lösen und zu bewältigen. Die Fachkräfte stimmen mit der Pflegefamilie und der Herkunftsfamilie die Ziele der Erziehung im Rahmen der Hilfeplanung ab.

(4) **Entlastung für die Pflegefamilie:** Die Fachkräfte bieten den Pflegefamilien Beratung und in besonders schwierigen Konfliktsituationen auch Supervision (z.B. bei schweren Konkurrenzkonflikten zwischen den Kindern) an. Durch die Moderation des Dialoges zwischen den Beteiligten wird das vorhandene Konfliktpotential ausbalanciert, d.h. sie vermitteln zwischen Herkunftsfamilie, Pflegefamilie und Kindesinteressen. Für beide Familien – und damit auch für die Kinder – wird die persönliche und emotionale Belastung so gering wie möglich gehalten, indem ein dauerhafter Dialog im Sinne von Balance, Vermittlung und Ausgleich geführt wird. Sie sorgen dafür, dass die soziale Bindung zwischen Kind und Herkunftsfamilie erhalten bleibt und fördern regelmäßige Umgangskontakte.

5. Prozessgestaltung: Verfahren und Methoden

(1) Im Vorfeld der Aufgabe entwickeln die Fachkräfte Werbestrategien. Durch gezielte Öffentlichkeitsarbeit werden engagierte Familien angesprochen, die Kinder in Vollzeitpflege, Wochenpflege, Kurzzeit- oder Bereitschaftspflege, Tagespflege, Verwandtenpflege oder in Erziehungsfamilien aufnehmen.
(2) Mit den Bewerbern finden zunächst Beratungs- und Informationsgespräche statt. Die Bewerber werden überprüft (pädagogische Einstellungen, Motivation, Wohnsituation, Lebensgeschichte, innerfamiliäre Beziehungen, Erfahrungen mit Kindern, Konfliktbereitschaft, Kooperationsbereitschaft, etc.). Bei Vollzeitpflege, Bereitschaftspflege und Erziehungsstellen entscheidet ein Team von Fachleuten über die Eignung und erteilt bei Bedarf die Pflegeerlaubnis. Es werden Bewerber ausgewählt, die neben den persönlichen Voraussetzungen bereit und in der Lage sind, die Herkunftsfamilie eines Kindes zu akzeptieren und mit ihr und den Fachkräften des Amtes für Kinder, Familien und Senioren zusammen zu arbeiten.
(3) Für eine Unterbringung in eine Pflegefamilie sind umfassende Informationen über das zu vermittelnde Kind und seine Herkunftsfamilie

als Entscheidungsgrundlage sowohl für die Vermittler als auch für die Pflegebewerber erforderlich. Diese Informationen werden von der Fachkraft erhoben und dokumentiert.
(4) Steht eine Pflegestellenunterbringung konkret an, wird die für das Kind am besten geeignete Familie vom Pflegekinderdienst ausgewählt.
(5) Für die Beratung und Betreuung der Pflegefamilie und des Pflegekindes ist während des gesamten Hilfeprozesses der Pflegekinderdienst zuständig. Die Herkunftsfamilie wird weiterhin durch die Fachkräfte des allgemeinen sozialen Dienstes betreut.
(6) Für die Hilfeplanung bleibt solange der Bezirk federführend zuständig, bis der Verbleib des Pflegekindes auf Dauer in der Pflegefamilie zu erwarten ist; dann wechselt die Zuständigkeit in den Pflegekinderdienst.
(7) In Krisensituationen ist eine andere als die oben genannte Vorgehensweise erforderlich. Für kurzfristig oder vorübergehend unterzubringende Kinder stehen unsere Bereitschaftspflegefamilien jederzeit zur Verfügung.
(8) Bei Beendigung eines Pflegeverhältnisses wird die Nachbetreuung mit allen am Prozess Beteiligten und unter Berücksichtigung des Einzelfalles gestaltet.

6. Qualitätssicherung

(1) Erhebung einer Jahresstatistik
(2) Erstellung eines anonymen Fragebogens bzgl. Zusammenarbeit, Kritik und Anregungen
(3) Auswertung der Zusammenarbeit in Form eines jährlich stattfindenden Elternabends.

PPQ 14
Hilfen für seelisch Behinderte[96]

> Man muss noch Chaos in sich haben,
> um einen tanzenden Stern gebären zu können.
> (Friedrich Nietzsche)

1. Aufgabe

Historischer Hintergrund: Vor Inkrafttreten des KJHG fielen Kinder mit körperlichen, geistigen und seelischen Behinderungen in die Zuständigkeit des BSHG. Die Fachöffentlichkeit forderte seit langem eine Integration von Kindern und Jugendlichen mit Behinderungen und verlangte, dass dieser Personenkreis in die Zuständigkeit der Jugendhilfe einbezogen werden sollte.

Dagegen erhoben die Behindertenverbände bei der Neuordnung des Kinder- und Jugendhilferechtes Einwände. Der Grundsatz der einheitlichen Hilfegewährung für Kinder, Jugendliche und Erwachsene spreche gegen eine Zuordnung der Kinder und Jugendlichen zur Jugendhilfe.

Weiterhin befürchteten sie eine Benachteiligung für die Betroffenen, weil das BSHG eindeutige Rechtsansprüche enthalte und die Zuständigkeit für kostenintensive, stationäre Hilfen bei den finanzstärkeren überörtlichen Trägern angesiedelt wäre.

„Die Kritikpunkte der Elternverbände sowie der Träger von Hilfsmaßnahmen für körper- und geistigbehinderte Kinder führten dazu, dass letztendlich entgegen den Intentionen in der Jugendhilfe und auch entgegen den fachlichen Stellungnahmen aus dem Bereich der Kinder- und Jugendpsychiatrie nur die sogenannte kleine Lösung, d.h. die Einbeziehung des Personenkreises seelisch behinderter Kinder und Jugendlicher in den Bereich des KJHG politisch möglich war."[97]

Das 1. Änderungsgesetz zum KJHG enthielt den § 35a KJHG, der die Eingliederungshilfe für seelisch Behinderte und von seelischer Behinderung Bedrohte als eigenständigen Leistungstatbestand bestimmt. Seit dem 1. Januar 1995 sollen Kindern mit seelischen Behinderungen bzw. von einer solchen Behinderung bedrohten Kindern im Rahmen der Jugendhil-

---

96 PPQ 14 wurde von Martina Hermann, Uli Biermanski, Andrea Schulz erarbeitet.
97 Expertise von Fegert, J. M.: Die Bedeutung der Eingliederungshilfe für die Integration seelisch Behinderter Kinder unter besonderer Berücksichtigung der Kindperspektive. In: Zehnter Kinder- und Jugendbericht. 1998, S. 278

fe spezielle und qualifizierte Hilfemöglichkeiten geboten werden. Hierbei handelt es sich sowohl um stationäre als auch um ambulante Hilfen. Der Umgang mit seelischer Behinderung gestaltet sich aber nicht erst seit 1995 als schwierig. Auch früher schon wurden die seelisch Behinderten ausgegliedert und in Institutionen abgeschoben oder liefen in den dörflichen Gemeinschaften als „Dorfdeppen" mit.

Problembeschreibung: „Behinderung" ist kein einfacher Tatbestand sondern vielmehr eine soziale Konstruktion. So wird beispielsweise einem Kind von der Familie und dem sozialen Umfeld eine Störung zugeschrieben. Die Wahrnehmung des Problems erfährt bei den beteiligten Personen und Institutionen eine unterschiedliche Würdigung. So ist evident, auch seelische Störungen sind nicht angelegt, sie werden eher im Umfeld der Lebenssituation „gemacht". Eine eindeutige, klare Definition von seelischer Behinderung existiert jedenfalls nicht. Im KJHG wird ein relativ offener Begriff von Behinderung verwandt: „Eine Behinderung liegt unter Berücksichtigung der pädagogischen Anforderung bei Kindern und Jugendlichen regelmäßig vor, wenn diese in ihrem Lernen, im sozialen Verhalten, in der sprachlichen Entwicklung und Realisierung oder in den psychomotorischen Fähigkeiten längerfristig und dauerhaft soweit beeinträchtigt sind, das ihre Teilhabe am Leben in der Gesellschaft wesentlich erschwert ist und sie deshalb besonderer pädagogischer Förderung bedürfen; als *seelisch behindert* sind Kinder und Jugendliche anzusehen, wenn diesen infolge psychischer Belastungen und Besonderheiten die Teilnahme am gesellschaftlichen Leben erschwert wird, bzw. wenn sie in sozialer, schulischer oder beruflicher Hinsicht beeinträchtigt sind."[98]

Von einer drohenden seelischen Behinderung ist auszugehen, wenn nach ärztlicher und sonstiger fachlicher Erkenntnis eine hohe Wahrscheinlichkeit gegeben ist, dass die seelische Behinderung eintreten wird, wenn keine adäquaten Hilfen eingeleitet werden. In jedem Einzelfall bedarf es daher einer Beurteilung der konkreten gegebenen Umstände durch die Fachkräfte, um die Gefährdungslage einschätzen zu können. Einschränkungen der Eingliederungsfähigkeiten müssen nicht eingetreten sein, bzw. unmittelbar bevorstehen, sie müssen jedoch mit hoher Wahrscheinlichkeit zu erwarten sein. Wenn im Einzelfall von einer drohenden seelischen Behinderung ausgegangen werden kann, sind erfolgversprechende Maßnahmen unverzüglich einzuleiten.

---

98 vgl.: Johannes Münder u.a., Frankfurter Lehr- und Praxis-Kommentar zum KJHG, 2. Auflage 1993, S. 278, Abschnitt 2.1, Absatz 4

Wiesner unterteilt die relevanten seelischen Behinderungen in Neurosen, Psychosen, den frühkindlichen Autismus und die schwere frühkindliche Fehlentwicklung oder Grundstörung.[99]

Seelische Behinderung ist als ein sekundäres Problem zu sehen, das kausal auf eine psychische Störung zurückzuführen ist. Um den § 35a KJHG anwenden zu können, müssen zwei Feststellungen getroffen werden:

a) Es liegt eine psychische Störung vor.
b) Aus dieser psychischen Störung resultiert eine soziale Beeinträchtigung.[100]

Damit beruht eine seelische Behinderung nicht auf einer medizinischen Diagnose, sondern stellt ein „sozialrechtliches Konstrukt" dar. Das Zusammenwirken von individueller Beeinträchtigung mit Unzulänglichkeiten der Lern- und Lebensumwelt schränkt die Anpassungsmöglichkeiten des Kindes und Jugendlichen ein.

Aufgabenbeschreibung: Die Fachkräfte im Amt für Kinder, Familien und Senioren haben eine doppelte Aufgabe:

a) Hilfe anbieten, d.h. inhaltliche Beratung, Informationen über Hilfsangebote, den komplexen Verfahrensverlauf transparent machen, die rechtlichen Zuständigkeiten erläutern, ggf. Hilfe einleiten etc..
b) Es wird geprüft, ob Jugendhilfe zusteht, d.h. Zuständigkeit prüfen, Diagnose erstellen Kollegialberatung, Entscheidungskonferenz, Gutachten einholen, Hilfeplan erstellen etc..

Um eine Entscheidung herbeiführen zu können, werden die spezifischen Fachkenntnisse bei einem Kinder – und Jugendpsychiater mit einem Gutachten eingeholt. Sie gehen auf die Fragestellung der Jugendhilfeträger ein, geben Auskunft, wie die Diagnose zustande gekommen ist und konkretisieren Art, Form, Ausmaß der Behinderung und den Bedarf.

Das heißt ggf. werden daraus Behandlungsvorschläge und Hilfen abgeleitet. Bei Nichtzuständigkeit der Jugendhilfe findet eine entsprechende Überleitung zu anderen Leistungsträgern statt.

---

99 vgl.: Wiesner R. SGB VIII Kinder und Jugendhilfe 2. Auflage, C.H. Beck, München 2000. S. 474
100 vgl.: Zehnter Kinder – und Jugendbericht (Drucksache 13/11368 Deutscher Bundestag). S. 287-288

2. Rechtliche Grundlagen

Der § 35a KJHG gewährleistet Eingliederungshilfe für seelisch behinderte Kinder und Jugendliche oder von seelischer Behinderung bedrohte Kinder und Jugendliche im Rahmen der Kinder- und Jugendhilfe. Die Zuordnung zum Personenkreis der seelisch Behinderten erfolgt nach den gesetzlichen Bestimmungen des § 39 Abs. 3, § 40 und den Verordnungen nach § 47 BSHG.

Seelische Behinderung wird als Folge einer seelische Störung oder psychiatrischen Krankheit definiert (§ 3 VO z. § 47 BSHG).

Von einer seelischen Behinderung bedroht sind Personen, bei denen nach allgemeiner ärztlicher oder sonstiger fachlicher Erkenntnis, trotz oder nach Abschluss der Therapie oder Präventionsmaßnahme, diese mit hoher Wahrscheinlichkeit prognostiziert wird.

Eine drohende Behinderung bedeutet noch keine manifeste Beeinträchtigung bei der Eingliederung in die Gesellschaft (§ 39 Abs. 2 bzw. § 5 Vo. zu § 47 BSHG).

Das KJHG schreibt im § 35a eine starke gesetzliche Verpflichtung fest, auf die Kinder und Jugendliche einen *eigenen* Anspruch haben. Stellvertretend können Sorgeberechtigte vor dem 16. Lebensjahr einen Antrag stellen.

Träger der Sozialhilfe können gem. § 91 BSHG initiativ werden. Der § 10 des KJHG legt für den Personenkreis, der von seelischer Behinderung betroffen ist bzw. bei dem eine seelische Behinderung droht, eine Vorrangigkeit der Jugendhilfe gegenüber der Sozialhilfe fest. Die örtlichen und überörtlichen Träger der Sozial- und Jugendhilfe haben eine Beratungspflicht nach § 8 II Satz 1 BSHG. Nach § 79 Abs. 2 KJHG haben die Träger der öffentlichen Jugendhilfe im Rahmen ihrer Gewährleistungspflicht dafür zu sorgen, dass auch fachmedizinische Einrichtungen und Dienste rechtzeitig und ausreichend zur Verfügung stehen (Jugendhilfeplanung). Der § 36 I Satz 3 KJHG legt fest, dass das Jugendamt die Einrichtung, die Hilfe gewährt, auszuwählen hat. Ein Arzt, der über besondere Erfahrungen in der Hilfe für behinderte Kinder und Jugendliche verfügt (Kinder- und Jugendpsychiater), soll nach § 36 Abs. 3 KJHG am Hilfeplanverfahren beteiligt werden, wenn es um die Einrichtung einer Hilfe nach § 35a KJHG geht.

Auch junge Volljährige haben Anspruch auf Leistungen, soweit die Voraussetzungen nach § 41 KJHG vorliegen. Dies ergibt sich aus den Bestimmungen von § 41 Abs. 2 KJHG.

Bei Maßnahmen, die beim Übergang zur Volljährigkeit schon bestehen, bleibt die Zuständigkeit der Jugendhilfe bis zum Abschluss dieser Maßnahme, maximal bis zum 21. Lebensjahr bestehen. Zuständig ist generell der örtliche Träger der Jugendhilfe – in NRW übernimmt aber bei Erstmaßnahmen ab dem 18. Lebensjahr der überörtliche Sozialhilfeträger bis auf weiteres die Kosten.

3. Probleme im Aufgabenfeld

(1) **Diagnostische Problematik:** Wie bereits erwähnt, ist die seelische Behinderung ein sozialrechtliches Konstrukt. Sie beruht nicht nur auf einer kinder- und jugendpsychiatrischen Diagnose (Allgemeinmediziner haben Schwierigkeiten, die Diagnostik präzise darzustellen), sondern auch auf einer sozialen Diagnose, die geprägt ist von einer systemischen Sichtweise. Dieses „Konstrukt" erschwert die Erstellung einer klaren und eindeutigen Diagnose von seelischer Behinderung. So verfügt jede Berufsgruppe über ihre eigene Problemdefinition. Die Pädagogik geht vom positiven Entwicklungsgedanken aus, während medizinische Gutachter in der Regel die Krankheit und ihre Folgen im Blick haben.
Eine eindeutige Zuordnung zum Personenkreis der seelisch Behinderten im Kinder- und Jugendalter ist sehr schwierig:

a) Die Kinder und Jugendlichen besitzen selbst oft keine eigene Problemdefinition. Ihnen wird von außen, durch Familie, Schule, Ärzte, Sozialarbeiter etc., eine Problematik (Störung, Nichtangepasstheit, u.ä.) zugeschrieben. Nicht selten wird bei der Problembeschreibung der familiäre und institutionelle Kontext nicht angemessen berücksichtigt. Haben sie (die Kinder und Jugendlichen) die Störung oder wird ihnen eine Störung zugeschrieben? Die eigentliche Hilfeproblematik wird dadurch verdeckt, dass Kinder und Jugendliche als behindert dargestellt werden. Die Familie und die Institutionen entlasten sich dabei nicht selten und sie lenken von den eigenen Unzulänglichkeiten und Überforderungen ab. So stellt sich die Frage, ob es seelische Störungen gibt oder ob sie gemacht werden. Wer projiziert wem, was und warum?

b) Aus Sicht der Gesellschaft weichen Personen mit Behinderungen von der Norm ab. Sie unterscheiden sich z.B. in ihren Lebensgewohnheiten, Fähigkeiten, Bedürftigkeiten von anderen Personen. Bei Körper- und Geistigbehinderten ist die Diagnose „Behinderung" klarer und augenscheinlich nachvollziehbarer. Krisen und Konflikte, die ihren Ursprung im sozialen Umfeld, der Familie, dem Arbeitsplatz oder der eigenen Person haben, können u.U. zu längeren seelischen Störungen und Beeinträchtigungen im Sozialkontakt führen. In früher Kindheit ist es äußerst schwierig, eine Diagnose zu erstellen. Deshalb wird seelische Behinderung, wenn überhaupt, im Jugendalter häufiger wahrgenommen, „konstruiert".

Was die Problemkonstruktion betrifft, treffen wir also auf eine paradoxe Situation: Einerseits haben wir keine eindeutige und klare Diagnose von seelischer Behinderung, wobei die familiären und institutionellen Kontexte zudem in der Regel diagnostisch gar nicht einbezogen werden. Andererseits „erfinden" wir Problemkonstruktionen, um bedienen und helfen zu können, um unsere Angebote ins Spiel zu bringen. (z.B. Teilleistungsschwächen). Ohne Dialog mit den Betroffenen bestimmen die Fachkräfte gern den etwaigen Hilfebedarf aus ihrer Sicht, das Angebot überformt die Nachfrage.

(2) **Rechtliche Problematik:** Die doppelte rechtliche Grundlage KJHG und BSHG erschwert die Arbeit in dem Bereich der seelischen Behinderung: Wir arbeiten an vielen Schnittstellen (Psychiatrie/Schule/Institute/andere JÄ) mit dem KJHG als Grundlage. Die Institutionen, die in diesem Bereich mit uns zusammenarbeiten, kennen das tradierte Verfahren nach dem BSHG und mussten sich bisher nicht mit dem KJHG auseinandersetzen. Die Jugendhilfe erhebt und erkämpft nunmehr in diesem Arbeitsfeld einen neuen und eigenständigen Anspruch und fordert neue Standards, was nicht ohne Kontroversen abgeht.

(3) **Handlungsproblematik:** In der Praxis ist es schwer und zeitaufwendig, im Kontext mit den beteiligten Personen (Kind, Institution, Familie, Ärzte etc.) eine gemeinsame Problembeschreibung zu finden. Seelische Behinderung kann die unterschiedlichsten Ursachen haben: häufig liegt eine Mischung von organischen Anlagen und Sozialisationsproblematiken vor.
Hinzu kommt: Derzeit existieren bundesweit verwaltungsintern keine klaren Handlungsstrategien. Die notwendige Auseinandersetzung auf der schul- und jugendpolitischen Ebene steht aus. Es fehlen geeignete Leistungsangebote. Pädagogisch vorhandene Angebote sind nicht ausreichend vernetzt, z.B. wenn es um die Förderung von Lese- und Rechtschreibschwächen in den Schulen geht. Bislang existieren keine Handlungsstandards. Jeder Einzelfall wird neu erschlossen und komplex bearbeitet.
Fehlendes wechselseitiges Verständnis erschwert den notwendigen fachlichen Austausch der verschiedenen Disziplinen, es fehlt die Ver-

netzung. Die gemeinsame Hilfeplanung ist schwierig, da keine konsensuale Praxis bei den verschiedenen Berufsgruppen vorliegt. Die verschiedenen Fachkräfte tun sich schwer, einander in ihrer Fachlichkeit zu verstehen und zu akzeptieren. Wegen der unklaren Zuständigkeit kommt es auch häufig zu einem „Kostengerangel" zwischen den Leistungsträgern. Schulen und Krankenkassen als Leistungsträger kommen aus Sicht der Jugendhilfe ihrem primären Auftrag nicht verantwortlich nach, Jugendhilfe ist nachrangig, wird aber von den Leistungsträgern als einzig zuständige Leistungsbehörde gesehen.

Im übrigen fehlen – wie z.B. in Dormagen und im Kreis Neuss – erfahrene und jugendhilfekompetente Kinder- und Jugendpsychiater, die mit der Erstellung von qualifizierten Gutachten beauftragt werden könnten.

So kommt es oft erst nach Beginn von selbst initiierten Lösungen zur Antragsstellung durch die Eltern, so dass zunächst zumeist ein finanzieller Hilfebedarf besteht. Eine pädagogische Unterstützung bzw. Hilfeplanung wird oft nicht gewünscht. Nicht von ungefähr können daher die Eltern in diesen Fällen eine andere als die erwartete Entscheidung nicht nachvollziehen. In Anbetracht dieser Situation stellt sich die Frage: Kommt es nicht deswegen zu einer Diskriminierung der Betroffenen, der Angehörigen?

4. Qualitätsstandards

(1) **Reflektierte Problemkonstruktionen (Diagnosen):** Die Fachkräfte betrachten seelische Behinderung als ein im Prozess befindliches, auffälliges oder abweichendes Verhalten oder als eine besondere Interaktionsform. In ihrer diagnostischen Konstruktion beziehen sie gesellschaftliche, soziokulturelle, ökonomische und psychosoziale Einflüsse in ihre Sichtweisen mit ein. Sie bringen ihre sozialpädagogische Kompetenz in das Verfahren ein und sorgen dafür, dass in der Gesamtschau der eigenen Problemsicht, der Diagnose anderer Fachdisziplinen und der Berücksichtigung der konkreten psychosozialen Umstände eine zusammenfassende Einschätzung gelingt, um zu entscheiden, ob im Einzelfall eine seelische Behinderung droht oder bereits gegeben ist – multiprofessionelle Betrachtungsweise, gegenseitige Wertschätzung von Fachlichkeit und Dialog. Die Fachkräfte qualifizieren sich daher in Diagnostik und Anamneseverfahren weiter. Sie erarbeiten sich eine mehrperspektivische Problemkonstruktion. Die Fachkräfte werden in Zukunft gemeinsam mit den Eltern von besonders lange verhaltensauffälligen Kindern die seelische Behinde-

rung als eine mögliche Ursachen in Betracht ziehen und überprüfen. Sie sind bestrebt, den Kindern und Jugendlichen entsprechende Hilfen anzubieten, wenn als Folge von diagnostizierbaren psychischen Störungen soziale Beziehungen, Handlungskompetenzen, insbesondere die schulische oder spätere berufliche Integration, gestört oder gefährdet sind.

(2) **Rechtssicherheit**: Die Fachkräfte machen auf die rechtliche Abgrenzungsproblematik in den Fachgremien und überregionalen Arbeitskreisen aufmerksam und weisen auf die dadurch entstehenden Missstände in der Praxis hin. Sie setzen sich für eine eindeutige gesetzliche Regelung ein. Sie erweitern Fachkompetenz in Richtung BSHG und medizinischer Rehabilitation und kennen das Angebot von fachmedizinischen Einrichtungen und Diensten.

(3) **Handlungsstrategien**: Sie erarbeiten verwaltungsintern ein Konzept und Verfahren, wie mit dem § 35a KJHG (einschl. Teilleistungsstörungen) zukünftig gearbeitet werden soll. Sie kooperieren mit anderen fachlichen Disziplinen und setzen sich so früh wie möglich mit den im Einzelfall notwendigen Fragestellungen auseinander. Sie organisieren eine interdisziplinäre Planung und Absprache unter aktiver Beteiligung der Kinder und Jugendlichen sowie deren Eltern, sorgen für die notwendige Transparenz der einzuleitenden Hilfen. Bei unklarer Zuordnung zum Personenkreis der seelisch Behinderten wird geprüft, ob Hilfen nach § 27 KJHG ausreichend und wirksam sein können.
Sie streben eine gleichberechtigte interdisziplinäre Zusammenarbeit mit den Fachkräften anderer Professionen an, über Zuständigkeitsgrenzen hinaus, um eine notwendige und ausreichende Hilfe entwickeln zu können. Die Fachkräfte ermitteln alle verfügbaren Ressourcen, um eine pädagogisch-therapeutische und ökonomisch realisierbare Hilfeplanung einleiten zu können. Sie achten darauf, dass alle Beteiligten am Hilfeplanverfahren teilnehmen und ermutigen die Mitarbeiter, die noch keine Erfahrung mit dem KJHG haben. Sie bilden eine interdisziplinäre Arbeitsgruppe in Dormagen, unabhängig vom Einzelfall (Entwicklung eines gemeinsamen Hilfeverständnisses und Handlungskonzeptes). Sie nehmen an regionalen und überregionalen Arbeitskreisen teil. Im Amt für Kinder, Familien und Senioren werden notwendige pädagogische Maßnahmen zum Wohle des Kindes auch dann eingeleitet, wenn die letztendlich zuständige Kostenträgerschaft noch nicht endgültig feststeht.

5. Prozessgestaltung: Methoden und Verfahren

(1) Die Fachkräfte führen ein Erstgespräch mit den Leistungsberechtigten und deren Familien durch und beraten sie über ihrer Rechte, mögliche Hilfeleistungen, Verfahren und Vorgehensweisen.
(2) Sie bitten die Eltern, Informationen in mündlicher und schriftlicher Form (Gutachten, Bescheide) über präventive Hilfen oder laufende Hilfen (z.b. Schule) zur Verfügung zu stellen. Sollten die Eltern über kein psychologisches Gutachten verfügen, leiten sie die Begutachtung durch einen Kinder- und Jugendpsychiater ein.
(3) Die Fachkräfte klären den Sachverhalt und die weiteren Handlungsschritte in der kollegialen Beratung.
(4) Falls die Erziehungsberechtigten einen Antrag gestellt haben, leiten die Fachkräfte das Hilfeplanverfahren ein, bereiten die Entscheidungskonferenz vor, organisieren sie und führen sie durch.
(5) Bei Bewilligung des Hilfeantrags leiten sie die Hilfeplanung gem. § 36 KJHG ein. Mit den Erziehungsberechtigten wählen sie die geeignete Hilfe aus. Bei einer Ablehnung informieren sie ggf. über weitere Angebote und Hilfsmöglichkeiten und arbeiten gemeinsam an deren Umsetzung.

6. Prozessdokumentation

(1) Wir erheben die für das Aufgabenfeld relevanten Sozialdaten
(2) Wir dokumentieren das Hilfeplanverfahren (Protokoll der kollegialen Beratung und der Entscheidungskonferenz) und den Hilfeprozess (Hilfeplan, Fortschreibung Hilfeplanung)
(3) Wir halten die Ergebnisse der Arbeitsgemeinschaften fest.

PPQ 15
Berichte, Stellungnahmen und Gutachten[101]

„Genauigkeit ist nicht Wahrheit".
(Henri Matisse)

1. Aufgabe

„Gutachten ist eine Stellungnahme nach allen Regeln der Kunst."[102] Gutachtliche Stellungnahmen sind zur Mitwirkung bei Verfahren vor dem Vormundschafts-, Familien-, den Jugendgerichten und gegenüber Behörden und i.d.R. für Dritte bestimmte und zumeist mündliche oder schriftliche Aussagen eines Sachverständigen in einer sein Fachgebiet betreffenden Frage.[103]

Diese Definition trifft auch auf den Bericht und die Stellungnahmen zu, jedoch unterscheiden sich die Gutachten im wesentlichen im Inhalt und Umfang von ihnen.

Der *Bericht* ist ein Bündel von Informationen über eine Erfahrung/ein Ereignis als Status quo ohne Wertung.

Die *Stellungnahme* ist ein ausführlicher Bericht mit abschließender Wertung.

Gutachten sind Zusammenfassungen/Analysen von Prozessen der Beratung und Dokumentation, die sich aus verschiedenen Aspekten (Vergangenheit, Gegenwart und Perspektive) und aus der Sichtweise verschiedener Interessen (menschlicher Konfliktsituationen) zusammensetzen. Diese Konflikte müssen beschrieben werden.

Bei der Erstellung von Gutachten ist entscheidend, wer Adressat dieser Gutachten ist. Ein Gutachten für Behörden oder Gerichte ist problemorientiert, d.h. es befasst sich mit einer bestimmten Fragestellung, die mit der Entscheidung (Urteil, Bewilligung, o.ä.) abgeschlossen ist. Gutachten, die für einen Hilfeplan angefertigt werden, bilden den Ausgangspunkt für den Hilfeprozess. Sie sind die Grundlage für einen auf lange Zeit angelegten Entwicklungsprozess, dessen Ergebnis weitestgehend offengehalten ist. Im Laufe dieses Entwicklungsprozesses können sich ständig Änderungen ergeben, die eine Überarbeitung des Hilfeprozesses erforderlich machen.

---

101 PPQ 15 wurde von Ralf Huber, Uwe Sandvoss und Antje Zöller erarbeitet
102 Reinhart Wolff in einer Sitzung der Qualitätsentwicklungswerkstatt
103 Vgl. Brockhaus, neunter Bd. neunzehnte Aufl., Mannheim 1987, S. 298

Ein Gutachten für Gerichte und Behörden hört mit dem Entscheidungsvorschlag auf.[104] Dieser Prozess ist damit beendet. Ein Gutachten, welches für einen Hilfeplan angefertigt wird, führt erst in den Hilfeprozess hinein.[105]
Berichte, Stellungnahmen und Gutachten sind jedoch auch ein beratungsmethodisches Instrument im Beratungsprozess.

Stellungnahmen lassen sich in der Geschichte bis in die frühe Armenpolitik der modernen Gesellschaft zurück verfolgen. Wenn zur damaligen Zeit an sozial schwache Menschen Sozialleistungen verteilt wurden, traten die sog. Armeninspektoren, wie sie in England hießen, auf den Plan. Sie besuchten die armen Familien und schrieben Stellungnahmen, ob die Ansprüche berechtigt waren. Diese Tätigkeiten haben bis zur heutigen Zeit in den Sozialämtern Bestand.

Mit dem Aufbau des Wohlfahrtsstaates und der Verwaltungsförmigkeit der Sozialarbeit in der Weimarer Republik erhielten die Stellungnahmen einen höheren Stellenwert.

In der Gegenwart räumte der Gesetzgeber den Sozialarbeitern eine Kompetenz für Gutachten in verschieden Gesetzen ein. Im § 48a des JWG hieß es:

„Das Vormundschaftsgericht hat das Jugendamt vor einer Entscheidung nach folgenden Vorschriften des Bürgerlichen Gesetzbuches zu hören ..."[106]

Im seit 01.01.1991 gültigen FGG heißt es in § 49 Abs. 1: „Das Vormundschaftsgericht hört das Jugendamt vor Entscheidung nach ..."[107] Gleiches gilt für das Familiengericht gem. § 49 a FGG.

Die Notwendigkeit von Stellungnahmen hat im Zuge der Professionalisierung, der zunehmenden Fachlichkeit im wissenschaftlichen Sinn an Bedeutung gewonnen. Hilfeprozesse werden stärker analysiert, geklärt, systemisch beobachtet und differenzierter betrachtet.

2. Rechtliche Grundlage

Das KJHG hat in § 50 Abs. 1 Satz 1 eine generelle Unterstützungspflicht für das Jugendamt gegenüber dem Vormundschafts- und Familiengericht

---

104 Vgl. ebenda S. 54
105 Vgl. Harnach-Beck, V.: Psychosoziale Diagnostik in der Jugendhilfe. Weinheim; München: Juventa, 1997, 2. Aufl., S. 23
106 Vgl. Arndt, J./Oberloskamp, H./Balloff, R.: Gutachterliche Stellungnahmen in der sozialen Arbeit. Neuwied; Kriftel; Berlin: Luchterhand, 5 Aufl. 1993., S. 17
107 vgl. ebd. S. 16

bei allen Maßnahmen, die die Sorge für die Person von Kindern und Jugendlichen betreffen, festgelegt.

(1) **Mitwirkung bei gerichtlichen Verfahren**: Das Jugendamt hat lt. gesetzlicher Vorschriften und Bundes- u. Länderrichtlinien „mitzuwirken" bzw. denjenigen, der die Dienste des Jugendamtes in Anspruch nimmt, hat das Jugendamt „anzuhören". Gutachtliche Stellungnahmen sind zumeist als Mitwirkungen vor Gerichten in Verfahren vor den Vormundschaftsgerichten (50 § KJHG in Verbindung mit § 49 FGG; § 1779 Abs. 1 BGB; § 56 d FGG Vormundschaftsgerichtshilfe), vor den Familiengerichten (§ 50 KJHG i.V.m. § 49 a FGG; § 620 a Abs. 3 ZPO); in der Familiengerichtshilfe [FamGH]) und vor den Jugendgerichten (§ 8 Abs. S. 1 und 2 JGG Jugendgerichtshilfe [JGH]) sowie gegenüber Behörden (Behördenhilfe).[108]

Das KJHG beschreibt im § 50 Absatz 2 und 3 folgende Mitwirkungen in Verfahren vor dem Vormundschafts- und den Familiengerichten:

a) Das Jugendamt unterrichtet insbesondere über angebotene und erbrachte Leistungen, bringt erzieherische und soziale Gesichtspunkte zur Entwicklung des Kindes oder des Jugendlichen ein und weist auf weitere Möglichkeiten der Hilfe hin.

b) Hält das Jugendamt zur Abwendung einer Gefährdung des Wohls des Kindes oder des Jugendlichen das Tätigwerden des Gerichtes für erforderlich, so hat es das Gericht anzurufen. Absatz 2 gilt entsprechend.[109]

(2) **Hilfeplanung**: Die Mitwirkung der sozialen Fachkräfte in der Hilfeplanung ist im KJHG § 36 festgelegt. Die Grundelemente sind,

a) Nennung der Beteiligten und der Beteiligungsformen,
b) Konkretisierung des erzieherischen Bedarfs,
c) Darstellung der bisher geleisteten Hilfen,
d) Überlegungen und Vorschläge für geeignete Hilfen,
e) Ziele und konkrete Aufgaben,

---

108 Vgl. Deutscher Verein f. öffentliche und private Fürsorge: Fachlexikon der sozialen Arbeit, 3. Aufl., Frankfurt a. M.: Eigenverlag Dt. Verein, 1993, S. 435 f.
109 Kleinere Schriften des Deutschen Vereins für öffentliche und private Fürsorge: Kinder- und Jugendhilfegesetz – Sozialgesetzbuch – Achtes Buch, 5. Aufl., Frankfurt a. M., 1998, S. 40

f) Beginn, voraussichtliche Dauer und ggf. zeitliche Intensität, usw.[110]

Diese Grundelemente dienen zur Überprüfung und Planung des Hilfeprozesses.

(3) **Behördenhilfe:** Im § 3 Satz 1 Amtshilfepflicht des SGB X heißt es, dass [...] jede Behörde anderen Behörden auf Ersuchen ergänzende Hilfe (Amtshilfe) zu leisten hat. Dies bedeutet aber, dass die Amtshilfe nur eine ergänzende Hilfe ist, und die Behörde nicht verpflichtet, ein Verfahren als Ganzes zu übernehmen.[111]
Im § 4 Satz 1 Abs. 4 Voraussetzungen und Grenzen der Amtshilfe des SGB X steht geschrieben, dass [...] zur Durchführung ihrer Aufgaben auf die Kenntnis von Tatsachen angewiesen ist, die ihr unbekannt sind und die sie selbst nicht ermitteln kann.[112]
Diese Aussagen verdeutlichen, dass die Zusammenarbeit der verschiedenen an den Verfahren beteiligten Behörden vom Gesetz gefordert wird. Es dürfen aber nur Daten unter Gewährleistung des Datenschutzes weitergegeben werden.

(4) **Datenschutz:** Das SGB I § 35 Satz 1 beschreibt: „Jeder hat Anspruch darauf, daß die ihn betreffenden Sozialdaten (§ 67 Abs. 1 Zehntes Buch) von den Leistungsträgern nicht unbefugt erhoben, verarbeitet oder genutzt werden dürfen." (Sozialgeheimnis)[113]
Den Datenschutz betreffen ausschließlich „personenbezogene Daten", d.h. Informationen über persönliche und sachliche Verhältnisse, Vermutungen und Werturteile, die im Laufe des Hilfeprozesses erkennbar werden.[114]
Dieses im Gesetz verankerte Sozialgeheimnis, gibt den Klienten die Sicherheit, dass mit ihren persönlichen Daten kein Missbrauch betrieben wird.

---

110 Vgl. Münder, J., u.a.: Frankfurter Lehr- und Praxiskommentar zum KJHG, Münster 1993, 2. Aufl., S. 288ff.
111 Vgl. Scholz, R.: Zehntes Buch (SGB); Verwaltungsverfahren, Schutz der Sozialdaten, Zusammenarbeit der Leistungsträger und ihre Beziehungen zu Dritten. Boorberg; Stuttgart 1995, S. 40ff.
112 Vgl. a.a.O. S. 43
113 Vgl. Bundessozialhilfegesetz Lehr- und Praxiskommentar § 35. 4. Aufl., Baden-Baden: Nomos, 1994, S. 1059
114 Vgl. Deutscher Verein f. öffentliche und private Fürsorge: Fachlexikon der sozialen Arbeit, 3. Aufl., Frankfurt a.M.: Eigenverlag Dt. Verein, 1993, S. 206

Der Unterrichtung von Gerichten und Behörden sind Grenzen durch den Datenschutz gesetzt. Zumeist wird dieses Anhören auch als „Handlangerdienst" (Sammeln von Fakten) missverstanden. Diesem Missverständnis kann nur mit einem differenzierten Aufbau entgegengewirkt werden.

Informationen, die Klienten betreffen, dürfen nur mit deren Zustimmung weitergegeben werden. Dies gilt insbesondere, wenn es sich um anvertraute Daten im Sinne des § 65 KJHG handelt. Auch hier erlaubt das Gesetz aber die Weitergabe von Daten an das Vormundschafts- und Familiengericht unter den in Ziffer 2 genannten Voraussetzungen.

Ein korrekter Umgang mit dem Datenschutz zeigt den Klienten, dass sie anerkannt werden. Eine solche vertrauensvolle Beziehung ist sehr wichtig und stärkt die Position der Sozialarbeiter im Hilfeprozess.

3. Probleme im Aufgabenfeld

(1) **Interessenkonflikte:** Traditionell wurden und werden Gutachten in einem Feld unterschiedlicher Interessen verschiedener Professionen angefertigt. Damit befindet sich der Gutachter automatisch in einem Spannungsfeld von Interessenkonflikten der verschiedenen Professionen und der Betroffenen des Gutachtens. Stellungnahmen werden von den Betroffenen als Urteile und Entscheidungen zu ihren Gunsten bzw. Ungunsten verstanden. Auftraggeber von Gutachten erwarten häufig Entscheidungsvorschläge, die ihnen die Verantwortung für ihre Entscheidung abnehmen. Sozialarbeit steht hier in einem grundsätzlichen Dilemma: Stellungnahme vs. Entscheidungsvorschlag. Im heutigen Verfahren der Stellungnahmen und Gutachten geht es jedoch nicht mehr um Entscheidungsvorschläge, sondern um die Beschreibung des Hilfeprozesses. Die Darstellung der Problematik aus Sicht der Betroffenen, die Beschreibung des Konfliktes, das Aufzeigen der Widersprüche ggf. die Sicht von Helfern im Prozess und abschließend die Sicht der Fachkräfte. Die Stellungnahme der Fachkraft ist eine Position in einer mehrperspektivischen Konstellation. Die gutachterliche Stellungnahme ist eine Beobachtung, die ein psycho-soziales Problem, einen Prozess ätiologisch und symptomatisch klärt und möglicherweise eine Prognose abgibt, wohin „die Reise gehen könnte". Gutachten über Familien sind heute im Hilfeverfahren und Beratungsverfahren von immenser Bedeutung. Die Betroffenen erwarten, dass die Fachkraft Stellung zu sozialen Problemen nimmt. Psycho-soziale Diagnosen und Gutachten im Hilfeplan sind

Grundlagen sozialarbeiterischen Handelns. Auch hier beschreibt die Fachkraft den Prozess und seine Sicht der Dinge. Er bezieht Stellung im Hilfeprozess.

(2) **Rollenkonflikte**: Im Verfahren der Mitwirkung bei Gericht besteht jedoch häufig ein Rollenkonflikt. Faktisch wird die Fachkraft aufgefordert, im Prozess entweder Berater und Gutachter gleichzeitig zu sein oder die Rollen zu wechseln, von der Teilnahme am Prozess bis zur Beurteilung. Die Fachkräfte sind aufgefordert, für Rollenklarheit zu sorgen, unter Einbeziehung der Betroffenen. Die Doppelrolle bedeutet zugleich, mit den Widersprüchen zu arbeiten: Offenheit und Schließen des Prozesses, zu bewerten und zu beraten, Stellung zu beziehen und in Bewegung zu bleiben, Partei zu ergreifen und unabhängig zu bleiben. Die sauberste Lösung ist eine grundsätzliche Trennung der Beraterrolle und der Rolle des Gutachters.

(3) **Machtproblematik:** Eine weitere Problematik ist, dass Äußerungen in Gutachten die Lebenschancen anderer beeinflussen. Wer Gutachten erstellt, hat eine große Verantwortung. Er ist mit sozialer Macht ausgestattet, die sich aus persönlicher, privater, institutioneller und fachlicher Einflussnahme zusammensetzt. Das Abgeben von Stellungnahmen und Gutachten ist ein besonderer Akt der Verantwortung, als Fachkraft ein psycho-soziales Problem verantwortungsvoll zu untersuchen, darüber zu berichten, einen Schluss daraus zu ziehen und möglicherweise einen Vorschlag zu machen, wie mit dem vorliegenden Konflikt aus fachlicher Sicht umzugehen ist. Nicht selten sind wir in der Situation existenzieller Verantwortung nach bestem Wissen und Gewissen und Verstand zu unterscheiden und vorzuschlagen, wie eine Perspektive aussehen kann.

(4) **Kompetenzprobleme:** Bei den unterschiedlichen Professionen (Richtern, Psychologen, etc.) und der Berufsgruppe selbst gibt es einen Widerspruch zur Kompetenz sozialarbeiterischer Gutachten. Es gibt auf der einen Seite Kompetenzzweifel, dem Kompetenzansprüche andererseits gegenüber stehen. Die Kompetenz der Fachkräfte in der Jugendhilfe für soziale Gutachten liegt insbesondere in ihrer Ausbildung (*Sachkompetenz*):

(1) Die Fachkräfte des ASD besitzen Rechtskenntnisse in Bereichen, die ihre Klienten und deren Probleme betreffen.

(2) Sie besitzen Kenntnisse aus Sozial-, Rechts- und Verhaltenswissenschaften und können diese miteinander verknüpfen und in praktischen Lebenszusammenhängen anwenden.
(3) Anders als Ärzte, Psychologen und Pädagogen werden sie in ihrer Ausbildung und im Anerkennungsjahr ausdrücklich auf diese und die damit verbundenen Probleme vorbereitet.
(4) Anders als bei anderen Sachverständigen besteht in der Alltagsarbeit ein praktischer Umgang mit den Problemen. Die Fachkräfte kennen ihre Klienten und die Probleme oft aus eigenen Erfahrungen, die sie im sozialen Umfeld und im Kontakt mit den Betroffenen haben machen können.
(5) Sie besitzen oft detaillierte Kenntnisse der komplexen Lebenssituationen ihrer Klienten.[115]

Zu der oben beschriebenen Sachkompetenz kommt die *Selbstkompetenz* der Berufsgruppe. Einübung der Selbstkompetenz gehört zum Berufsbild des Sozialarbeiters. Einzel-, Fall- und Gruppensupervision und kollegiale Beratung sind alles Mittel, die eigene Fachlichkeit zu überprüfen und zu stärken. In keiner anderen Berufsgruppe der Gutachter gibt es solche Verfahren, es sei denn, nur im Einzelfall.

Sozialarbeiter sind somit in der Lage:
(1) relativ vorurteilsfreie Sammlungen problemrelevanter Informationen anzufertigen.
(2) Projektionen und deren Gegenübertragungen zu erkennen.
(3) Selbstkritische und vorsichtige Empfehlungen abzugeben.
(4) Grenzen der Sach- und Selbstkompetenz aufzuzeigen.[116]

Dazu verfügen sozialpädagogische Fachkräfte über besondere „soziale Kompetenzen", das bedeutet die Fähigkeit soziale Beziehung aufzunehmen oder anderen zu ermöglichen, bestehende Sozialkontakte, auch unter erschwerten Umständen, aufrechtzuerhalten. *Sozialkompetenz* beinhaltet die Bereitschaft, einen anderen ohne Vorbedingung zu akzeptieren, ihm relativ fassadenfrei mit wenig dominantem Rollenverhalten zu begegnen. Dazu gehört auch ein Engagement für Schwächere, Gefährdete und Benachteiligte. Eine angemessen Sozialkompetenz:

(1) erleichtert die angemessene Beurteilung des Kindeswohls
(2) fördert die Kommunikation zwischen der Denkweise der Fachkraft und dem Richter

---

115 Arndt, J./Oberloskamp, H./Balloff, R.: Gutachterliche Stellungnahmen in der sozialen Arbeit. Neuwied; Kriftel; Berlin: Luchterhand, 5 Aufl. 1993, S. 20f
116 a.a.O., S. 21

(3) erkennt auftauchende Rollenkonflikte
(4) und hilft bei der Überschneidung von sozialen und rechtlichen Normen, Hilfe auf Grundlage der Verfassung einzuhalten.[117]

Trotz der hier aufgeführten allgemeinen Kompetenz der Fachkräfte in der sozialen Arbeit, im Hinblick auf gutachtliche Stellungnahmen scheint es jedoch ein erhebliches Defizit in der Sachkompetenz bei der Erstellung eines zufriedenstellenden Gutachtens zu geben.

(5) **Wahrnehmungsprobleme:** Ein weiteres Dilemma beruht darauf, daß Gutachten auf Beobachtungen und Wahrnehmungen der Fachkräfte basieren. Das Gutachten wird als etwas Objektives gesehen, als die fachliche Wahrheit, ist in Wirklichkeit aber die Wahrnehmung des Verfassers und dessen Sicht der Dinge. Damit unterliegen sie den Gesetzmäßigkeiten von Wahrnehmungsprozessen, wie z.B.:

(1) aus der Vielfalt von Beobachtungen Bedeutsames auszuwählen und anderes zu vernachlässigen
(2) persönlichen Vorerfahrungen der Verfasser führen zu einer Akzentuierung der Wahrnehmungsinhalte
(3) neu gewonnene Sachverhalte werden mit früher gewonnen Erfahrungen verglichen.
(4) Bestimmte Fragestellungen lenken von der komplexen Wirklichkeit ab und beeinflussen somit Beurteilungen.
(5) Vorinformationen aus Akten, Gesprächen, etc. setzen und verleiten zu Hypothesenbildung gegenüber den Klienten.
(6) Sympathie und Antipathie spielen eine Rolle sowie
(7) Projektion und Gegenprojektion.[118]

Fachkräfte der Jugendhilfe, die ein Gutachten erstellen, unterliegen diesen Wahrnehmungsprozessen.

Die so beschriebene Ausgangsproblematik kann der Sozialarbeiter jedoch nutzen. In der Theorie der Beratung heißt das: „Immer wenn gutachterlich Stellung genommen wird, endet der Prozess." Der Prozess wird dokumentiert und bewertet. Ein Ende des Prozesses ermöglicht einen Neuanfang für einen weiteren Prozess.

---

117 Vgl. a.a.O., S. 22
118 Vgl. a.a.O., S. 26ff.

4. Qualitätsstandards

(1) **Reflektierte Interessenabwägung:** Die Fachkräfte nehmen die unterschiedlichen Interessen der Betroffenen sowie der anderen Professionen ernst. Sie schreiben in einer verständlichen Sprache für alle. Sie nehmen die unterschiedlichen Sichtweisen, Einstellungen und Standpunkte, auch die der betroffenen Klientinnen und Klienten, in ihren Gutachten auf. Sie bewerten Fakten, überlassen die Entscheidung aber der dafür zuständigen Profession. In ihren Gutachten verzichten sie auf willkürliche und einseitige Äußerungen.

(2) **Eindeutige Rollenbeschreibung:** Den Fachkräften ist bewusst, dass sie in einen Rollenkonflikt geraten können. Sie decken den Konflikt auf, besprechen ihn mit den Auftraggebern und Klienten und sorgen für Rollenklarheit.

(3) **Fairness und Verantwortung:** Die Fachkräfte wissen, dass sie oft in Situationen existenzieller Verantwortlichkeit stehen und fertigen nach bestem Wissen, Gewissen und Verstand ihre Gutachten an. Ihre Gutachten sind gekennzeichnet durch Fairness, Offenheit, Ausgewogenheit und Genauigkeit und sie beteiligen die Betroffenen, indem sie mit diesen die Inhalte des Gutachtens besprechen.

(4) **Kompetenzerweiterung:** Die Fachkräfte nutzen ihre sachliche, persönliche- und soziale Kompetenz und zeigen die Konflikte und Widersprüche auf, um sie im Prozess als Chance zu nutzen. Sie arbeiten auftragsbezogen, ohne die mehrperspektivische Sicht und den sozialen Kontext zu vernachlässigen. Gutachten, die für Klienten eine existenzielle Bedrohung darstellen, lassen sie durch Kollegen auf ihren Inhalt, ihre Richtigkeit und Fairness gegenlesen. Sie helfen anderen Professionen (wie z.B. Richtern) dabei, den Fall unter Einbeziehung sozialarbeiterischer Sichtweisen zu verstehen, damit diese eine gute Grundlage für seine Entscheidungen haben.

(5) **Reflektierte Wahrnehmung:** Die Fachkräfte wissen um den konstruktiven Charakter von Wahrnehmungsprozessen und die daraus möglicherweise entstehenden Problematiken und bemühen sich um Objektivität und Transparenz. Sie beteiligen die Betroffenen und setzen sie in Kenntnis. Sie stellen deren Stärken und Ressourcen besonders heraus.

5. Prozessgestaltung: Methoden und Verfahren

(1) Grundlage für jegliche Arbeit mit Klienten in der Begutachtung bildet die umfassende Information derselben, sowohl über den Arbeitsauf-

trag (von wem, für wen) als auch über Vorgehensweisen und Verläufe. Besonders wird darauf in den §§ 5, 8 und 36 des KJHG hingewiesen. Zusätzlich sollte immer der Versuch einer prozessbegleitenden beratenden, konfliktmindernden und lösungsorientierten Intervention gemacht werden.

(2) Für die Erstellung eines Schriftstückes, sei es ein Bericht, eine Stellungnahme oder ein Gutachten, ist die Sammlung von Informationen verschiedenster Art nötig. Hierzu ist unbedingt die Einwilligung des Klienten einzuholen, denn Informationen unterliegen i.d.R. dem Datenschutz (§§ 65 u. 67 KJHG, vgl. Seite 4).[119]

(3) Die folgende Struktur[120] hat sich für Gutachten bewährt:

- Quellen erschließen, d.h. Informationen aus Anamnese. Exploration, Verhaltensbeobachtung, durch andere Fachkräfte aus dem sozialen Umfeld und durch Aktenmaterial
- Fakten darstellen, d.h. Personalien der Betroffenen, Gegenstand der Stellungnahme, Erkenntnisquellen, problemrelevante Einzelereignisse und konstante psychosoziale Begebenheiten die zum Klienten gehören
- Mit Fachwissen und Fakten erklären, d.h. eine Diagnose erstellen und eine Prognose abgeben
- Zusammenfassende Beurteilung, d.h. die Erkenntnisse aus Befund, Diagnose und Prognose im Hinblick auf die Problemstellung abwägen und bewerten.

(4) Sinnvoll ist es, dem Klienten das fertige Schriftstück zu präsentieren vor Vorlage bei Gerichten, Behörden o.ä., da auch Fachkräfte Informationen fehlinterpretieren können. So wird die Möglichkeit zur Richtigstellung geboten. Im übrigen gebietet es die Fairness, den Klienten einzubeziehen und auch hier zu informieren. Ein solches Schriftstück kann auf sein weiteres Leben entscheidend einwirken. Über die Abgabe der schriftlichen Äußerung hinaus kann daher der Kontakt mit dem Betroffenen dazu führen, dass eine helfende Beziehung entsteht, die eine Ermittlungs- und Entscheidungshilfe für den Adressaten übersteigt. Die Stellungnahme der Fachkräfte und ihre Vorbereitung kann somit indirekt Anstöße zu einer Neuorientierung des Verhaltens beim Klienten geben.

---

119 Hilfreich ist in diesem Zusammenhang der Band: Peters, F. (Hg.): Diagnosen – Gutachten – hermeneutisches Fallverstehen. Rekonstruktive Verfahren zur Qualifizierung individueller Hilfeplanung. Frankfurt a.M.: IGfH-Eigenverlag, 1999
120 Arndt, J. u.a.: a.a.O., S. 54

PPQ 16
Vormundschaften[121]

> „Unser Hauptfehler ist, dass wir meinen, das Kind *werde* erst Mensch.
> Nein, es *ist* einer.
> (Janusz Korczak)

1. Aufgabe[122]

„Pflege und Erziehung der Kinder sind das natürliche Recht der Eltern und die ihnen zuvörderst obliegende Pflicht. Über ihre Betätigung wacht die staatliche Gemeinschaft."[123] Aus dieser gesetzlichen Bestimmung lässt sich das Wesen der Vormundschaften ableiten. Wenn die Eltern diesem Recht nicht oder nicht zum Wohle der Kinder nachkommen, muss der Staat den Schutz der Kinder gewährleisten. Er hat dieses mit Einführung der Vormundschaft in unsere Rechtsordnung getan.

„Ein Minderjähriger erhält einen Vormund, wenn er nicht unter elterlicher Sorge steht oder wenn die Eltern weder in den die Person noch das Vermögen betreffenden Angelegenheiten zur Vertretung des Minderjährigen berechtigt sind."[124]

Die Vormundschaft ist dem Elternrecht nachgebildet und orientiert sich an dessen Inhalten. Der Vormund ist ausschließlich dem Wohl des Mündels verpflichtet. Geht man davon aus, dass Minderjährige nur dann einen Vormund erhalten, wenn die Eltern als Sorgerechtsinhaber ausfallen, ist es unerlässlich, dass dem Mündel eine qualifizierte, erfahrene Fachkraft als Vormund oder Pfleger zur Seite steht.

Die Vormundschaft geht zurück auf römisches Recht. Bereits dort kannte man die „Tutela" (Fürsorge, Vormundschaft), bei der nichtgeschlechtsreife Mädchen und Jungen, soweit sie nicht unter väterlicher Gewalt standen, von einem „Tutor" (Vormund) betreut wurden. Er hatte die Aufgabe, die gesetzliche Vertretung und die Vermögensverwaltung seines Mündels wahrzunehmen und dessen Erziehung zu überwachen.

---

121 PPQ 16 wurde von Olaf van Heek, Dagmar Wilfling, Gabriele Böse erarbeitet.
122 Der erarbeitete Text stützt sich in wesentlichen Teilen auf: Landschaftsverband Rheinland – Landesjugendamt (Hg.): Arbeits- und Orientierungshilfe. Das Leistungsprofil der Amtsvormünderin und des Amtsvormundes, Landschaftsverband Rheinland, Köln 1999 sowie auf den Beitrag: Landschaftsverband Rheinland (Hg.): Dokumentation. Die Zukunft des Amtsvormund, Landschaftsverband Rheinland, Köln 1999
123 Vgl.: Art. 6 Abs. 2 GG und § 1 Abs. 1 SGB VIII
124 Vgl.: § 1773 Abs.1 BGB

Das Amt des Tutors wurde meist durch Verwandte, aber auch durch vom Gerichtsherrn ernannte Personen ausgeübt.

Im deutschen Recht hat sich Ähnliches herausgebildet. Die Fürsorge und Aufsicht stand der gesamten Sippe („munt") zu, wurde jedoch von einem Einzelnen, dem nächsten männlichen Verwandten, ausgeübt. Der Vormund wurde zunächst durch die Sippe, später auch durch Verwandte, durch Testament oder durch die Obervormünder bestimmt. Auch hier waren es grundsätzlich die Verwandten, die dieses Amt ausübten.

Mit der Einführung der Vormundschaft in das Bürgerliche Gesetzbuch (BGB) im Jahre 1900 wurde das Vormundschaftsgericht quasi zum Obervormund. Ihm stand als Helfer der Gemeindewaisenrat zur Seite. Dort wurden die Vormundschaften, die nicht von Verwandten wahrgenommen wurden, geführt. 1922 wurden die Aufgaben des Gemeindewaisenrates dem Jugendamt übertragen. Mit dem Familienrechtsänderungsgesetz von 1961 und dem im selben Jahr in Kraft getretenen Jugendwohlfahrtsgesetz entstand die heutige Form der Vormundschaft. Die Zahl der in den letzten Jahren bestellten Amtsvormundschaften und Amtspflegschaften ist deutlich ansteigend. Dies nicht zuletzt auch aufgrund einer Entwicklung bzw. Wesensänderung der Amtsvormundschaften von einer historischen Waisenkinderproblematik zum heutigen Verständnis der Vormundschaft als einer Interessenvertretung der Kinder im Bedarfsfall und in allen Lebenslagen, vor allem bei Abänderung der elterlichen Sorge.

Ausgangspunkt für dieses Leistungsprofil sind die §§ 1793 und 1629 Abs. 2 BGB. Diesen Vorschriften ist zu entnehmen, dass der Vormund oder Pfleger an Stelle der Eltern die elterliche Sorge für das Kind oder den Jugendlichen übernimmt. Der Vormund ist bei seiner Arbeit eindeutig unterstützende Partei für das Kind oder den Jugendlichen. Dieses ist eine Besonderheit der Wahrnehmung der Vormundschaftsaufgabe. Dazu ist erforderlich, die Lebenssituation, die Interessen und Bedürfnisse des Kindes und des Jugendlichen zu erfassen und zum Ausgangspunkt des fachlichen Handelns zu machen. Das staatliche Wächteramt verpflichtet den Staat, Vormünder bereit zu stellen oder zu ernennen, die den Sorgerechtsinhaber, in der Regel die Eltern, „ersetzen".

An die Geeignetheit eines Vormundes sind hohe Anforderungen gestellt. Wenn das Vormundschaftsgericht die Vormundschaft einer Einzelperson überträgt, ist festgelegt, dass das Vormundschaftsgericht eine Person auswählen soll, die nach ihren persönliche Verhältnissen und ihrer Vermögenslage sowie nach sonstigen Umständen zur Führung der Vormundschaft geeignet ist.[125] Die Auswahl des Vormundes hat sich am Wohl des Kindes zu orientieren. Diese Prinzipien gelten auch bei der Prü-

---

125 Vgl. § 1779 Abs. 2 BGB

fung durch die Verwaltung des Jugendamtes, welchem Mitarbeiter die Ausübung der Aufgabe des Amtsvormundes übertragen werden kann. Dabei handelt es sich um ausgewählte Mitarbeiterinnen mit langer Berufs- und Lebenserfahrung. Der Amtsvormund ist nur persönlich zur Vertretung des Kindes befugt. Er handelt nach den Vorgaben der gesetzlichen und verwaltungsinternen Bestimmungen.[126] Der Vormund übernimmt die Rolle der Eltern, allerdings nur in Teilaspekten und delegiert andere Aspekte an andere Fachkräfte. Kraft Gesetzes oder richterlicher Anordnung hat der Vormund folgende Aufgaben:

a) Die **Wahrnehmung der elterlichen Sorge,** indem er Kontakt zum Kind hat und eine Beziehung (Mündelbeteiligung) zu diesem aufbaut, sowie die Umsetzung der Leitlinien für Erziehung und des religiösen Bekenntnisses sowie des Umgangs gem. § 1626 BGB, § 1 Abs.1 SGB VIII. Die Wahrnehmung der elterlichen Sorge umfasst im Einzelnen folgende Bereiche: Den *Aufenthalt des Minderjährigen*, d.h. die Bestimmung von Wohnort und Wohnung (z.b. Abschluss von Mietverträgen), Regelung des Umgangs; die *Pflege des Minderjährigen* d.h. Sorge für das leibliche Wohl (z.b. Nahrung, Kleidung, Unterkunft, Körperpflege, Gesundheit); *Medizinische Betreuung* (z.B. Sorge für die notwendige medizinische Betreuung, Verantwortung für die Gesundheit, Einwilligung in Operationen, regelmäßige Gesundheitsvorsorge) und die *Erziehung und Entwicklung des Minderjährigen* d.h. er trägt Sorge für die Beaufsichtigung der Erziehung, die Wahl des Kindergartens, der Schule, für Antragstellungen, nicht zuletzt für die sittliche und geistige Entwicklung (z.B. Bestimmung der Erziehungsziele auf Gewährung von Hilfe zur Erziehung, Wahrnehmung des Wunsch- und Wahlrechts gem. § 5 SGB VIII, Beteiligung im Hilfeplanverfahren als Personensorgeberechtigter); für religiöse Belange (z.B. Einwilligung zur Taufe); für die Aufsicht (z.B. Schutz vor Schäden an Leib und Leben, an seelischer Entwicklung auch durch Dritte, die Mündel erleiden oder verursachen); für die Ausbildung (z.B. Auswahl von Ausbildungsstellen und Abschluss von Ausbildungsverträgen);

b) Wahrnehmung der **Personen- und Vermögenssorge** des Kindes nach außen – gesetzliche Vertretung – (§ 1629 BGB), d.h. Anlage und Verwaltung des Mündelvermögens, Unterhalt (z.B. Geltendmachung und Realisierung des Unterhaltsanspruches des Mündels); Versicherung (z.B. Abschluss von Versicherungsverträgen); Versorgung (z.B. Geltendmachung von Rentenansprüchen); Erbschaft (z.B. Regelung von Erbschaftsangelegenheiten); Sozialleistungen.

---

126 Vgl. §§ 1773 ff BGB und §§ 1909 ff BGB

c) **Beantragung und Inanspruchnahme von Sozialleistungen**, z.B. Antrag auf Hilfe zur Erziehung, Mitwirkung bei der Planung und Entscheidung über die zu gewährende Hilfe (Wunsch- und Wahlrecht), Mitwirkung im Hilfeplanverfahren, Sicherstellen der Beteiligung des vertretenen Kindes.

Der Vormund hält dauerhaften direkten – auf Vertrauen basierenden – Kontakt zu seinem Mündel (personale Beziehung). Er ist zentrale „Anlaufstelle" für den Mündel und hat über dessen persönliche Belange, Anforderungen, Wünsche und Bedürfnisse informiert zu sein. Um alle Leistungen und Hilfen zum Wohl des Kindes umsetzen zu können, kooperiert der Amtsvormund eng mit den sozialpädagogischen Fachkräften, der wirtschaftlichen Jugendhilfe und den Fachkräften von anderen Fachdiensten. Er nimmt an Hilfeplangesprächen teil. Gegenüber dem Gericht als oberste Überwachungsinstanz nimmt der Vormund eine eigene Fachposition, orientiert an den Belangen des Kindes, ein. Das Gericht wird vom Vormund kontinuierlich und qualifiziert über den Entwicklungsstand des Mündels informiert.[127] Im Rahmen der Hilfe zur Erziehung hat der Vormund folgende Aufgaben:[128]

- Entscheidung, ob er Antrag auf Hilfe zur Erziehung stellt; Antragstellung; ggf. Rechtsmittelweg bei Ablehnung der Hilfe zur Erziehung
- Entscheidung, welcher Hilfeform er zustimmen kann
- Klärung seiner Funktion und Position im Hilfeprozess
- Verantwortung für die Grundrichtung der Erziehung
- Beteiligung bei der Auswahl der Einrichtung bzw. der Träger.
- Verantwortung der Notwendigkeit der Hilfe zur Erziehung gegenüber dem Gericht
- Wahl der Form der Beteiligung
- Überwachung der Rechte seines Mündels
- Schutz der Bindungen des Kindes
- Ausübung und Gestaltung der Personensorge
- Mitzeichnung des Hilfeplans als Personensorgeberechtigter

Der Amtsvormund hat es mit einer vierfachen Aufgabenperspektive zu tun. Traditionell gibt es die Gewichtung auf die gesetzliche Rolle. Dazu entwickelte sich eine verwalterische und organisatorische Aufgabe. In den letzten Jahren rückten immer stärker auch die pädagogischen Inhalte und der Beziehungsaspekt in das Aufgabenspektrum. Mit dem Rückfüh-

---

[127] Vgl.: Deutsches Institut für Jugendhilfe und Familienrecht e.V. (DIJuF): Der Amtsvormund, 73 Jg., Heidelberg, Sept. 2000, S. 731-735
[128] a.a.O. S. 737

rungsgedanken im KJHG rückt auch die Arbeit mit den Herkunftsfamilien in das Blickfeld der Aufgaben eines Amtsvormundes.

Die bestellte **Pflegschaft** ist im Gegensatz zur Vormundschaft für die Fälle vorgesehen, in denen ein Fürsorgebedürfnis durch gesetzliche Vertretung nicht allgemein, sondern nur für bestimmte personen- und sachbezogene Angelegenheiten oder einen Kreis solcher Angelegenheiten (vgl. Aufzählung oben) besteht.

2. Rechtliche Grundlagen

Die wesentlichen gesetzlichen Grundlagen für die Erfüllung der Aufgaben eines Amtsvormundes befinden sich im Grundgesetz (GG), im Bürgerliches Gesetzbuch (BGB), im Sozialgesetzbuch (SGB, insbesondere SGB VIII, Kinder- und Jugendhilfegesetz KJHG) und in der Zivilprozessordnung (ZPO)

Wenn die Eltern ihre Pflicht und ihr Recht auf Pflege und Erziehung ihrer Kinder missbrauchen oder nicht ausüben können oder wollen, ist die staatliche Gemeinschaft als Wächter über das Wohl der Kinder aufgerufen. Dieses – staatliche – Wächteramt des Artikels 6 II GG wird in der Regel durch das Jugendamt und die Vormundschafts- und Familiengerichte wahrgenommen. In bestimmten Fällen kommt es kraft Gesetzes oder durch richterliche Anordnung dazu, dass die Eltern die elterliche Sorge nicht mehr ausüben können oder dürfen. An ihre Stelle tritt ein Vormund, der die elterliche Sorge ausübt (§§ 1793, 1626, 1800 i. V. 1631 bis 1633 BGB).

Grundsätzlich wird unterschieden nach einer:

(a) **Vormundschaft kraft Gesetzes bei:**
- Ruhen der elterlichen Sorge bei rechtlichem Hindernis, z.B. Kind einer nicht verheirateten minderjährigen Mutter (§§ 1673 Abs. 1, 1791 c Abs. 1 BGB);
- Ruhen der elterlichen Sorge mit der Einwilligung zur Adoption (§ 1751 Abs. 1 BGB).

b) **Vormundschaft kraft richterlicher Anordnung bei:**
- Ruhen der elterlichen Sorge bei tatsächlichem Hindernis (z.B. unbekannter Aufenthalt, Inhaftierung) (§§ 1674, 1773 BGB);
- Tod des sorgeberechtigten Elternteils oder der sorgeberechtigten Eltern (§ 1773 Abs. 1 BGB);
- Entzug der elterlichen Sorge bei Gefährdung des Kindeswohls (§ 1666 BGB);
- Familienstand des Kindes oder Jugendlichen ist nicht zu ermitteln (Hauptbeispiel: Findelkind) (§ 1773 Abs. 2 BGB).

Gemäß § 1915 Absatz 1 BGB finden auf die **Pflegschaft** die für die Vormundschaft geltenden Vorschriften entsprechende Anwendung. Das Amtsgericht als Vormundschaftsgericht bestellt einen Pfleger für die Besorgung bestimmter Angelegenheiten. Zu unterscheiden sind die in den §§ 1909 ff BGB geregelten Pflegschaften. Die Pflegschaft beschränkt die vorhandene Geschäftsfähigkeit des Pfleglings nicht. Der Pfleger hat nur im Rahmen seines in der Anordnung des Vormundschaftsgerichtes bestimmten Aufgabenkreis die Stellung eines gesetzlichen Vertreters.

Vormund kann eine natürliche Person, ein Verein oder das Jugendamt werden (§ 1773 ff BGB, § 55 Abs. 1 SGB VIII).

Im Einzelfall geeignete Personen oder Vereine werden dem Vormundschaftsgericht nach § 53 Abs. 1 SGB VIII vom Jugendamt vorgeschlagen. Diese haben Anspruch auf regelmäßige, individuelle Beratung und Unterstützung (§ 53 Abs. 2 SGB VIII). Wird ein Vormund durch das Jugendamt gestellt, hat das betroffene Kind oder der Jugendliche einen Amtsvormund. Das Jugendamt als Amtsvormund kann nur durch natürliche Personen tätig werden. Aus diesem Grund werden die Aufgaben des Vormundes nach § 55 Abs. 2 SGB VIII einzelnen Angestellten oder Beamten des Jugendamtes übertragen. Das Jugendamt bleibt als Institution allerdings gesetzlicher Vertreter des Kindes (§ 1791 b BGB).

Der Vormund ist den Erziehungsgrundsätzen des § 1 SGB VIII sowie den Regeln des Gesetzes zur religiösen Kindererziehung verpflichtet. Seine Tätigkeit wird vom Vormundschaftsgericht beaufsichtigt (Fachaufsicht, § 1837 BGB), dem der Vormund mindestens jährlich Bericht erstatten muss (§ 1840 BGB). Eine Fachaufsicht gegenüber dem einzelnen Mitarbeiter eines Jugendamtes besitzt das Vormundschaftsgericht nicht. Diese erstreckt sich lediglich auf das Jugendamt selbst. In dem Umfang, in dem das Jugendamt selbst Weisungen des Vormundschaftsgerichts unterliegt, kann die Leitung des Jugendamtes auch Weisungen an den Mitarbeiter erteilen. Im Übrigen handelt der Vormund weisungsfrei. Er erledigt seine Aufgaben selbständig und eigenverantwortlich zum Wohl des von ihm vertretenen Kindes oder Jugendlichen. Das Kindeswohl ist ein unbestimmter Rechtsbegriff. Er orientiert sich an der individuellen Lebenssituation und den Bedürfnissen der Kinder und Jugendlichen. Bei Entscheidungen des Vormundes dürfen nur die berechtigten Interessen des Mündels handlungsleitend sein. Dies gilt auch in Bezug auf die Beantragung von Hilfen zur Erziehung gem. §§ 27 ff. SGB VIII. Als Antragsteller stehen ihm in diesem Verfahren die Rechte wie jedem anderen Personensorgeberechtigten zu.

Das Jugendamt hat in der Regel jährlich zu prüfen, ob für das Kind eine geeignete Einzelperson oder ein Verein als Vormund zur Verfügung steht. Ggf. ist das Jugendamt als Vormund zu entlassen (§ 56 Abs. 4 SGB

VIII). Ansonsten endet die Vormundschaft in den durch das BGB vorgesehenen Fällen (§ 1882 BGB).

3. Probleme im Aufgabenfeld

(1) **Handeln im Konflikt:** Das Aufgabenfeld der Vormundschaften und Pflegschaften ist gekennzeichnet durch ein „Handeln im Konflikt". Es gibt es eine Reihe von Rollenkonflikten, mit der Herkunftsfamilie, Sorgerechtskonflikte mit anderen Fachkräften, die den Amtsvormund bei der Erfüllung der Aufgaben, die Entwicklungsmöglichkeiten eines Kindes bestmöglich zu fördern, behindern.

a) **Doppelrolle des Amtsvormundes:**

„Da die öffentliche Jugendhilfe sowohl Aufgaben im Rahmen der familiären Hilfen und der Hilfen zur Erziehung als Dienstleister wahrnimmt, als auch als Amtsvormund für ein ihr anvertrauten Mündel tätig wird, ergeben sich strukturell unterschiedliche Funktionen, so dass das Jugendamt einerseits Sozialleistungsbehörde und andererseits Vormundschaftsbehörde unter einem Dach ist. Dies führt häufig zu Rollenkonfusionen innerhalb des Jugendamtes. Während die sozialpädagogischen Fachkräfte im allgemeinen sozialen Dienst etc. als Sozialleistungsbehörde und Entscheidungsträger für eine beantragte Hilfe zur Erziehung fungieren, nimmt der Vormund/Pfleger hinsichtlich die Rechte und Pflichten zum Mündel die Aufgaben von Elternfunktionen wahr."[129]

Der Grundkonflikt besteht darin, dass der amtliche Vormund die Elternrolle eines oder mehrerer Kinder wahrnimmt und somit Klient und Empfänger von Leistungen des ASD bzw. der WJH ist und dass der Vormund gleichzeitig Fachkraft und Kollege innerhalb des Jugendamtes ist bzw. Kollege der freien Jugendhilfeverbände, mit denen er vielschichtig zusammenarbeitet. Gleichzeitig gibt es hintergründig die leiblichen Eltern, die im Moment nicht das Recht haben, die Personensorge auszuüben. Daraus entstehen Rollenkonflikte. Wenn der Vormund/Pfleger als Leistungsberechtigter Ansprüche an die eigene Dienststelle und an seine Kollegen richtet, kann es im Konfliktfall (Widersprüche gegen Bescheide, Dienstaufsichtsbeschwerde, Klage vor dem Verwaltungsgericht etc.) zu Störungen in den kollegialen Beziehungen kommen, die im Einzelfall zu kontraproduktiven Aktionen führen.

„Im Verhältnis zwischen Vormund/Pfleger und Jugendamt als Sozialleistungsbehörde gilt jedoch das Mitwirkungsverbot des § 16 SGB X. Das heißt, dass es dem

---

129 a.a.O. S. 745

Vormund untersagt ist, auf der Seite des Jugendamtes als Sozialleistungsbehörde im Verwaltungsverfahren mitzuwirken."[130]

Es entwickeln sich daher ganz grundsätzlich schnell unklare Zuständigkeiten und es stellt sich die Frage, welche Rolle der Vormund/Pfleger einnehmen soll, eher die Elternrolle, die amtliche Rolle (Rechtsperson/Verwaltungsperson) oder etwa die Rolle der Fachkraft.

b) **Unklare Zuständigkeiten:** Für Außenstehende ergeben sich oft unklare Zuständigkeiten innerhalb des Jugendamtes. Das Jugendamt – bestellt durch das Vormundschaftsgericht – ist Vormund/Pfleger und damit gesetzlicher Vertreter eines Minderjährigen. Das Jugendamt überträgt diese Aufgaben gemäß § 55 KJHG einzelnen Angestellten oder Beamten im Sachgebiet Amtsvormundschaften. In Dormagen wie in der Vielzahl der Jugendämter ist aus dem Aufgabenbereich der Amtsvormundschaften ein Teil der elterlichen Rolle des Vormundes auf den Allgemeinen Sozialen Dienst (ASD) delegiert. z.B. der Umgang mit dem Kind (tatsächliche Übernahme der Elternrolle) ist in Dormagen überwiegend pädagogische Aufgabe. Die betroffenen Eltern haben es mit zwei Fachkräften zu tun. Sie wissen nicht immer, wer für welches Problem gerade der Ansprechpartner ist und dies in einer Lebenssituation, in der sie stark belastet sind. Die Kinder kennen häufig nur die Fachkraft der sozialpädagogischen Dienste. Der Vormund ist ihnen nicht bekannt. Sie hören lediglich, dass er wichtig ist, da er letztendlich entscheidet. Auch die Jugendhilfeeinrichtungen haben es häufig mit der „falschen Fachkraft" zu tun. Ihnen geht es wie den Eltern, sie wissen nicht, wer ist für was zuständig und wen müssen sie über was informieren.

c) **Fachkräftekonflikte:** Es kommt zu Rollenkonflikten der handelnden Personen im Bereich der Verwaltung und des ASD. Häufig stellt sich die Frage, wer ist für was verantwortlich, wer muss wie beteiligt werden, wer braucht welche Informationen, wer macht was, wer kann was entscheiden u.s.w. Es gibt keine klaren Regelungen, Verfahren und Aufgabenverteilungen. Der Austausch von Informationen ist häufig schleppend und unzureichend – die linke Hand weiß nicht, was die rechte Hand tut. Es ist zum Beispiel unklar, wer für die Stellungnahmen für das Vormundschaftsgericht zuständig ist. Es ist nicht geklärt, ob der Vormund am Hilfeplangespräch verbindlich teilnimmt. Es ist nicht geklärt, bei welchen Entscheidungen für die Kinder die Fachkräfte den Vormund mit einbeziehen müssen. Das Dilemma

---

130 ebenda

hierbei ist, dass die Fachkräfte aneinander vorbei arbeiten bzw. gegeneinander arbeiten.

(d) **Kontaktverlust zum Kind:** Die vorher aufgeführten Konflikte sowie die Delegation von Aufgaben an andere Fachkräfte in der gleichen Behörde, sowie die Komplexität der organisatorischen Struktur führt in den Jugendämtern immer wieder dazu, dass viele Mündel ihre Vormünder/Pfleger gar nicht kennen. Es gibt Kinder in stationärer Heimerziehung, die haben noch nicht einmal eine konkrete Vorstellung von ihrem Vormund, der über wesentliche Angelegenheiten seines Mündels entscheidet, sie verbinden kein konkretes Bild mit ihm und sie besitzen auch in der Regel kein Bild von ihm (und können also nicht sagen: „Schaut her, das ist mein Vormund!"). Oft wissen sie auch nicht, welche Rolle der Amtsvormund inne hat.

(2) **Amtsvormundschaft vor Einzelvormundschaft:** Gesetzliche Vorgabe ist es, vorrangig Einzelvormundschaften für Minderjährige einzurichten. Tatsächlich bestehen in Dormagen wie auch andernorts überwiegend Amtsvormundschaften. Geeignete Einzelvormünder stehen in Dormagen nicht zur Verfügung oder es wird nicht genügend Ausschau nach ihnen gehalten. Zu einer gesetzlich vorgeschriebenen jährlichen Prüfung der Amtsvormundschaften auf Übernahme durch einen Einzelvormund kommt es in der Regel nicht. Ein Konzept zum Anwerben von Einzelvormündern gibt es nicht.

(3) **Kompetenzprobleme:** Die bestellten Amtsvormünder sind regelmäßig Mitarbeiter mit grundsätzlich einseitiger fachlicher Qualifikation. Entweder sie verfügen über eine Ausbildung mit abgeschlossenem Fachhochschulstudium im Bereich Sozialarbeit/ Sozialpädagogik oder im Bereich Verwaltung. Überwiegend besetzen Mitarbeiter mit verwaltungsspezifischer Ausbildung die Stellen in der Amtsvormundschaft. Amtsvormünder benötigen Fachkenntnisse und Erfahrung in Recht und Verwaltung, Pädagogik, Psychologie und Soziologie, Praxiserfahrung in Beratung, pädagogischer Begleitung von Kindern und Jugendlichen in besonders belastenden Lebenssituationen; sie müssen aber auch die Methoden der Hilfeplanung nach § 36 KJHG beherrschen. Vor allem benötigen sie besondere persönliche Fähigkeiten wie z.B. Sensibilität, verbale und nonverbale Kommunikationstechniken, aktives Zuhören, Kreativität bei der Gestaltung von Kontakten, Entscheidungskompetenzen, Kooperations- und Verhandlungsfähigkeit sowie die grundlegende Bereitschaft zur selbstkritischen Auseinandersetzung, Reflexion der eigenen berufliche Rolle, zur kollegialen Praxisberatung, Supervi-

sion und Fortbildung. Da die Stellen in der Regel mit einer Fachkraft aus der Verwaltung besetzt werden, kommen die sozialpädagogischen Inhalte der Arbeit zwangsläufig zu kurz. Den Verwaltungsfachkräften fehlen hierzu die nötigen fachlichen Kompetenzen, die nur schwer über Weiterbildungen aufzuholen sind.

(4) **Überkomplexität im Aufgabenfeld und in der Stelle:** Der Vormund/ Pfleger hat es schon in seiner eigentlichen Aufgabe mit einem sehr komplexen Arbeitsfeld zu tun, hinzu kommen nicht nur in Dormagen die Aufgaben der Beistandschaften und Beurkundungen. Er hat es mit hohen Fallzahlen zu tun, unabhängig von der Schwierigkeit der Einzelfälle bzw. von der Intensität der Einzelfallbetreuung, wie z.b. Häufigkeit und Dauer der Gespräche mit dem Mündel, den Kontakten zu den leiblichen Eltern, den Vormundschafts- und Familiengerichten, anderen Fachkräften des Jugendamtes, Fachkräften in Einrichtungen, Pflegepersonen, Lehrern, Ärzten etc. Ausführliche Beratungsgespräche mit allen Betroffenen und anderen beteiligten Fachkräften wären erforderlich, anderseits gibt es vorgegebene Fristen und Termine, die die Fachkräfte zeitlich unter enormen Druck setzen und oft ein rasches Entscheiden fordern. Hinzukommt: Im Sachgebiet ist die Personalausstattung sehr gering, es kommt häufig zu belastenden Situationen für die Fachkräfte, wenn z.B. das Stellenbesetzungsverfahren sehr schleppend läuft oder fachfremdes Personal (Regelfall) neu eingearbeitet werden muss. Aufgrund vieler Faktoren (u. a. – wie oben ausgeführt – Delegation von Teilaufgaben auf den ASD und Zeitprobleme) erfolgt häufig ein „Verwalten von Kindern" anstatt Umgang und Ausübung der konkreten elterlichen Sorge für die Kinder im Einzelfall Es gibt einen großen Fortbildungsbedarf der nicht immer ausreichend abgedeckt wird.

4. Qualitätsstandards

(1) **Kooperation und Konfliktmanagement:** Die Fachkräfte nehmen die Konflikte an und sind aktiv an deren Lösung als Konfliktmanager interessiert. Sie sind sich ihrer möglichen Rollen bewusst und sorgen dafür, dass leibliche Eltern und andere Fachkräfte ebenfalls diese kennen. Die Aufgaben des Vormundes/Pflegers, als gesetzlicher Vertreter und Antragsteller von Hilfen zur Erziehung, werden von der hilfegewährenden Stelle, die über die Hilfe entscheidet und den Leistungsbescheid zustellt, getrennt. Die Wahrnehmung der Vormundschaft und die Entscheidungskompetenz im Bereich von Hilfen zur Erziehung werden nicht in einer Stelle vereint (Interessenkollision). Die Bürger und Bür-

gerinnen werden über die Zuständigkeiten im Amt für Kinder Familien und Senioren aufgeklärt. Die Fachkräfte entwickeln ein klares, eindeutiges Verfahren, in dem die Zuständigkeiten, Aufgaben der handelnden Fachkräfte der unterschiedlichen Abteilungen und der Informationsfluss beschrieben werden. Die Fachkräfte arbeiten zusammen im Interesse des Kindes und informieren sich gegenseitig. Der Vormund/Pfleger hat Kontakt zu seinem Mündel. Die Fachkräften nutzen, die Zusammenarbeit der Beteiligten in der Jugendhilfebehörde, die im Rahmen ihrer Aufgabenwahrnehmung der Amtsvormundschaft für ein Kind oder Jugendlichen tätig sind, als Chance zur wechselseitigen fachlichen Reflexion zum Wohle des ihnen anvertrauten Mündels.

(2) **Einzelvormundschaften vor Amtsvormundschaften:** Die Fachkräfte werben und suchen aktiv Personen, die Einzelvormundschaften übernehmen können und unterstützen diese bei der Ausübung der Vormundschaft. Sie überprüfen in Zusammenarbeit mit den Fachkräften des ASD, ob bestehende Amtsvormundschaften nicht auf Einzelvormünder übertragen werden können.

(3) **Kompetenzerweiterung:** Die öffentlichen Träger der Jugendhilfe bestimmen im Rahmen ihrer Organisationshoheit die personelle Ausstattung der Jugendämter. Sie beschäftigen hauptberuflich Personen, die eine für diese Aufgaben entsprechende fachliche Ausbildung haben, sich für die jeweilige Aufgabe nach ihrer Persönlichkeit eignen oder auf Grund besonderer Erfahrungen in der sozialen Arbeit in der Lage sind, die Aufgaben zu erfüllen (§ 72 SGB VIII). Insofern ist ein abgeschlossenes Fachhochschulstudium im Bereich Sozialpädagogik/Sozialarbeit bzw. Verwaltung oder eine vergleichbare Ausbildung im Angestelltenbereich erforderlich. Dabei sollten Diplom-Verwaltungswirte bzw. Verwaltungsangestellte unbedingt zusätzliche sozialpädagogische, psychologische und soziologische, Diplom-Sozialpädagogen bzw. -Sozialarbeiter rechtliche und verwaltungstechnische Kenntnisse und Erfahrungen besitzen, bevor sie zum Amtsvormund/Amtspfleger bestellt werden. Fehlen Teile dieser Voraussetzungen, ist eine entsprechende berufsbegleitende Zusatzausbildung – möglichst – mit Zertifizierung anzustreben. Die Fachkräfte nehmen regelmäßig einschlägige Fortbildungsangebote wahr, die sich auf alle Bereiche der elterlichen Sorge (Ausübung der Personensorge, Vermögenssorge, gesetzliche Vertretung) erstrecken und spezifische Fragen und Probleme der Vormundschaft aufgreifen (§ 72 Abs. 3 SGB VIII). Sie bilden sich weiter in Recht und Verwaltung, Pädagogik, Psychologie und Soziologie. Sie nehmen an Hilfeplangesprächen teil, um

praktische Erfahrungen in der pädagogischen Begleitung und Beratung von Kindern und Jugendlichen zu sammeln.

(4) **Effiziente und effektive Aufgabenverteilung:** Die Aufgaben des Vormunds/Pflegers wird von Fachkräften mit entsprechendem Aus- und Fortbildungsstandard oder von Doppelteams (ein Verwaltungsmitarbeiter und eine pädagogische Fachkraft) wahrgenommen. Die Fachkräfte suchen den regelmäßigen fachlicher Austausch (Fortbildungen, kollegiale Beratung, Supervision etc.), um die komplexen Aufgaben der Vormundschaft erfüllen zu können. Sie tragen zu einer qualifizierten Praxisentwicklung (regional und überregional) bei.

(5) **Fähigkeiten, Grundeinstellung und Haltung:** Die Fachkräfte nutzen und erweitern ihre Fähigkeiten (Sensibilität, Wertschätzung im Umgang mit Kindern, verbale und nonverbale Kommunikation, aktives Zuhören, Kreativität bei der Gestaltung von Kontakten, alleinverantwortliche Entscheidungen treffen zu müssen, Kooperations- und Verhandlungsfähigkeit, selbstkritische Auseinandersetzung und Reflexion). Ihre Haltung ist geprägt durch Kooperationsbereitschaft, Flexibilität, psychische und physische Belastbarkeit, Verantwortungsbereitschaft, Kenntnis der persönlichen und fachlichen Grenzen, kongruentes Verhalten, Selbstverständnis als Interessenvertreter des Kindes und durch den Respekt vor der Person des Kindes, ohne das soziale Umfeld außer Acht zu lassen.

5. Prozessgestaltung: Methoden und Verfahren

(1) **Darstellung der Aufgaben und Rollen im Fachgebiet Amtsvormundschaft gegenüber der Öffentlichkeit, Institutionen und Betroffenen:** Die Aufgaben des Fachgebietes werden über die örtliche Presse veröffentlicht. Das Amt entwickelt Broschüren, in denen die Aufgaben beschrieben sind und um Einzelvormünder geworben wird, die im Bürgeramt und im Fachamt den Bürgern zur Verfügung gestellt werden. Auch innerhalb der Verwaltung werden die Aufgaben bekannt gemacht, insbesondere in den Ämtern, mit denen die Vormünder kooperieren müssen.

(2) **Werbung von Vereinen und Einzelvormündern:** Dies ist eine Aufgabe aller Mitarbeiter des Jugendamtes, insbesondere der Fachkräfte des ASD sowie der Abteilung Amtsvormundschaften/Amtspfleg-

schaften. Die Mitarbeiter motivieren Einzelpersonen aus dem Verwandtenkreis, sozialen Umfeld oder Bürger, die sie für besonders geeignet halten. Vorher verständigen sich die Fachkräfte darüber, welche Voraussetzungen geeignete Personen benötigen und welche Hilfen vom Amt zur Verfügung gestellt werden. Sie bieten Qualifikationen in Zusammenarbeit mit anderen Institutionen (z.b. dem Deutschen Institut für Jugendhilfe und Familienrecht / DIJuF) für Einzelvormünder an. Es wird regelmäßig (jährlich) der Einzelfall überprüft, ob ein Einzelvormund zur Verfügung steht, die Voraussetzungen erfüllen kann und somit in Betracht kommt.

(3) **Früher Austausch und gegenseitige Information innerhalb des Jugendamtes**: In den Fällen, in denen ein Eingriff zur elterlichen Sorge durch den sozialen Dienst erwogen wird, wird der künftige Amtsvormund in die Hilfeplankonferenz (mit schriftlicher Vorlage) zur gemeinsamen Beratung eingeladen. Die Zuständigkeit des Amtsvormundes/Amtspflegers beginnt jedoch formal erst am Tag des Zugangs des entsprechenden richterlichen Beschlusses.

(4) **Aufgabenklärung und Kooperationsvereinbarung (Ko-Produktion) im Falle der Hilfeplanung im Rahmen der Hilfe zur Erziehung**: Das Jugendamt muss hinsichtlich seiner Aufgabenverteilung auf die Fachkräfte klar strukturiert sein. Rechtlich sind die Aufgabenbereiche dadurch getrennt, dass die Vormundschaften zu den „Anderen Aufgaben der Jugendhilfe" und die Hilfe zur Erziehung zu den „Leistungen der Jugendhilfe" gehören. Der Amtsvormund/Amtspfleger wird rechtzeitig in das Hilfeplanverfahren mit einbezogen. Im Verfahren der Prüfung, Gewährung und Durchführung der Hilfen zur Erziehung hat der Vormund/Pfleger die volle rechtliche Stellung – einschließlich der Möglichkeit der Rechtsmittel – der Eltern. Der mögliche erzieherische Hilfebedarf ist in der Regel beim sozialen Dienst bekannt, der dann die notwendigen Schritte des Hilfeplanverfahrens in Gang setzt. In der Hilfeplanung liegt die Federführung beim sozialen Dienst, der den Vormund/Pfleger über die Angelegenheiten, die seinen Aufgabenbereich betreffen, unterrichtet und ihn berät. Er lädt den Vormund zu allen Hilfeplangesprächen ein. Der Pfleger/Vormund erhält vom sozialen Dienst folgende Unterlagen: Vorlagen zur Hilfeplanungskonferenz mit dem Protokoll, den Schriftwechsel mit dem Gericht, Berichte der Einrichtung oder des Pflegekinderdienstes und Aktenvermerke, die Fragen der Vormundschaft berühren und Hilfepläne. Neben den Hilfeplangesprächen lädt die Fachkraft des ASD zu weiteren Gesprächen ein, wenn Fragen von be-

sonderer Bedeutung anstehen, die den Fortgang zur Hilfe zur Erziehung betreffen. Der die Hilfe zur Erziehung gewährende ASD und der Vormund/Pfleger kooperieren grundsätzlich eng miteinander. Der Vormund baut Kontakt zum Mündel auf und nimmt an den Hilfeplangesprächen teil.

(5) **Begegnung mit dem Kind/Jugendlichen im Einzelfall**[131]: Die Beziehung des Pflegers/Vormundes zu seinem Mündel ist nicht delegierbar und soll möglichst konstant und langfristig an einer Person orientiert sein. Insofern ist die amtsinterne Zuständigkeitsregelung sehr flexibel zu gestalten. Der Pfleger/Vormund muss für den Mündel als persönlicher Ansprechpartner zur Verfügung stehen und von sich aus Kontakte zum Kind pflegen. Es ist wichtig, dass er eine persönliche Beziehung zum Kind aufbaut, damit er seine Aufgaben auch zum Wohl des Kindes ausführen kann. Er muss aus eigener Anschauung die Wünsche und Bedürfnisse des Kindes kennen lernen; Schließlich ist er auch dafür verantwortlich, dass die getroffenen Entscheidungen dem Wohl des Kindes dienen. Der soziale Dienst leistet Hilfestellung beim Kennenlernen von Mündel und Vormund. Dazu bietet sich spätestens das erste Hilfeplangespräch in der Einrichtung/Pflegestelle an.

(6) **Arbeit mit der Herkunftsfamilie**: „Die Eltern sind verantwortlicher und gleichberechtigter Partner der Jugendhilfe."[132]

„Dies sicherzustellen, ist Aufgabe des sozialen Dienstes, der federführend in der Hilfegewährung und Hilfegestaltung ist. Leitziel ist dabei die mögliche Rückführung in die Herkunftsfamilie bzw. die Rückübertragung der elterlichen Sorge auf die Eltern. Die Fragestellung und das Beratungsergebnis der möglichen Rückübertragung der elterlichen Sorge sind in den Protokollen der Hilfeplangespräche zu dokumentieren. Lebt das Kind – wieder – in elterlichen Haushalt, ist nach einer vorher festgelegten Übergangszeit die elterliche Sorge den Eltern wieder zu übertragen." [133]

(7) **Krisenmanagement und Kooperation aller Beteiligten**: Im Konfliktfall zwischen den Beteiligten wird eine kollegiale Beratung mit den Fachkräften des ASD/AV/AP sowie einer Supervisorin und gegebenenfalls den Abteilungsleitungen durchgeführt.

---

131 Vgl. Deutsches Institut für Jugendhilfe und Familienrecht e.V (DIJuF).: Der Amtsvormund, 73 Jg., Heidelberg, Sept. 2000, S. 739
132 Leitlinien zur Hilfeplanung des StJA Mannheim; siehe hierzu auch die Empfehlungen des deutschen Vereins zur Hilfeplanung vom 30.06.1994
133 Deutsches Institut für Jugendhilfe und Familienrecht e. V. (DIJuF): Der Amtsvormund, 73 Jg., Heidelberg, Sept. 2000, S. 737

(8) **Abschluss und Nachsorge:** Der Mündel wird über den Abschluss bzw. das Ende der Vormundschaft schriftlich informiert. Ihm wird durch die Fachkraft ein abschließendes Beratungsgespräch angeboten und auch Unterstützung für die Zeit der Volljährigkeit (Nachsorge) angeboten. Er erhält Hilfestellungen, um z.b. Unterhaltsansprüche geltend zu machen, indem er bei einem Schriftwechsel unterstützt wird. Er wird gegebenenfalls an andere Fachdienste (z.B. ASD) vermittelt.

6. Prozessdokumentation

(1) Es werden Daten dokumentiert und ausgewertet (Fallzahlen und deren Entwicklung, gesetzliche Vormundschaften, bestellte Vormundschaften, bestellte Pflegschaften, Verteilung der Vormundschaften auf Einzelvormünder, Vereine und Jugendamt).

(2) Die Aufgabenverteilung und Kooperationsvereinbarung werden dokumentiert und auf ihre Effizienz und Effektivität regelmäßig überprüft. Zunächst wird die Überprüfung nach einem Jahr durchgeführt, später alle zwei Jahre wiederholt. Die Überprüfung dient der Qualitätssicherung und Weiterentwicklung der Standards.

(3) Der Vormund ist Beteiligter im Hilfeplangespräch gemäß § 36 SGB VIII. Hier erfolgt die Dokumentation der Ergebnisse, inwieweit fachliche Ziele im Hilfeprozess erreicht wurden.

(4) Der Vormund sollte geeignete und notwendige fachliche Aktivitäten entwickeln, um ein bestimmtes Ziel – hier die Umsetzung des Rechts von Kindern und Jugendlichen auf Förderung ihrer Entwicklung und Erziehung zu einer eigenverantwortlichen und gemeinschaftsfähigen Persönlichkeit – zu erreichen.

PPQ 17
Beistandschaften[134]

"Handle stets so, dass weitere Möglichkeiten entstehen."
(Heinz von Foerster)

1. Aufgabe

Im Lauf des vergangenen Jahrhunderts haben sich die Aufgaben der Beistandschaft dramatisch verändert, hat sich eine Entwicklung weg von autoritären Sorgerechtsmaßnahmen hin zur begleitenden Beratung (wählbares Beratungsangebot) ergeben, dem eine Veränderung der rechtlichen Grundlagen von der Obrigkeitskontrolle hin zur grundrechtlichen Hilfe und Unterstützung einherging.

Das am 1. Januar 1924 in Kraft getretene Reichsjugendwohlfahrtsgesetz vom 9. Juli 1922 bestimmte, dass mit der Geburt eines unehelichen Kindes das Jugendamt die Vormundschaft erlangt (Amtsvormundschaft). Nach der amtlichen Begründung stellte diese Vorschrift einen erheblichen Fortschritt für die Rechtsstellung des unehelichen Kindes dar. Damit wurde für die Hauptgruppe der zu bevormundenden Kinder das langwierige und zeitraubende Bestellungsverfahren beseitigt, das den Mündel und die Mündelmutter gerade in der Zeit der höchsten Schutzbedürftigkeit, der Geburt und den Wochen unmittelbar nach der Geburt, ohne geeignete Hilfe ließ.

Durch das Gesetz über die Stellung nichtehelicher Kinder vom 19. August 1969 (Nichtehelichengesetz) wurde § 1705 Satz 1 BGB dahingehend abgeändert, dass das nichteheliche Kind, solange es minderjährig ist, unter der elterlichen Gewalt der Mutter steht. Hier erfolgte eine Stärkung der rechtlichen Stellung der Mutter als nunmehr Personensorgeberechtigte für ihr Kind. Nach §§ 1706 ff. BGB trat für bestimmte Angelegenheiten (Abstammung, Unterhalt, Erbrecht) des nichtehelichen Kindes eine Amtspflegschaft ein, die das Jugendamt führte; insoweit war die elterliche Gewalt der Mutter für diese Bereiche eingeschränkt (§ 1705 Satz 2, § 1630 Abs. 1 BGB)

Für eheliche Kinder konnte auf Antrag des allein sorgeberechtigten Elternteils durch das Vormundschaftsgericht eine Beistandschaft des Jugendamtes mit dem Wirkungskreis „Geltendmachung von Unterhaltsansprüchen des Kindes" (Beistandschaft des alten Rechts gemäß § 1690 BGB) eingerichtet werden.

---

134 PPQ 17 wurde von Olaf van Heek, Dagmar Wilfling, Gabriele Böse erarbeitet.

In der DDR standen der Mutter eines nichtehelichen Kindes die vollen elterlichen Rechte zu (§ 17 des Gesetzes über den Mutter- und Kinderschutz und die Rechte der Frau vom 27. September 1950 – MKSchG). Eine gesetzliche Amtspflegschaft oder verwandte Rechtsinstitute gab es nicht.

Bei den Verhandlungen über den Einigungsvertrag bestand Übereinstimmung, dass die Bundesregierung dem künftigen Gesetzgeber eine Novellierung des Nichtehelichenrechts vorschlagen wird; im Zuge dieser Novellierung sollte auch die Amtspflegschaft für nichteheliche Kinder überprüft werden.

Mit dem neuen Beistandsgesetz von 1998 bietet das Jugendamt der Mutter Beratung und Unterstützung bei der Vaterschaftsfeststellung und der Geltendmachung von Unterhaltsansprüchen des Kindes an, dabei kann es bereits vor der Geburt des Kindes beratend und unterstützend tätig werden. Das Jugendamt ist Beistand eines Kindes und nicht Beistand eines Elternteils. Die Beistandschaft dient den finanziellen Interessen des Kindes und kann somit zur Entlastung der Sozialhilfe- und Unterhaltsvorschusskassen beitragen. Vaterschaftsfeststellung und Unterhaltssicherung sind für die Lebensführung eines Kindes von grundlegender Bedeutung. Ohne die Kenntnis der genetischen Abstammung kann ein Kind seine Rechte gegen den Vater nicht geltend machen. Der Unterhaltsanspruch stellt die wirtschaftliche Grundsicherung des Kindes da. Der Aufgabenkreis umfasst sowohl die Feststellung durch richterliche Entscheidung, als auch die Feststellung durch Anerkennung des Vaters. Hinzu kommt die Beratung und Unterstützung bei der Ausübung der Personensorge.

Im Gegensatz zum Beratungs- und Unterstützungsangebot nach § 52 a SGB VIII wird das Jugendamt nach § 18 SGB VIII nicht von sich aus tätig, sondern erst dann, wenn sich der Anspruchsberechtigte an das Jugendamt wendet. Der zu beratende Personenkreis ist wesentlich weiter angelegt, ebenso ist der Leistungskatalog umfangreicher. Beratung und Unterstützung nach § 18 SGB VIII ist nicht nur als Vorfeldarbeit, sondern als Ergänzung der Beistandschaft zu verstehen. Dies gilt insbesondere für die Unterstützung hinsichtlich des Unterhaltsanspruchs für den betreuenden Elternteil gegenüber dem mit ihm nicht verheirateten anderen Elternteil (§ 1615 l BGB, Betreuungsunterhalt) und für die Unterhaltsansprüche des volljährigen Kindes.

Die Fachkräfte haben es in ihrer Arbeit stets mit einer Reihe von Konflikten (Paarkonflikt, Unterhaltskonflikt, Eltern/Kindbeziehung), mit gescheiterten Familienwünschen, nicht gelungenen Familiengründungen sowie mit einem der Kernkonflikte in der modernen Gesellschaft, der Leugnung der Vaterschaft, zu tun. Die Hälfte der Klienten sind unfreiwillige Klienten (Väter), die zunächst verloren gegangen sind und nun wieder reaktiviert werden sollen, nicht nur, um Unterhalt zu zahlen, sondern auch, um mit ihren Kindern in Kontakt zu kommen und ihrer Verantwortung als Vater nachzukommen. Das heißt: wir können von einer vierfachen Aufgabe sprechen:

- Beratung und Aufklärung über die Aufgaben der Beistandschaft
- Behandlung eines Unterhaltkonfliktes
- Behandlung eines Paarkonfliktes
- Klärung der verdeckten Frage der Eltern-Kind Beziehung durch Beratung

Die Arbeit des Beistandes läuft also zunächst auf ein Handeln im Konflikt hinaus.

2. Rechtliche Grundlagen

Die wesentlichen rechtlichen Grundlagen sind im Bürgerlichen Gesetzbuch (BGB), Sozialgesetzbuch (SGB) insbesondere dem Kinder- und Jugendhilfegesetz (KJHG), in der Zivilprozessordnung (ZPO) und im Strafgesetzbuch (StGB) beschrieben.

Mit dem Beistandschaftsgesetz, das am 1. Juli 1998 zusammen mit dem Kindschaftsrechtsreformgesetz in Kraft getreten ist, wurde die gesetzliche Amtspflegschaft für nichteheliche Kinder (§§ 1706 bis 1710 BGB a.F.) abgeschafft. Die gesetzliche Amtspflegschaft, die grundsätzlich bei jeder Geburt eines nichtehelichen Kindes eintrat und das Sorgerecht der Mutter – insbesondere bei der Vaterschaftsfeststellung, der Geltendmachung von Unterhaltsansprüchen des Kindes sowie bei der Regelung von Erb- und Pflichtteilsrechten des Kindes – einschränkte, führte in einer Vielzahl von Fällen zu einem unnötigen Eingriff in das Elternrecht. An die Stelle der gesetzlichen Amtspflegschaft tritt eine freiwillige Beistandschaft des Jugendamtes mit den Aufgabenkreisen der Vaterschaftsfeststellung und Geltendmachung von Unterhaltsansprüchen (§§ 1712 bis 1717 BGB). Damit hat sich die Aufgabe des Jugendamtes aufgrund geänderter gesellschaftlicher Verhältnisse und veränderter Partnerschafts- und Familienformen klar von einer Eingriffsverwaltung (Amtsvormundschaft/ Amtspflegschaft) zur freien Wählbarkeit einer Leistung des Jugendamtes (Beistandschaft) gewandelt.

Diese Beistandschaft, die alle allein sorgeberechtigten Elternteile beantragen können, ersetzt zugleich die Beistandschaft des bisherigen Rechts (§§ 1685 bis 1692 BGB a.F.).

Die §§ 1712 bis 1717 BGB treffen keine Unterscheidung zwischen ehelichen und nichtehelichen Kindern. Kinder, für die eine gemeinsame elterliche Sorge besteht, können – wie im bisherigen Recht – keinen Beistand erhalten, da sich hierfür kein hinreichendes Bedürfnis gezeigt hat. Sie können aber in bestimmten gerichtlichen Verfahren einen Verfahrenspfleger erhalten (§ 50 FGG).

Der Standesbeamte hat die Geburt eines Kindes, dessen Eltern nicht miteinander verheiratet sind, unverzüglich dem Jugendamt anzuzeigen. Das Jugendamt hat dann unverzüglich gem. § 52 a KJHG der Mutter Beratung und Unterstützung bei der Vaterschaftsfeststellung und der Geltendmachung von Unterhaltsansprüchen des Kindes anzubieten. Das Gleiche gilt, wenn eine Vaterschaft durch gerichtliche Entscheidung (Anfechtung) beseitigt wurde Das Jugendamt kann zur Beschleunigung der angebotenen Hilfen bereits vor der Geburt beratend und unterstützend tätig werden.

Die neue Beistandschaft beschränkt sich gemäß § 1712 Abs. 1 BGB auf die beiden Kernbereiche der bisherigen gesetzlichen Amtspflegschaft, nämlich auf die Aufgabenkreise der Vaterschaftsfeststellung und Geltendmachung von Unterhaltsansprüchen.

Mit Eingang des Antrags – ohne vorherige Prüfung eines Fürsorgebedürfnisses – wird die Beistandschaft des Jugendamts unmittelbar herbeigeführt (§ 1714 Satz 1 BGB); das Jugendamt wird gesetzlicher Vertreter des Kindes für die o. a. Aufgabenkreise (§ 1716 Satz 2, § 1915 Abs. 1, § 1793 Abs. 1 BGB). Der Antrag bedarf – aus Gründen der Rechtssicherheit – der Schriftform (§ 1712 Abs. 1 BGB: „Auf schriftlichen Antrag ..."). Die Beistandschaft tritt auch dann schon ein, wenn der Antrag vor der Geburt des Kindes gestellt wird (§ 1714 Satz 2 BGB).
Den Antrag auf Beistandschaft kann nur ein Elternteil stellen, dem für den Aufgabenkreis der beantragten Beistandschaft die alleinige elterliche Sorge zusteht (§ 1713 Abs. 1 Satz 1 erste Alternative BGB).

§ 1712 Abs. 1 BGB stellt ausdrücklich klar, dass das Jugendamt „Beistand des Kindes" und nicht Beistand des Elternteils wird. Dies entspricht dem bisherigen Recht der gesetzlichen Amtspflegschaft. Auch bei der Beistandschaft mit Vertretungsmacht des bisherigen Rechts (bestellte Unterhaltsbeistandschaften für eheliche Kinder) war der Beistand Vertreter des Kindes und nicht des Elternteils.

Die Beistandschaft dient hier den finanziellen Interessen des Kindes; gleichzeitig kann eine Entlastung der Sozialhilfe- und Unterhaltsvorschusskassen bewirkt werden.

Vaterschaftsfeststellung und Unterhaltssicherung sind für die Lebensführung des Kindes von grundlegender Bedeutung. Ohne die auch für die Kenntnis der genetischen Abstammung wichtige Vaterschaftsfeststellung kann das Kind seine Rechte gegen den Vater (Unterhalt, Erbrecht usw.) nicht geltend machen. Der Unterhaltsanspruch, der grundsätzlich ohnehin nur bei Bedürftigkeit des Kindes besteht (§ 1602 BGB), stellt die wirtschaftliche Grundsicherung des Kindes dar.

Der Aufgabenkreis der Vaterschaftsfeststellung umfasst sowohl die Feststellung durch gerichtliche Entscheidung als auch die Feststellung durch Anerkennung. Im Falle der freiwilligen Vaterschaftsanerkennung muss die Mutter der Anerkennung zustimmen (§ 1595 Abs. 1 BGB). Die Anerkennung bedarf nur dann auch der Zustimmung des Kindes, wenn der Mutter insoweit die elterliche Sorge nicht zusteht, § 1595 Abs. 2 BGB.

§ 1712 Abs. 1 Nr. 2 BGB entspricht wörtlich dem bisherigen § 1706 Nr. 2 BGB a.F.: Das Jugendamt übernimmt die Geltendmachung von Unterhaltsansprüchen einschließlich der Ansprüche auf eine an Stelle des Unterhalts zu gewährende Abfindung. Außerdem ist das Jugendamt – wie bisher – berechtigt, aus dem vom Unterhaltspflichtigen Geleisteten einen Dritten zu befriedigen, bei dem das Kind unentgeltlich in Pflege ist (§ 1712 Abs. 1 Nr. 2 letzter Halbsatz BGB). Hierdurch wird sichergestellt, dass der Dritte schnellstmöglich die ohnehin ihm zustehenden Beträge bekommt.

Die Mutter eines nichtehelichen Kindes kann ihren Antrag auf eine Beistandschaft auf die Vaterschaftsfeststellung begrenzen, wenn sie z.B. im Gegensatz zum Vater in sehr guten wirtschaftlichen Verhältnissen lebt und deshalb von der Geltendmachung ohnehin schwer realisierbarer Unterhaltsansprüche absehen will.

3. Probleme im Aufgabenfeld

(1) **Komplexe und vielschichtige Problemlagen:** Die Arbeit der Beistände ist gekennzeichnet durch ein Handeln im Konflikt. Es gib vielschichtige Problemlagen, die gleichzeitig vorhanden sind und sich gegenseitig zu starken Konflikten aufschaukeln. So sind zum Beispiel materielle Fragen (Unterhalt) emotional hoch besetzt. Es entstehen immer wieder Probleme aufgrund materieller Interessen der Elternteile einerseits und Beziehungskonflikten der Eltern andererseits. Es handelt sich überhaupt um eine Arbeit mit unfreiwilligen Klienten, die zunächst erst einmal zur Zusammenarbeit motiviert werden müssen. Dabei geht es um rechtliche Probleme mit folgenschweren Entscheidungen, um gescheiterte Familienwünsche bzw. nicht gelungene Familiengründungen und um die häufig verdeckte Frage nach der Eltern-Kind Beziehung oder besser gesagt: der Vater-Kind Beziehung, im Kern um einen regelrechten „Kampf um die Elternschaft" in einer tendenziell „vaterlos" werdenden Gesellschaft. Der Beistand als

Berater hat es also mit materiellen Konflikten, rechtlichen Problemen, normativen Fragen, Sachproblemen, Paarkonflikten und Beziehungsproblemen zu tun, die er möglichst allparteiisch ausbalancieren muss. Jedenfalls steht er gleich am Anfang jeder Beratung vor vielschichtigen Problemen, die – sofern sie nicht thematisiert werden – den Zugang zu den Klienten schnell verstellen.

(2) **Unfreiwillige Klienten:** Der Beistand hat es zunächst mit einer Vielzahl von unfreiwilligen Klienten bei den Vätern zu tun, nämlich all den Vätern, die ihre Vaterschaft leugnen und sich gegen eine Vaterschaftsfeststellung wehren. Mit diesen hat er oft heftige Konflikte auszutragen wegen der materiellen Forderungen, die er im Auftrag der Mutter für das Kind stellt. Die Väter sehen die Fachkräfte oft als verlängerten Arm der Mutter und sind der Meinung, dass sich die Beistände parteiisch verhielten. In den Augen der Väter haben sie es häufig mit „starken, selbstbewussten Frauen" zu tun, deren Aufgaben es ist, die Beistandschaft auszuüben, denen sie aber nur schwer vertrauen können. Deswegen werden die Beistände schnell in die bestehenden Beziehungskonflikte hineingezogen und müssen sich mit erheblichen Abwehrproblemen auseinandersetzen.

Aber auch Beziehungsproblemen zwischen den Beiständen und den Müttern spielen eine Rolle, denn nicht alle Mütter kommen freiwillig. Ein Teil der Mütter nimmt die Hilfe des Beistandes wegen eines bestehenden wirtschaftlichen Drucks (Sozialhilfe, Unterhaltsvorschuss) in Anspruch und dabei wäre es ihnen lieber, die Vaterschaft würde nicht festgestellt und sie müssten sich nicht mehr mit dem Vater auseinandersetzen. Die Beistände treffen daher häufig auf große Ambivalenzen und nicht selten auf verdeckte Widerstände. Bei einem anderen Teil der Mütter besteht eine sehr hohe Erwartungshaltung an den Beistand (z.B. vor allem was die Höhe des Unterhaltes betrifft). Da dieser aber im gesetzlichen Rahmen handeln muss und weisungsgebunden ist, kommt es hier leicht zu Konflikten, können manche Mütter nicht verstehen, dass eventuell nicht alle ihre Vorstellungen zu verwirklichen sind und dann macht sich Unzufriedenheit breit. Nicht selten werden daher auch die Anstrengungen auf der Seite der Mütter verstärkt, im Beziehungskonflikt den Beistand für die eigenen Zwecke und Ziele zu instrumentalisieren.

(3) **Konflikte mit Dritten (anderen Stellen/Ämtern):** Es gibt einen Loyalitätskonflikt zwischen den Beiständen und den Kolleginnen und Kollegen der wirtschaftlichen Hilfen, insbesondere was Unterhaltsvorschuss und Sozialhilfe betrifft. Der Beistand erfährt u. U. in ver-

traulichen Beratungsgesprächen durch Klienten Sachverhalte oder persönliche Daten, die eventuell deutlich machen, das diese ungerechtfertigte Leistungen erhalten. Im Beratungsgespräch kann er die Klienten darauf hinweisen, kann jedoch aus datenschutzrechtlichen Gründen nicht überprüfen, ob dieser den Sachverhalt bei den Kollegen der wirtschaftlichen Hilfen aufklärt. Für die Kollegen sind solche Situationen belastend und führen zu inneren Konflikten.

Darüber hinaus gibt es immer wieder Zuständigkeitsprobleme zwischen den verschiedenen Jugendämtern. Es kommt zu Konflikten aufgrund unterschiedlicher Handhabung von Beratung und Unterstützung, abweichender Unterhaltsergebnisse für gleiche Fallkonstellationen und unterschiedlicher Rechtsauslegungen. Dies führt zu einem verstärkten Klärungsbedarf. Klientinnen fühlen sich durch die Verwaltung und deren Fachkräfte „falsch" beraten oder sogar „betrogen". In mühevoller Aufklärungs- und Überzeugungsarbeit muss dann dem Klienten erklärt werden, warum z.b. ein Jugendamt in der einen Stadt anders berechnen kann als in einer anderen Stadt und es muss ihnen plausibel gemacht werden, auf welchen Grundlagen in Dormagen Berechnungen angestellt werden.

(4) **Strukturkonflikte und Kompetenzprobleme:** Die Fachkräfte haben es im Aufgabenfeld mit hohen Fallzahlen unabhängig von der Schwierigkeit des Einzelfalles, mit häufigen Gesetzesänderungen im Kindschaftsrecht, Kindesunterhaltsgesetz und Kindergeldgesetz zu tun. Die Personaldecke ist jedoch sehr dünn. Gleichzeitig gibt es ein langwieriges Stellenbesetzungsverfahren, ganz abgesehen davon, dass neues, fachfremdes Personal eine lange Einarbeitungszeit braucht. Klienten wollen nun aber, nicht zuletzt, um Kosten zu sparen, immer häufiger eine rechtliche Beratung und möchten über das neue Kindschaftsrecht informiert und über die Möglichkeiten des Umgangskontaktes beraten werden oder sie wünschen eine Vermittlung. Die Beistände werden als Anwälte oder Sozialarbeiter aufgesucht oder auch instrumentalisiert. Das führt ohne Erweiterung der Kompetenzen zwangsläufig zu strukturellen Kompetenzproblemen bei den Fachkräften und im Ergebnis zu unzufriedenen Bürgern und Bürgerinnen.

4. Qualitätsstandards

1. **Differenziertes Problemverständnis:** Die Fachkräfte stellen ihre Aufgaben und Rollen im Fachgebiet Beistandschaft gegenüber der Öffentlichkeit, anderen Institutionen und den anderen Abteilungen im

Jugendamt dar. Sie haben Verständnis für die schweren Konflikte, in denen sich ihre Klienten befinden und wirken de-eskalierend auf diese ein. Sie sind allparteiisch und balancieren die Problemlagen und Konflikte aus. Sie haben ein differenziertes Problemverständnis und arbeiten mit den Konflikten – und sind nicht konfliktblind.

2. **Offene Beziehungsaufnahme:** Die Fachkräfte erkennen den Widerstand der unfreiwilligen Klienten an und arbeiten an der Abwehr, sie öffnen zunächst die Zugänge. Sie klären die bestehenden Erwartungen an den Hilfeprozess gemeinsam mit ihren Klienten und fassen die aktuelle Beziehungskonstellation und – dynamik ins Auge. Sie achten darauf, sich allparteiisch zu verhalten, sind fair und nüchtern im Umgang mit den Klienten und lassen sich nicht durch eine Konfliktpartei instrumentalisieren. In schwierigen, konfliktgeladen Beziehungen mit Klienten nehmen sie die kollegiale Beratung als Hilfe für sich selbst in Anspruch.

3. **Klärung der Zusammenarbeit:** Die Klienten werden über die Folgen von Inanspruchnahme ungerechtfertigter Leistungen aufgeklärt und aufgefordert, sich bei den zuständigen Sachbearbeitern zu melden. Die Fachkräfte organisieren den fachlichen Austausch mit anderen (Fortbildungen, Tagungen des Deutschen Instituts für Jugendhilfe und Familienrecht), um die beruflichen Aufgaben der Beistandschaft erfüllen zu können. Sie kooperieren mit Kollegen der Jugendämter in der Region sowie auf überregionaler Ebene.

4. **Qualifikation:** Die Stellen der Beistände werden angemessen besetzt. Das Stellenbesetzungsverfahren wird zügig durchgeführt. Neues fachfremdes Personal erhält ausreichende Fortbildungsmöglichkeiten, um die Kollegen möglichst schnell entlasten zu können und für die Klienten eine möglichst gute und schnelle Beratung anbieten zu können. Der Mitarbeiter muss über eine Ausbildung mit abgeschlossenem Fachhochschulstudium im Bereich Verwaltung verfügen. Kenntnisse im Privatrecht und Öffentlichen Recht sind notwendig (s. auch Punkt 2 Rechtliche Grundlagen). Fachkenntnisse und praktische Erfahrungen sind in spezifischen Bereichen des Rechts und der Verwaltung sowie der Pädagogik, Psychologie, Soziologie und Rhetorik vorhanden.

Die Fachkräfte erweitern ihre Kompetenzen in Fragen des Beistandrechtes und in den Fachgebieten Pädagogik, Psychologie und Soziologie. Die persönliche Grundhaltung der Fachkräfte ist von Lebens- und Praxiserfahrung, Konfliktbereitschaft, Kooperationsfähigkeit, Verantwortungsbewusstsein, Flexibilität und Respekt gegenüber den Beteiligten geprägt.

5. Prozessgestaltung: Methoden und Verfahren

(1) **Darstellung der Aufgaben und Rollen im Fachgebiet Beistandschaften:** Die Fachkräfte entwickeln eine Broschüre, in der die Aufgaben der Beistandschaft und die Zuständigkeiten beschrieben werden. Die Broschüre wird in öffentlichen Gebäuden (Krankenhäusern, Bürgeramt, Kindergärten etc.) aber auch in Beratungsstellen oder bei Frauen- und Kinderärzten ausgelegt. Das Aufgabengebiet und die Zuständigkeiten werden auf der Homepage der Stadt Dormagen dargestellt und beschrieben. Die Öffentlichkeit wird regelmäßig, durch die örtliche Presse, über aktuelle Veränderungen (z.B. Veränderungen in der Düsseldorfer Tabelle) im Aufgabengebiet informiert.

(2) **Beginn der Beistandschaft:** Das Standesamt informiert das Jugendamt über die Geburt eines Kindes, deren Eltern nicht miteinander verheiratet sind. Das Gericht informiert über Fälle, in denen die Vaterschaft durch Klage beseitigt wurde. Daraufhin schreiben die Fachkräfte die Klientinnen mit einen Beratungsangebot an. Es folgt eine allgemeine Beratung über die rechtliche Situation mit dem Hinweis auf die Möglichkeit der Unterstützung durch das Jugendamt im Rahmen einer Beistandschaft. Wenn die Klientin das Angebot der Unterstützung wahrnimmt, wird eine Beistandschaft eingerichtet.

(3) **Laufende Beistandschaft:** Während der Beistandschaft wird laufend Kontakt zu den Klienten gehalten zur:
- Information über den Sachstand
- Absprache von rechtlichen Schritten
- Vermittlung zwischen den Eltern
- Kooperation mit anderen Fachkräften (ASD) oder Dienststellen (wirtschaftlichen Hilfen)
- Übergabe/Abgabe an andere Jugendämter bei Wohnortwechsel.

(4) **Abschluss der Beistandschaft:** Die Beistandschaft endet in der Regel bei Volljährigkeit eines Kindes oder wenn die Mutter die Hilfe nicht mehr in Anspruch nehmen will. Die Klientinnen erhalten eine schriftliche Mitteilung über den Abschluss und bekommen ihnen zustehende Unterhaltstitel ausgehändigt. Auf Wunsch werden die Klienten im Rahmen der Nachsorge weiter beraten und unterstützt, insbesondere junge Volljährige bis zum 21. Lebensjahr, die auf eine Nachsorge einen Rechtsanspruch haben.

(5) **Weiterbildung:** Die Fachkräfte bilden sich regelmäßig weiter in Zusammenarbeit mit anderen Institutionen wie z.B. dem Deutschen Institut für Jugendhilfe und Familienrecht.

6. Prozessdokumentation

(1) Dokumentation von Daten: Fallzahlen und deren Entwicklung, Anzahl der Beratungen, Vaterschaftsfeststellungen, Klagen, Anzeigen, Zwangsmassnahmen und große Konflikte.

(2) Untersuchung zur Zufriedenheit der Klienten und Klientinnen mittels eines Fragebogen.

(3) Wir sammeln Verbesserungsvorschläge zu unserem Beratungsangebot, insbesondere von Vätern.

PPQ 18
Beurkundungen

> „Es sind nicht die Dinge, die uns beunruhigen, sondern
> die Meinungen, die wir von den Dingen haben."
> (Epiktet)

1. Aufgabe[135]

Die Urkundsperson beim Jugendamt ist nach § 59 Abs. 1 Satz 1 SGB VIII (Kinder- und Jugendhilfegesetz/KJHG) befugt, folgende Beurkundungen vorzunehmen:

a) Die Erklärung, durch die die Vaterschaft anerkannt wird, die Zustimmungserklärung des Kindes, des Jugendlichen oder der Mutter sowie die etwa erforderliche Zustimmung des gesetzlichen Vertreters zu einer solchen Erklärung (Nummer 1),
b) die Erklärung, durch die die Mutterschaft anerkannt wird sowie die etwa erforderliche Zustimmung des gesetzlichen Vertreters der Mutter (Nummer 2),
c) die Verpflichtung zur Erfüllung von Unterhaltsansprüchen eines Abkömmlings oder zur Leistung einer an Stelle des Unterhalts zu gewährenden Abfindung, sofern die unterhaltsberechtigte Person zum Zeitpunkt der Beurkundung das 21. Lebensjahr noch nicht vollendet hat (Nummer 3),
d) die Verpflichtung zur Erfüllung von Ansprüchen einer Frau auf Zahlung der Entbindungskosten und Unterhalt (Nummer 4),
e) den Widerruf der Einwilligung des Kindes in die Annahme als Kind (Nummer 6),
f) die Erklärung, durch die der Vater auf die Übertragung der Sorge verzichtet (Nummer 7),
g) Sorgeerklärungen (Nummer 8),
h) die Erklärung des auf Unterhalt in Anspruch genommenen Elternteils nach § 648 ZPO – Einwendungen gegen das vereinfachte Verfahren (Nummer 9).

Gemäß § 59 Abs. 3 KJHG hat das Jugendamt geeignete Beamte und Angestellte zur Wahrnehmung der o. a. Aufgaben zu ermächtigen. Die Zuständigkeit der Notare, anderer Urkundspersonen oder sonstiger Stellen für öffentliche Beurkundungen und Beglaubigungen bleibt unberührt.

---

135 PPQ 18 wurde von Olaf van Heek, Dagmar Wilfing, Gabriele Böse erarbeitet.

Die zur Wahrnehmung der Urkundstätigkeit ermächtigen Mitarbeiter finden sich grundsätzlich in der Abteilung Vormundschaften/Pflegschaften/Beistandschaften der Jugendämter. Die Mitarbeiter sind insbesondere bei kleinen und mittelgroßen Jugendämtern nicht selten neben der Urkundstätigkeit noch mit entsprechenden Aufgaben der Abteilung Vormundschaften/Pflegschaften/Beistandschaften befasst.

2. Allgemeine Grundsätze und Belehrungspflicht der Urkundsperson

Die Urkundsperson ist nach § 17 Abs. 1 Beurkundungsgesetz (BeurkG) verpflichtet, die Beteiligten über die Rechtslage, insbesondere die rechtlichen Folgen einer zu beurkundenden Erklärung zu informieren. Der Inhalt der zu erteilenden Belehrung im Einzelfall richtet sich nach dem Inhalt der Beurkundung und ist deshalb im Einzelfall zu erörtern. Solche Belehrungen dienen zur Absicherung der Urkundsperson. Sie darf freilich die Beurkundung nicht verweigern.

Unter Umständen können auch mit der Vornahme öffentlicher Beglaubigungen Belehrungspflichten verbunden sein. So, wenn die Urkundsperson die zu beglaubigende Erklärung für den rechtlich ungewandten Beteiligten entwirft oder wenn es sich darum handelt, wie mit der beglaubigten Erklärung zu verfahren ist, die er dem Betreffenden wieder aushändigt.

Die Belehrung steht im Zeichen der Neutralität der Urkundsperson (= Notar im Jugendamt). Sie hat im Grundsatz nur den Zweck, dem zur Beurkundung Erschienenen die Rechtslage darzustellen. Insbesondere, dass sich der zur Beurkundung Erschienene in Freiwilligkeit entscheiden kann, was und wie er es beurkunden lassen will. Dazu wird nicht selten der Aufweis der rechtlichen Alternativen einer vom Erschienenen zu treffenden Entschließung samt deren Folgen gehören.

Wenn also z.B. der Kindesvater bereit ist, seine Unterhaltspflicht vollstreckbar beurkunden zu lassen, aber über die Höhe des geschuldeten Unterhaltes nicht im Bilde zu sein angibt, kann er die Urkundsperson bitten, ihn anhand der Unterhaltstabelle zu belehren, was er, nach seinen Angaben über sein Einkommen, bei einer gerichtlichen Entscheidung voraussichtlich an Unterhaltszahlungen zu erwarten hätte bzw. ob er aufgrund der von ihm geschilderten besonderen Umstände mit einer Reduzierung der Unterhaltsverpflichtung rechnen könnte oder an welchen Maßstäben sich eine Kapitalisierung des Unterhalts ausrichtet. Die Entscheidung, was daraufhin beurkundet werden soll, muss die Urkundsperson jedoch strikt dem Erschienenen überlassen. Erforderlichenfalls ist auf die Möglichkeiten nach dem Beratungshilfegesetz zu verweisen.

PPQ 19
Hilfen für unbegleitete ausländische Minderjährige[136]

> „Diese Julinächte sind zugleich leicht und schwer. Leicht über der Seine und in den Bäumen, schwer im Herzen der Menschen.....
> Ich warte und ich denke an Sie: noch etwas, ein Letztes muss ich Ihnen sagen. Ich will Ihnen sagen, wie es möglich ist, dass wir so ähnlich waren und heute Feinde sind".
> (Albert Camus)

1. Aufgabe

Schon in früheren Jahrhunderten sind Menschen aus religiösen, wirtschaftlichen und politischen Gründen in großer Zahl nach Deutschland gekommen. Im historischen Bewusstsein der Deutschen sind diese Migrationströme allerdings nur schwach verankert. Bereits in der frühren Neuzeit, also im Zeitraum von 1500 bis 1800, finden wir die wesentlichen Formen von Migration, die uns aus dem späten 20. Jahrhundert geläufig sind.

Mit der Entwicklung des Kolonialismus fand die Sklaverei Einzug in Europa. So kamen Menschen afrikanischer Herkunft zwischen dem 16. und 18. Jahrhundert in nicht unbeträchtlicher Zahl nach West- und Mitteleuropa. Die Liste der Einwanderer im frühneuzeitlichen Deutschland lässt sich erweitern durch sephardische Juden von der iberischen Halbinsel, durch polnische Juden, die um die Mitte des 17. Jahrhunderts vor Pogromen fliehen mussten, durch Protestanten aus den Gebirgsregionen des Fürstentums Salzburg und durch Sinti und Roma, die seit dem 15. Jahrhundert in Mitteleuropa auftauchten, dort aber fast überall mit besonderer Feindseligkeit empfangen wurden.[137]

In der ersten Hälfte des 20. Jahrhunderts zeichnete sich eine erste große Migrationswelle innerhalb der Grenzen Europas ab, die zunächst durch den Zusammenbruch der europäischen Staatenordnung begründet war.

Der erste Weltkrieg und die Zeit nach 1919 waren ebenfalls durch große Migrationsbewegungen gekennzeichnet, die mittlerweile globalen Charakter angenommen haben. In den 40er Jahren verschlechterte sich

---

136 PPQ 19 wurde von Claudia Preuß-Paul, Maike Braß, Olaf van Heek und Uwe Sandvoss, Gabriele Böse erarbeitet
137 Vgl. Häberlein, M.: Auch die Brentanos waren Einwanderer. In: Neue Caritas. Politik, Praxis, Forschung, Jg. 101, Heft 4/ 8. März 2000, S. 8-13

diese Bilanz noch durch die 30 Millionen vom deutschen NS-Regime verschleppten Menschen. Nach dem zweiten Weltkrieg erhöhte sich die Zahl der Flüchtlinge noch einmal um mehr als 20 Millionen Menschen. Der sich anschließende Ost-West-Konflikt der Weltmächte USA und UdSSR in den 50er und 60er Jahren löste insgesamt gesehen größere Fluchtbewegungen aus als der Erste und Zweite Weltkrieg zusammen; er teilte Staaten wie Deutschland, Korea und Vietnam und trennte z.b. Teile von China ab und trieb die Flüchtlinge zur Abstimmung mit den Füßen.[138]

Mit der Verabschiedung des Grundgesetztes der Bundesrepublik Deutschland am 23. Mai 1949 wurde der Artikel 16 Abs. 2 Satz 2 als historische Antwort der Deutschen auf die Erfahrung des Nationalsozialismus verankert: „Politisch Verfolgte genießen Asylrecht". Bis Anfang der 1970er Jahre stammten die meisten Asylanträge von Flüchtlingen aus dem Ostblock, die als willkommene Überläufer im Wettstreit der politischen Systeme nie als Problem gesehen wurden. Das Gegenteil war seit Anfang der 1970er Jahre und besonders seit dem Anwerbestop (1973) der Gastarbeiter der Fall – im Gegensatz zu den zunehmenden Asylanträgen aus der „Dritten Welt", aber auch aus der Türkei (Militärdiktatur und versteckter Familiennachzug nach dem Anwerbestop). Gründe für den Anstieg der Flüchtlingszahlen im Jahr 1986 waren die Verfolgung der tamilischen Minderheit in Sri Lanka, die allgemeine Zunahme von Krisen und bürgerkriegsähnlichen Zuständen in vielen Länder der „Dritten Welt", aber auch die verstärkten Aktivitäten von Schlepperorganisationen über Ost-Berlin. Durch den Krieg im ehemaligen Jugoslawien veränderte sich das Verhältnis der Flüchtlingszahlen aus europäischen Ländern zuungunsten der außereuropäischen Ländern. In der Reihenfolge der Herkunftsländer stand 1993 nach wie vor das ehemalige Jugoslawien vornan, gefolgt von Rumänien, Bulgarien, den Republiken der ehemaligen Sowjetunion, der Türkei, Algerien, Vietnam, Armenien und Afghanistan.[139]

Die Bundesrepublik Deutschland reagierte auf die steigenden Asylbewerberzahlen mit Verschärfung des Asylverfahrensgesetzes, der Modifizierung des Artikel 16 GG (sogenannter Asylkompromiss vom 26.Mai 1993), Änderungen des Ausländerrechts und Einführung des Asylbewerberleistungsgesetzes. Dadurch entwickelten sich die Zahlen der Asylantragsteller seit 1993 kontinuierlich zurück. Verzeichnete das Bundesamt für ausländische Flüchtlinge im ersten Halbjahr 1993 noch 224.099 Asylanträge, waren es im ersten Halbjahr 1994 nur noch 62.802, 1995: 58.669, 1996: 57.104 Asylantragsteller und im ersten Halbjahr 1997 er-

---

138 Vgl. Knopp, A.: Die deutsche Asylpolitik. Münster: agenda, 1994, S. 27 – 30
139 Bade, K. J.: Ausländer – Aussiedler – Asyl. Eine Bestandsaufnahme. München: C. H. Beck, 1994, S. 95-97

reichten die Asylantragsteller mit 52.588 einen ersten Tiefstand. 1998 erhöhte sich die Zahl der Asylantragsteller europaweit wieder um 27 %. Hauptgrund für die wachsende Zahl von Asylbewerbern in Europa war der Kosovo-Konflikt. Hauptzielland von Asylsuchenden innerhalb der Europäischen Union blieb die Bundesrepublik Deutschland, allerdings mit rückläufiger Tendenz. Innerhalb von zwei Jahren ist der EU-Anteil Deutschlands bei Asylbewerbern von 50 Prozent (1966) auf 33 Prozent im Jahr 2000 gesunken. Nach Deutschland wurden in Großbritannien (19 Prozent) und in den Niederlanden (15 Prozent) die meisten Asylanträge innerhalb der EU gestellt. In Relation zur eigenen Bevölkerungszahl werden die meisten Asylsuchenden in der Schweiz gezählt. Es folgten die EU-Staaten Luxemburg, Niederlande und Belgien. Nach Norwegen, Österreich, Schweden und Irland steht Deutschland in dieser Europa Statistik an neunter Stelle.[140]

Die Abkommen von Schengen und Dublin vom Juni 1990 sind Beispiele dafür, dass die EG-Staaten nicht daran interessiert sind, die Lasten des weltweiten Flüchtlingsaufkommens gemeinsam zu tragen, obwohl sie als reiche Industrienationen einen Beitrag zur Lösung des Flüchtlingsproblematik leisten könnten. Es ist vielmehr ihr Ziel, die Zahl der einreisenden Flüchtlinge aus Kostengründen so gering wie möglich zu halten. Eine solche enge Handhabung widerspricht allerdings nicht allein der europäischen Wirtschaftspolitik, sondern auch der demographischen Entwicklung sowie dem zukünftigen Bedarf an Arbeitskräften.

So kann sich auch die Bundesrepublik Deutschland im Interesse der eigenen wirtschaftlichen und politischen Überlebensfähigkeit angesichts der sich abzeichnenden Alterssklerose der eigenen Gesellschaft einer stärkeren Einwanderung als bisher nicht länger verschließen, wie die neue Diskussion um die „Zuwanderer" zeigt.

Bei der Diskussion um eine vernünftige Migrationspolitik sollten drei Aspekte besonders beachtet werden: die Festlegung von Zuwanderungsquoten mit Erhalt eines substantiellen Asylrechtes, die Integration von Zuwanderern mit dem Ziel der Einbürgerung sowie eine entsprechende transparente Gestaltung der Zuwanderungspolitik, um eine Akzeptanz der Öffentlichkeit für diese Politik zu finden.[141]

Eine Gruppe der Migranten, Asylbewerber und Flüchtlinge, die insbesondere für die Jugendhilfe von Bedeutung ist, sind die unbegleiteten minderjährigen Kinder und Jugendlichen.

---

140 UNHCR AKTUELL. Pressemitteilungen. Asylanträge in Europa 1998. Bonn: Februar 1999. http://www.unhcr.de/news/pr/pm991002.htm
141 Angenendt, S.: Deutsche Migrationspolitik im neuen Europa. Opladen: Leske + Budrich, 1997

In der Bundesrepublik leben ausländische Kinder mit unterschiedlichem Rechtsstatus. Die Unterschiedlichkeit bestimmt sich nach dem Grund ihres Aufenthaltes sowie nach der rechtlichen Einstufung ihrer Einreise und ihres Aufenthaltes. Die klassische Einteilung in Deutsche und Ausländer trifft längst nicht mehr die tatsächlichen Lebensbedingungen. Kulturelle und ethnische Aspekte sowie solche der Staatsangehörigkeit bestimmen den rechtlichen Status der verschiedenen Gruppen, die ihren Niederschlag in vielfältigen und unterschiedlichen gesetzlichen Regelungen gefunden hat.[142]

Unbegleitete minderjährige Kinder und Jugendliche sind ausländische Staatsbürger (nicht an Asylantrag gebunden), die aus eigenem Antrieb kommen, von ihren Eltern geschickt werden, mit Verwandten, Bekannten oder Schleusern einreisen, durch Drogenkuriere, gezielt in unser Land, insbesondere in Großstädte geschleust werden oder auch weibliche Jugendliche, die zu Zwecken der Prostitution in unser Land geschleppt werden. Viele von ihnen sind auf der Flucht:

- vor Krieg- und Bürgerkrieg
- vor politischer, ethnischer, rassistischer, sexistischer und religiöser Verfolgung
- vor Elend und Armut
- vor Umweltzerstörung.

In der Bundesrepublik bitten sie meistens um Asyl oder um eine Aufenthaltsduldung. Unter 16 Jahren bekommen sie automatisch einen Vormund zur Seite gestellt, der die entsprechenden Anträge stellt. Bei über 16 Jahre alten Jugendlichen muss eine Vormundschaft eingerichtet werden durch die örtliche Behörde (s. Verfahren und Methoden). Die meisten der unbegleiteten Jugendlichen sind männlich. Die Wege, wie sie in unser Land kommen, sind unterschiedlicher Art:

In Dormagen handelt es sich überwiegend um Flüchtlinge über 16 Jahren die einen Asylantrag stellen wollen. Nur in Einzelfällen handelt es sich um Flüchtlinge unter 16 Jahren, diese bekommen in der Regel direkt nach der Einreise einen Vormund zur Seite gestellt. Andere ausländische unbegleitete Jugendliche mit dieser Problematik sind bisher nicht in Erscheinung getreten und dürften auch eher die Ausnahme bleiben.

Aufgabe der Jugendhilfe ist es, die Minderjährigen zu unterstützen, das heißt für das Wohl des Minderjährigen zumindest so lange zu sorgen,

---

142 Bundesministerium für Familien, Senioren, Frauen und Jugend (BMFSFJ) (Hg.): Zehnter Kinder- und Jugendbericht. Bericht über die Lebenssituation von Kindern und die Leistungen der Kinderhilfen in Deutschland. Bundestagsdrucksache 13/11368, Bonn: 1998, S. 171

bis sie volljährig sind, bei Bedarf darüber hinaus. Dies bedeutet, dass der Jugendliche einen Vormund erhält und wenn nötig auch Hilfen zur Erziehung. Die Zuständigkeit für die Vermittlung von Hilfen liegt beim örtlichen Jugendhilfeträger, der diese Aufgabe jedoch vielerorts abgibt. Weiterhin ist es die Aufgabe des örtlichen Trägers, mit den Ausländerbehörden, den zuständigen Hilfediensten, Gerichten, Vormündern und Dolmetschern zu kooperieren, um die geeigneten Hilfen sicherzustellen.

2. Rechtliche Grundlagen

(1) **KJHG**: Das KJHG findet nicht nur auf deutsche Kinder und Jugendliche Anwendung, sondern nach § 6 KJHG auch auf ausländische Kinder und Jugendliche, die ihren rechtmäßigen oder geduldeten Aufenthalt in der Bundesrepublik haben. Damit ist das KJHG auch in den Fällen unbegleiteter Minderjähriger anwendbar.
(2) **Haager Minderjährigenschutzabkommen**: Das Abkommen ist am 17.9.71 für die Bundesrepublik in Kraft getreten. Das Minderjährigenschutzabkommen regelt den Schutz des Kindes und seines Vermögens und legt fest, dass ausländischen Minderjährigen derselbe Schutz zukommen muss, der nach innerstaatlichem Recht Minderjährigen zukommt. Für die Bundesrepublik wird daraus abgeleitet, dass unbegleitete Minderjährige Anspruch auf Leistungen nach dem KJHG haben. Das Minderjährigenschutzabkommen ist inzwischen ersetzt worden durch das erhebliche veränderte *Übereinkommen über die Zuständigkeit, das anzuwendende Recht, die Anerkennung, Vollstreckung und Zusammenarbeit auf dem Gebiet der elterlichen Verantwortung und der Massnahmen zum Schutz von Kindern* vom 19.10.1996, das allerdings bis zum Sommer 2001 von der Bundesrepublik noch nicht ratifiziert war. Es wird zu deutlichen Vereinfachungen führen und legt vor allem fest, daß in der Regel die jeweils geltenden nationalen Jugendhilfegesetze Anwendung finden.
(3) **Ausländergesetz**: Im Ausländergesetz finden sich vor allem Regelungen bezüglich der Einreise, des Aufenthaltsstatus, sowie der Ausreise von Ausländern. Bezüglich der unbegleiteten minderjährigen Ausländer ist besonders § 68 zu erwähnen, durch den die Handlungsfähigkeit in ausländerrechtlichen Verfahren bereits ab 16 Jahren vorausgesetzt wird.
(4) **Art. 16 a Grundgesetz**: Aus Abs. 1 ergibt sich der Grundsatz, dass politisch Verfolgte Asyl in der BRD erhalten. Abs. 2 schränkt dieses Recht insoweit ein, als dass Verfolgten, die aus sog. ‚sicheren Drittstaaten' einreisen, kein Asyl gewährt wird.

(5) **Asylverfahrensgesetz:** Im Asylrecht wird die rechtliche Stellung von Ausländern geregelt, die sich im Asylverfahren befinden. Im § 12 AsylVfG wird die Altersgrenze für Handlungsfähigkeit Minderjähriger speziell für das Asylverfahren auf 16 Jahre festgelegt.

(6) **Asylbewerberleistungsgesetz:** Das Asylbewerberleistungsgesetz regelt die finanzielle / materielle Situation von Asylbewerbern und Ausländern, die eine Duldung nach § 32 a AuslG haben. Die Leistungen dieses Gesetzes sind im Laufe der letzten Jahre stark eingeschränkt worden. Dies trifft Kinder wie Erwachsene in gleicher Stärke und stößt stellenweise auf die Kritik, dass das Kindeswohl hier nicht ausreichend beachtet werde.

(7) **UN-Kinderrechtskonvention:** Die Konvention trat am 5.4.92 in der Bundesrepublik in Kraft. Sie verpflichtet die Unterzeichnerstaaten dazu, ihr nationales Recht und ihr Verwaltungshandeln stärker am Gedanken des Kindeswohls auszurichten. Umstritten ist jedoch, ob die Konvention unmittelbare Anwendung in der Bundesrepublik findet, da die Bundesregierung bei der Unterzeichnung der Konvention einen Vorbehalt dahingehend formuliert hat, dass sich aus der Unterzeichnung der Konvention keine unmittelbare Rechtswirkung im Bundesgebiet ergibt, sondern erst eine Umsetzung in innerstaatliches Recht stattfinden müsse. Dies ist bisher noch nicht geschehen, so dass die Bestimmungen der Konvention bisher weitgehend ohne Einfluss auf das Handeln der Ausländerbehörden geblieben sind. Kritische Stimmen weisen jedoch darauf hin, dass wichtige Regelungen der Kinderrechtskonvention dadurch immer wieder ausgehebelt werden. Die meisten Artikel formulieren allgemeine Schutzbestimmungen, die für alle Kinder Geltung haben, Artikel 22 befasst sich speziell mit der Situation minderjähriger Flüchtlinge. Er betont die besondere Schutzbedürftigkeit und schreibt in Abs. 3 vor, dass unbegleiteten Minderjährigen (im Sinne der Konvention sind dies alle bis zum 18. Lebensjahr) derselbe Schutz zu gewähren ist wie anderen Kindern, die aus ihrer familiären Umgebung herausgelöst sind. Auch wenn die Regelungen der Konvention das Verwaltungshandeln nicht unmittelbar beeinflussen, sollten die Jugendämter immer wieder darauf hinwirken, dass die Vorschriften der Kinderrechtskonvention verstärkt Beachtung finden.

(8) **Bürgerliches Gesetzbuch (BGB):** Das BGB regelt die Einrichtung einer Vormundschaft für Minderjährige in den §§ 1773 bis 1895. § 1773 BGB bringt den Grundsatz zum Ausdruck, dass ein Minderjähriger einen Vormund erhält, der nicht unter elterlicher Sorge steht. Daraus folgt die Notwendigkeit, für unbegleitete Minderjährige eine Vormundschaft einzurichten, da deren Eltern die elterliche Sorge auf-

grund ihrer Abwesenheit nicht ausüben können. § 1774 BGB legt fest, dass das Vormundschaftsgericht die Vormundschaft von Amts wegen anordnen muss. Laut § 1791 b BGB kann das Jugendamt zum Amtsvormund bestellt werden, wenn geeignete Personen nicht vorhanden sind. Hierbei ist insbesondere vorher zu prüfen, inwiefern nach § 1779 BGB geeignete Personen zur Übernahme der Vormundschaft verfügbar sind, z.b. Verwandte des Minderjährigen. Die Aufgaben des Vormunds ergeben sich aus § 1793 BGB. Dazu gehören vor allem die Personen- und Vermögenssorge sowie die rechtliche Vertretung des Mündels.

3. Probleme im Aufgabenfeld

(1) **Politischer Konflikt:** Die Hilfe für unbegleitete ausländische Jugendliche ist Arbeit im politischen und gesellschaftlichen Konflikt, sie bewegt sich zwischen dem Wunsch der Flüchtlinge nach Aufnahme und dem staatlichen Ziel, Einwanderung einzudämmen. Die Fachkräfte der Jugendämter sind aufgefordert, speziell für diese Gruppe Minderjähriger, die zum Teil schwer traumatisiert und allein in unser Land kommt, Partei zu ergreifen und sich für sie einzusetzen. Dies steht jedoch oft im Widerspruch zur staatlichen Einwanderungspolitik und der gesellschaftlichen Ablehnung von Fremden. Zusätzlich stellt die schwierige oft widersprüchliche Gesetzeslage eine ständige Verunsicherung für die Fachkräfte und eine Bedrohung für die Betroffenen dar.

(2) **Unklare Zuständigkeiten und Verfahrensweisen:** Nicht immer ist den Fachkräften im ASD und den Fachkräften der freien Verbände klar, wie mit dem Aufgabenfeld umgegangen wird. Es ist unklar, auf welcher rechtlichen Grundlage Hilfe geleistet werden muss. Es gibt kein geregeltes Verfahren, nach dem Hilfestellungen und Unterstützung geleistet wird. Es bestehen Unsicherheiten darüber, welche Hilfen für unbegleitete Minderjährige gewährt werden können, bzw. wie sie unterstützt werden können. Es herrscht Unklarheit über die Zuständigkeiten. Bisher beschäftigen sich mit dem Thema die Vormünder, die Fachkräfte des ASD, die Mitarbeiterin des Caritasverbandes und derjenige Mitarbeiter, der die Notunterkünfte verwaltet, jeder für sich und auf seine Weise, ohne genau zu wissen, was zu tun ist. Es gibt keine Standards und Kriterien zum Umgang mit dem Thema. Dies hat ganz konkrete Konsequenzen im Alltag. Die unbegleiteten Minderjährigen können kein Bankkonto eröffnen, sich nicht in Sport-

vereinen anmelden, etc., da dies nur durch volljährige Personen oder Vormünder möglich ist. Die Jugendlichen selber verstehen diese Situation und rechtlichen Bestimmungen nicht. Es gibt erste Kooperationsbemühungen mit der aufnehmenden Stelle bei der Stadt (Betreuung der Unterkünfte), den Fachkräften der Stadtteilbüros, den Vormündern, der Koordinatorin für Hilfen zur Erziehung (HzE) sowie der Abteilungsleitung wirtschaftliche Hilfen und dem Sozialdienst für Flüchtlinge des Caritasverbandes. Bei den ersten Bemühungen, die Probleme kooperativ zu bewältigen, hat sich gezeigt, dass ein eindeutiges Bewusstsein der zuständigen Behörden für ein Hilfemandat, sowie die Kenntnis über einen klaren Verfahrensweg geeignete Hilfsangebote erst möglich machen. Dabei sollten die Aufgaben, die sehr vielfältig sind, auf die einzelnen Berufsgruppen aufgeteilt werden.

(3) **Rechtliche Schwierigkeiten:** Die Minderjährigen haben mit rechtlichen Schwierigkeiten von erheblicher Art und Bedeutung zu tun. Sie müssen den Nachweis der politischen Verfolgung führen. Für Kinder ist dies aber noch schwieriger als für Erwachsene. Zwar schließt der Gesetzgeber dies nicht generell aus, doch spricht die Handhabung der Regelung des Asylverfahrens dagegen, diesen Weg als vielversprechend anzusehen. Die sozialen und politischen Beweggründe, derentwegen Millionen von Kindern weltweit auf der Flucht sind, sprechen dagegen, dieses weltweite Problem auf dem Wege individueller Einzelverfahren zu bearbeiten. Es wäre ein großer Schritt nach vorne, auf der Grundlage des Genfer Flüchtlingsabkommen und des Haager Minderjährigen-Schutzabkommens ein Flüchtlingsrecht für Kinder zu schaffen. Große Probleme bereitet dabei der von der Bundesregierung formulierte Vorbehalt gegen die UN-Kinderrechtskonventionen, der es den Ausländerämtern leichter macht, die besondere Schutz- und Hilfebedürftigkeit Minderjähriger zu ignorieren. Ausländerrechtlich betrachtet sind die unbegleiteten Minderjährigen über 16 Jahre Erwachsenen gleichgestellt und bedürfen keiner besonderen Behandlung, jugendhilferechtlich können sie allerdings bis zu 21 Jahren Hilfen beanspruchen. Dieser Widerspruch in der Bewertung der Reife der Jugendlichen stellt sich insbesondere kompliziert dar, da Ausländeramt und Jugendamt Teile derselben Behörde sind, ihr Handeln sich aber auf gegensätzliche rechtliche Regelungen stützt. Konflikte innerhalb der Behörde sind dadurch vorprogrammiert. Bisher lag das Schwergewicht offensichtlich auf der Sichtweise des Ausländeramts, da pädagogische Erwägungen, wie z.B. die Bereitstellung einer geeigneten jugendgerechten Unterkunft und erzieherische Hilfen für die Jugendlichen zu kurz kamen. Eine eindeutige Stellungnahme der

Bundesregierung, die z.B. durch die Übertragung der UN-Kinderrechtskonvention auf innerstaatliches Recht den Gedanken des Kindeswohls auch für die Ausländerämter verbindlich machen könnte, wäre hier wünschenswert und hilfreich.

(4) **Methodische und strukturelle Probleme:** Wir haben es im Aufgabenfeld mit einer Vielzahl methodischer sowie struktureller Probleme zu tun.

a) Wohnliche Situation: Begleitete Minderjährige werden nach ihrer Ankunft in Deutschland mit ihren Familien in Erstaufnahmeeinrichtungen der Bundesländer untergebracht. Ist das Asylverfahren nicht während der Dauer der längstens dreimonatigen Unterbringung in der Erstaufnahmeeinrichtung abgeschlossen, werden die Flüchtlinge im Rahmen der landesweiten Verteilungsverfahren auf die Städte der Bundesländer verteilt.

Bei unbegleiteten minderjährigen Flüchtlingen entscheidet das Alter darüber, in welchen Einrichtungen die Erstaufnahme erfolgt. In Fällen, in denen den Behörden die Altersangaben der Kinder und Jugendlichen nicht glaubhaft erscheinen, nehmen sie Altersschätzungen vor. Die Kinder und Jugendlichen erhalten in der Regel keinen rechtsmittelfähigen Bescheid über die Altersfeststellung und haben keine Möglichkeit, sich gegen eine falsche Alterseinschätzung zu wehren. Flüchtlinge, die jünger als 16 Jahre sind oder so eingeschätzt werden, werden grundsätzlich in besonderen Erstaufnahme- oder Erstversorgungseinrichtungen untergebracht.

16jährige und ältere Jugendliche werden in der Regel in die landeseigenen Erstaufnahmeeinrichtungen für volljährige Flüchtlinge weitergeleitet und von dort nach Quotenregelung auf die Städte verteilt. Die Unterbringung der Jugendlichen hängt dort von den örtlichen Bedingungen ab. Für alle Asylbewerber- und Kriegsflüchtlinge gilt jedoch unabhängig von der Unterbringungsart, dass die Standards der Unterkunft sehr einfach sind.

In Dormagen stehen für die Unterbringung von Flüchtlingen 13 Möglichkeiten zur Verfügung, davon sind drei Unterkünfte für alleinstehende Personen vorgesehen, zwei Unterkünfte für alleinstehende Männer, eine Unterkunft für alleinstehende Frauen. Da es keine gesonderte Unterbringungsmöglichkeit für Jugendliche gibt, werden die Jugendlichen mit Erwachsenen zusammengelegt. Eine spezielle sozialpädagogische Betreuung besteht in den Unterkünften nicht. Die Ehrenamtlichen des Arbeitskreises Asyl und der Kirchengemeinden bieten regelmäßige Betreuung in den Unterkünften an, die für Familien zur Verfügung stehen, sowie sporadische Betreuung in der Unterkunft für alleinstehende Frauen. Die Unterkünfte für alleinstehende Männer werden lediglich von den städtischen Hausmeistern aufgesucht.

Die Jugendlichen müssen sich mit Lebensmitteln und Wäsche selbst versorgen und den Alltag organisieren. Da die meisten Unterkünfte mit Gemeinschaftsküchen, -bädern und -waschmaschinen ausgestattet sind, sind die meistgenannten Probleme in den Unterkünften die mangelnde Hygiene. Die Zimmer sind mit drei bis vier Personen belegt und es gibt für die Jugendlichen keine privaten Rückzugsmöglichkeit. Auch die Auswahl des Zimmernachbarn ist nicht immer möglich. Durch die Belegungsfluktuation sowie den nicht zu kontrollierenden Aufenthalt Außenstehender (Besucher) werden Diebstahl, Einbruch in die Zimmer und tätliche Auseinandersetzungen immer wieder möglich.

Die unzulänglichen Unterbringungsbedingungen schaffen somit für die Jugendlichen keine Voraussetzung, zur Ruhe zu kommen, um die eigene, oft chaotische und traumatische Lebens- und Fluchtgeschichte aufzuarbeiten. Eine Unterbringung in Jugendhilfeeinrichtungen (wie betreute Wohngruppen oder eine Unterbringung in Pflegefamilien) wäre hier sicherlich eine erstrebenswerte Alternative.

b) **Lebensbedingungen und kulturelle Probleme:** Werden die minderjährigen Flüchtlinge nach Dormagen zugewiesen, haben sie bereits drei Monate Erstaufnahmeeinrichtung hinter sich und zumeist einen Antrag auf Asylanerkennung gestellt. Eine Beratung in asylrechtlichen Fragen muss nicht erfolgt sein. Sind keine Verwandte oder Bekannte vorhanden oder angegeben worden, ist der Jugendliche im Ort der Zuweisung ohne Ansprechpartner. Kontakt hat der Jugendliche zunächst zum zuständigen Mitarbeiter der Stadt für Unterkünfte und zu einem Hausmeister. Eventuell wird er oder sie weitervermittelt an den Sozialdienst für Flüchtlinge des Caritasverbandes oder an das Jugendamt.

Da der/die Jugendliche keine Deutschkenntnisse hat, muss ein Gespräch in einer dem Jugendlichen bekannten Zweitsprache oder mit einem Dolmetscher geführt werden. Die ersten Anliegen betreffen zumeist Fragen zur Unterkunft, materiellen Versorgung und Anfragen nach Schule oder Arbeitsmöglichkeit. Anfragen zum Asylverfahren erfolgen erst mit Erhalt des Bescheides des Bundesamtes. Da die über 16 Jahre alten Jugendlichen keiner Schulpflicht unterliegen und eine Vermittlung in schulische

Maßnahmen aufgrund der fehlenden Deutschkenntnisse nicht erfolgen kann, sind die Jugendlichen gelangweilt und orientierungslos. Da die Jugendlichen in dieser ersten Phase aufgrund ihrer Abhängigkeit am zugänglichsten sind, wäre der Einsatz einer festen Bezugsperson, die bei praktischen Dingen des Alltages Hilfestellung leistet (Begleitung zum Ausländeramt, Sozialamt, Arzt, Vermittlung in einen Sprachkurs oder Verein etc.), sinnvoll und wünschenswert. Denkbar wäre hier der Einsatz pädagogischer Kräfte auf ehrenamtlicher oder auf Honorarbasis. Mit der Verbesserung der Sprachkenntnisse und/oder dem Kennenlernen von Freunden und Landsleuten werden die Jugendlicher unabhängiger.

Werden die Anforderungen der Behörden, Bildungsträger oder Sozialarbeiter unbequem, wird oft die Kooperation mit den Helfern verweigert und die Jugendlichen werden auffällig (Drogenkonsum, -handel, Kleinkriminalität, ungewollte Schwangerschaft, Beziehungsprobleme etc.).

Da die Jugendlichen Leistungen nach dem Asylbewerberleistungsgesetz erhalten, können Wünsche nach modischer Kleidung, Musik oder Sportartikeln und Discobesuchen nur selten erfüllt werden. Die Jugendlichen werden nicht nur durch Sprache, Hautfarbe und Herkunft ausgegrenzt, sondern auch durch Armut. Zusätzliche Kosten entstehen durch die Beauftragung von Rechtsanwälten.

Andererseits erscheinen Jugendliche durch die Teilnahme an Bildungsmaßnahmen, Sportvereinen oder Freizeitangeboten integriert und unauffällig. Dabei wird übersehen, dass die Jugendlichen oft durch traumatische Erlebnisse im Heimatland oder auf der Flucht geprägt sind und unter dem Verlust oder der Trennung ihrer Eltern, Geschwister und Freunde leiden. Ausdruck erhalten die psychischen Befindlichkeiten in psychosomatischen Krankheiten oder in oben genannten Verhaltensauffälligkeiten. Gespräche über die Erlebnisse können meist nur in der Muttersprache erfolgen, für die nicht immer ein Dolmetscher zur Verfügung steht. Zudem verursachen Dolmetscher Kosten, für die sich keine Stelle zuständig zeigt. Angebote zur Aufarbeitung von Traumatisierung erfolgen nur durch die Psychosozialen Zentren für Flüchtlinge in Köln und Düsseldorf, die in ihren Kapazitäten überlastet sind.

Generell leiden Jugendliche wie erwachsene Flüchtlinge an der Unzugänglichkeit unserer westlichen Industriegesellschaft. Dabei hängt der Grad der Anpassungsschwierigkeit sicherlich vom Herkunftsland, der sozialen Herkunft, der Bildung, der Fluchtgeschichte und der Persönlichkeit eines jeden ab. So ist es beispielsweise Jugendlichen, die im Herkunftsland durch Arbeit zum Lebensunterhalt der Familie beigetragen haben, nur schwer verständlich zu machen, dass sie in Deutschland mit 16 Jahren noch nicht in allen Bereichen verantwortlich sind und einen Vormund benötigen.

Werden die Jugendliche einer Nationalität zu mehreren einer Stadt zugewiesen, kennen sich diese in der Regel aus der Erstaufnahmeeinrichtung und orientieren sich aneinander. Dabei entstehen oft Freundschaften aus der Notwendigkeit des kulturellen Gemeinschaftsgefühls heraus und nicht aufgrund persönlicher Neigung. Auch hier ist es Aufgabe der Fachkräfte, den Jugendlichen bei Bedarf Kontakte zu Gleichaltrigen gleicher Nationalität oder ethnischer Herkunft, Kulturvereinen und Gruppen zu vermitteln.

c) **Schulische und Berufliche Ausbildung:** Viele der Jugendlichen stammen aus Bürgerkriegsländern und haben keine Chance auf eine politische Anerkennung durch das Bundesamt. Da die Asylverfahren jedoch in der Regel mehrere Jahre in Anspruch nehmen, sollten die Jugendlichen ihren Aufenthalt in der Bundesrepublik Deutschland für eine schulische oder berufliche Weiterbildung nutzen können.

Da eine Vollzeitschulpflicht in der Bundesrepublik Deutschland mit 16 Jahren nicht mehr besteht und deutsche Sprachkenntnisse erst erworben werden müssen, sind die 16jährigen in die Regelschulen nicht mehr vermittelbar. Angebote der Volkshochschule oder freier Bildungsträger sind nutzbar, beschränken sich jedoch auf Sprach- und Alphabetisierungskurse.

Die Vermittlung in anerkannte Ausbildungsberufe ist ebenfalls problematisch, da zum einen die Voraussetzungen fehlen (anerkannter Schulabschluss) und zum anderen eine Arbeitserlaubnis erteilt werden muss, die den Jugendlichen in der Regel versagt wird (ArbeitsgenehmigungsVO SGB III). Nach dem 15.05.1997 eingereiste Flüchtlinge erhalten generell keine Arbeitserlaubnis, vor dem Stichtag eingereiste Flüchtlinge erhalten eine Arbeitserlaubnis nach Arbeitsmarktprüfung.

„Bis vor einigen Jahren konnten – sofern entsprechende Stellen frei waren – alle minderjährigen Flüchtlinge an Ausbildungsmaßnahmen in überbetrieblichen Einrichtungen teilnehmen, die nach dem Arbeitsförderungsgesetz finanziert wurden. Seit 1995 ist diese Möglichkeit aber durch Weisung der Bundesanstalt für Arbeit und einiger Landesarbeitsämter stark eingeschränkt worden. Einen Anspruch auf Maßnahmen der Arbeitsämter zur Förderung der beruflichen Ausbildung haben seitdem nur noch Flüchtlinge mit einem sicheren Rechtsstatus, also Asylberechtigte, Kontingentflüchtlinge und Konventionsflüchtlinge. Sie haben die Möglichkeit, an berufvorbereitenden Maßnahmen des Bundesministeriums für Arbeit teilzunehmen, die vor allem schulische und sprachliche Defizite beseitigen und ihnen so die Bewerbung um eine Lehrstelle erleichtern sollen. Den Minderjährigen mit einem schlechteren Rechtsstatus bleibt aufgrund dieses faktischen Ausbildungsverbotes nur die Teilnahme an einem Berufsvorbereitungsjahr der Schulen oder an Förderungsmaßnahmen der Kommunen, die allerdings in den letzten Jahren immer stärker reduziert worden sind. Wegen der fehlenden Einstellungsperspektive wird im übrigen durch diese Ausbildungen oft lediglich der Beginn der Arbeitslosigkeit hinausgeschoben." [143]

d) **Komplizierte methodische Vorgehensweisen:** Die wahrzunehmenden Aufgaben für unbegleitete Minderjährige sind die gleichen wie bei deutschen Kindern allerdings mit einer komplizierten methodischen Sprache. Es besteht ein hoher Betreuungsaufwand. Das Kinder- und Jugendhilferecht garantiert im Rahmen der vorher beschriebenen Einschränkungen gleiche rechtliche Ansprüche und Leistungen für ausländische und inländische Kinder. Es sieht darüber hinaus vor, die jeweiligen besonderen sozialen und kulturellen Bedürfnisse und Eigenarten junger Menschen und ihrer Familien zu berücksichtigen. Demnach müssen alle Leistungen und die Erfüllung der anderen Aufgaben der Kinder und Jugendhilfe unter den speziellen Erfordernissen der Kinder nichtdeutscher Herkunft gestaltet werden. Dies setzt voraus, dass öffentliche wie freie Träger sich für die daraus ergebenden besonderen Anforderungen stärker öffnen. Die Schwierigkeit liegt in der Praxis häufig darin, dass die verschiedenen Adressatengruppen auf Grund ihrer unterschiedlichen kulturellen Erfahrungen und der durch den Aufenthaltsstatus bedingten mangelnden politischen Mitsprachemöglichkeiten weniger als die inländische Bevölkerung gelernt haben, eigene Interessen und Probleme zu artikulieren und zu vertreten. Es ist nicht nur ein Problem der Sprache, sondern auch oder gerade ein soziokulturelles Problem, innerfamiliäre und damit private Fragen und Nöte selbst zu bestimmen und nach außen zu vertreten.

---

143 Deutsches Komitee für UNICEF – Minderjährige Flüchtlinge in Deutschland – August 1999 – S.40

e) **Zwischen Hilfebedürftigkeit und Kriminalität:** Einige Kinder haben schwere traumatische Erfahrungen hinter sich und mussten sich oft unter dramatischen Umständen von ihrer Familie trennen. Sie haben oft schwere Gewalterfahrungen als Täter oder Opfer gemacht, leben in einer zeitlichen Unsicherheit mit Angst vor Abschiebung in einem fremden Land mit einer ihnen fremden Kultur. Sie haben einen therapeutischen Bedarf, dem sie sich jedoch häufig entziehen. Das andere Extrem sind Kinder, die von internationalen kriminellen Banden in unser Land eingeschleust werden. Sie sind eingebunden in ein soziales Netz einer weit gespannten kriminellen Szene und haben oft kein Interesse an der Jugendhilfe. Mit dieser Gruppe der Jugendlichen hat es die Stadt Dormagen gegenwärtig nicht zu tun, jedoch wegen der Nähe zu Köln und Düsseldorf ist dies perspektivisch nicht auszuschließen.

3. Qualitätsstandards

(1) **Günstige politische Rahmenbedingungen:** Die Fachkräfte treten engagiert für die Rechte der unbegleiteten minderjährigen Jugendlichen ein und setzen sich für positive Lebensbedingungen, in denen die Jugendlichen aufwachsen und sich entwickeln können, ein. Sie stehen solidarisch an der Seite der unbegleiteten Minderjährigen und vertreten ihre Interessen auch vor politischen Gremien.

(2) **Transparentes Verfahren:** Die Fachkräfte entwickeln ein transparentes Verfahren für Dormagen, wodurch die Zuständigkeiten klar geregelt sind und die Hilfe im Zusammenwirken aller organisiert wird. Sie kooperieren bei der Aufnahme und Hilfeanbahnung in einer Clearinggruppe mit anderen am Prozess beteiligten Fachkräften, um so effektiv Hilfe einzuleiten. Bei einer laufenden Betreuung eines unbegleiteten ausländischen Minderjährigen wird es eine regelmäßige Kooperation im Rahmen der Hilfeplanung geben (s. Methoden und Verfahren). Die Fachkräfte sorgen dafür, dass die Anzahl der Kooperationspartner übersichtlich bleibt.

(3) **Gesetzliche Klarheit:** Die Fachkräfte setzen sich für eine klare rechtliche Orientierung nach dem Prinzip der Interessevertretung des Kindes ein. Die BRD hat sich verpflichtet, das Interesse des Kindes zu wahren. Dies bedeutet „die Umsetzung der Kinderrechtskonvention, d.h. – soweit erforderlich – Bekanntmachung und Verbreitung des Inhalts, Zuspitzung ihrer Inhalte auf deutsche Verhältnisse und Auf-

greifen der Concluding Observations, Änderung des nationalen Rechts, muss auf den Ebenen von Bund, Ländern und Kommunen verstärkt angegangen werden."[144] Jugendliche bekommen einen rechtsfähigen Bescheid über ihre Altersfestsetzung, damit sie gegebenenfalls Widerspruch gegen diesen einlegen können. Den Jugendlichen wird für das Asylverfahren vor Gericht eine für den Jugendlichen kostenfreie rechtliche Vertretung zur Seite gestellt, da Vormünder diese Aufgaben in der Regel nicht wahrnehmen können, die gesetzliche Materie ist zu kompliziert. Es ist insbesondere von Bedeutung, dass eine gute Kooperation der sozialen Fachkräfte mit dem Ausländeramt die mangelnde Eindeutigkeit des rechtlichen Rahmens zu ersetzen versucht.

(4) **Konzeptionelle Überlegungen:** Da die Jugendlichen in dieser ersten Phase aufgrund ihrer Abhängigkeit am zugänglichsten sind, ist der Einsatz einer festen Bezugsperson, die bei praktischen Dingen des Alltages Hilfestellung leistet (Begleitung zum Ausländeramt, Sozialamt, Arzt, Vermittlung in einen Sprachkurs oder Verein etc.) sinnvoll und wünschenswert. Denkbar ist hier der Einsatz pädagogischer Kräfte oder kompetenter Bürgerinnen und Bürger auf ehrenamtlicher oder auf Honorarbasis. Die Fachkräfte des Amtes sorgen für geeignete Unterkünfte und Unterbringungsmöglichkeiten, gegebenenfalls in betreuten Wohnformen, Pflegefamilien oder Einrichtungen der Jugendhilfe. Sie engagieren Dolmetscher, um sprachliche Barrieren zu überwinden. Die Fachkräfte entwickeln ein gutes und koordiniertes Fallmanagement, welches den kulturellen Kontext der Jugendlichen bei der Entwicklung von Hilfen mit einbezieht. Im Aufgabenfeld werden die Fachkräfte weitergebildet. Sie suchen engagierte, interessierte und sachkundige Vormünder, die diese Kinder nicht nur verwalten, sondern die sich für ihre Interessen einsetzen und an ihrer Seite sind. Sie vermitteln Hilfen, um die bei vielen Jugendlichen vorhandenen traumatischen Erlebnisse zu verarbeiten. Sie haben die kulturelle Angemessenheit ihres Handelns im Blick und versuchen die Kinder und Jugendlichen im Kontext ihrer Kultur zu verstehen und sie beim Aufbau von Beziehungen und Freundschaften zu unterstützen.

---

144 Bundesministerium für Familien, Senioren, Frauen und Jugend (BMFSFJ) (Hg.): Zehnter Kinder- und Jugendbericht. Bericht über die Lebenssituation von Kindern und die Leistungen der Kinderhilfen in Deutschland. Bundestagsdrucksache 13/11368, Bonn: 1998, S. 174

5. Prozessgestaltung: Methoden und Verfahren

Das Verfahren wurde für die minderjährigen unbegleiteten Asylanten über 16 Jahre entwickelt, da diese unsere Hauptgruppe bilden. Alle anderen Fälle werden direkt im Verfahren bei der Clearingstelle beginnen.

(1) **Information:** Es ergeht eine schriftliche Zuweisung an die Stadt Dormagen (Ordnungsamt), dieses informiert die Koordinatorin der Erzieherischen Hilfen und die Fachkraft der Caritas für Flüchtlinge.

(2) **Aufnahme und Clearingstelle:** Nach der tatsächlichen Anreise des UM wird ein gemeinsames Gespräch des Betroffenen mit den Fachkräften der Clearingstelle (Hilfe für Flüchtlinge, Ordnungsamt, Koordinatorin HzE, Amtsvormund, sozialpädagogische Fachkraft, Dolmetscher) geführt.

(3) **Entscheidung über die zu gewährende Unterstützung:** Die Clearinggruppe entscheidet gemeinsam, welche Hilfen der Jugendliche benötigt und stimmt diese aufeinander ab:

   a) **Art der Vormundschaft**
   - Einzelvormund
   - Amtsvormundschaft

   b) **Unterkunft**
   - normale Unterkunft
   - speziell für diesen Personenkreis ausgerichtete Unterkunft

   c) **Psychosoziale Betreuung/Hilfe zur Erziehung**
   - Inobhutnahme
   - Bereitschaftspflegefamilie
   - Heimunterbringung
   - Betreuung durch den Sozialdienst für Flüchtlinge
   - ambulante Hilfen
   - Unterstützung durch den Bezirk

(4) **Regelung der Zuständigkeiten:** Genereller Ansprechpartner für alle Beteiligten ist der Sozialdienst für Flüchtlinge, das Ausländeramt ist für den Asylantrag zuständig und die rechtliche Vertretung im Asylverfahren wird durch einen Anwalt wahrgenommen und nicht durch den Vormund. Die Fachkräfte des allgemeinen sozialen Dienstes sorgen für eine angemessene Hilfe und bedarfsgerechte Versorgung, sie stellen gegebenenfalls einen Antrag beim Vormundschaftsgericht auf eine Amtsvormundschaft. Nach der Bestellung zum Amtsvormund stellt dieser die Anträge auf wirtschaftliche Hilfen und wenn nötig auf Hilfen zu Erziehung.

(5) **Regelung der Betreuung und Kooperationsvereinbarungen:**
- Kooperation der Sozialpädagogischen Fachkräfte mit dem Amtsvormund/Einzelvormund und Sozialdienst für Flüchtlinge im Einzelfall.
- Regelmäßige Abstimmung der o.g. Kooperationspartner für die Gruppe aller unbegleiteten ausländischen Minderjährigen zu folgenden Themen im Rahmen einer Arbeitsgemeinschaft:
  - Prüfung der Schulpflicht
  - Prüfung von Beschäftigungsmöglichkeiten
  - Prüfung von Ausbildungsmöglichkeiten
  - Prüfung von Freizeitaktivitäten
  - Prüfung des therapeutischen Bedarf
  - Prävention

6. Prozessdokumentation

(1) Der Sozialdienst für Flüchtlinge dokumentiert den Prozessverlauf (Laufzettel).
(2) Der Sozialpädagogische Dienst des Jugendamtes dokumentiert den Hilfeprozess (Hilfeplan).
(3) Dokumentation der Ergebnisse der Arbeitsgemeinschaft.

PPQ 20
Jugendgerichtshilfe[145]

> „Eine unmenschlichere Strafe konnte nicht erfunden werden
> als dass man, wenn dies möglich wäre,
> in der Gesellschaft losgelassen und von allen ihren Mitgliedern
> völlig unbeachtet bleiben würde."
> (William James)

1. Aufgabe

Die Arbeit der Jugendgerichtshilfe – die besser „Jugendhilfe für straffällig gewordene Jugendliche" hieße – ist darauf ausgerichtet, die gesellschaftliche Integration oder Wiedereingliederung von delinquenten Jugendlichen und Heranwachsenden zu fördern, indem geeignete Maßnahmen entwickelt, angeregt und umgesetzt werden. „Die JGH wirkt im Verfahren nach dem JGG durch Beratung, Begleitung und Betreuung von straffälligen Jugendlichen und Heranwachsenden (14-21 J.) sowie deren Familien mit. Sie bringt die erzieherischen und sozialen Gesichtspunkte gegenüber der Staatsanwaltschaft und Gerichten ein und unterstützt beteiligte Fachbehörden durch Beratung und sozialpädagogische Stellungnahmen."[146]

Die Aufgaben der Jugendgerichtshilfe wurden durch das Reichsjugendgerichtsgesetz (RJGG) vom 1.1.1924 den Reichsjugendämtern übertragen, die durch das Reichsjugendwohlfahrtsgesetz 1924 eingerichtet wurden. Erstmals wurde durch das RJGG der Erziehungsgedanke gesetzlich verankert. Jugendliche wurden nicht ausschließlich für ihre Straftaten bestraft, sondern sollten, falls möglich, zu einem rechtschaffenen Lebenswandel erzogen werden. Diese Gesetzesreform wurde maßgeblich durch die Jugendgerichtsbewegung vorangetrieben, die zum Ende des 19. Jahrhunderts und beginnenden 20. Jahrhunderts, ausgehend von Reformbemühungen einer Jane Addams in den USA, zunehmend an Einfluß gewann. In der Zwischenzeit wurde das Gesetz mehrfach geändert, zuletzt durch das 1. JGG Änderungsgesetz (1. JGG ÄndG) vom 30.8.1990. Hierdurch wurde der Erziehungsgedanke des Jugendgerichtsgesetzes im Sinne

---

145 PPQ 20 wurde von M. Hüsch-Stelzmann, R. Huber, A. Zöller und D. Schatte erarbeitet.
146 Brehmer, Monika: Produkt „Jugendgerichtshilfe". In: DVJJ-Journal 1/1997, Nr.155, S. 83

des Vorrangs von erzieherischen vor strafenden Maßnahmen nochmals, wenn auch nicht in dem von vielen erhofften Maße, verstärkt.

Bis zum Beginn der 80er Jahre wurden das Tätigkeitsprofil und das berufliche Selbstverständnis der Jugendgerichtshilfe dominiert von der Ermittlungstätigkeit für das Gericht. Diese bestand insbesondere darin, die Persönlichkeit des jugendlichen Straffälligen zu erforschen und dem Gericht zu vermitteln. Das berufliche Selbstverständnis und das Tätigkeitsprofil haben sich seit Beginn der 80er Jahre nachhaltig verändert. Zunehmend wurde die Hilfe für den Jugendlichen und Heranwachsenden und seine Familie als die vordringlichste Aufgabe der Jugendgerichtshilfe definiert. Hierbei wird der Arbeit mit der Gruppe der sogenannten Mehrfachstraftäter besondere Bedeutung beigemessen. Dieses neue Selbstverständnis manifestiert sich in der Entwicklung und Durchführung sozialpädagogischer Maßnahmen mit dem Ziel der Reintegration der Jugendlichen. Diese Entwicklungen führten mit zum 1. JGG ÄndG vom 30.8. 1990, in dem die sogenannten Neuen Ambulanten Maßnahmen (Sozialpädagogischer Trainingskurs, Betreuungsweisung und Täter-Opfer-Ausgleich) in den Weisungskatalog des § 10 JGG aufgenommen und die Haftentscheidungshilfen ausgebaut wurden. Eine weitere gesetzliche Etablierung des Selbstverständnisses wurde durch das Inkrafttreten des Kinder- und Jugendhilfegesetzes herbeigeführt, das die Jugendhilfe in großem Maße als Leistungsgesetz für die Bürgerinnen und Bürger definierte und umfassende Datenschutzregelungen festlegte.

2. Rechtlicher Rahmen

Die rechtlichen Rahmenbedingungen der Jugendgerichtshilfe ergeben sich aus den Bestimmungen, die für alle Tätigkeiten des Jugendamtes bestimmend sind, vornehmlich § 27 ff, § 41 Abs. 2 KJHG, § 52 KJHG i.V.m. § 38 JGG und §§ 61 ff. KJHG. Diese Paragraphen bilden die gesetzliche Grundlage für die Arbeit der Jugendgerichtshilfe.[147]

Das Jugendamt (oder die Vertreter) tritt hier als unabhängige Fachbehörde auf, die den Jugendlichen und Heranwachsenden helfen möchte. Diese Form der Hilfe grenzt sich von der Staatsanwaltschaft und den Gerichten in der Form ab. Sie will „helfen statt urteilen und fachlich begleiten statt gutachterlich Stellung nehmen."[148] Das Jugendamt ist nach §52 Abs.2 Satz 1 verpflichtet, frühzeitig auf die Straffälligkeit des Jugendli-

---

147 Münder, J.: Jugendgerichtshilfe als sozialpädagogische Tätigkeit. In: DVJJ-Journal 4/1991 (Nr. 137), S. 329
148 ebenda, S. 329

chen oder Heranwachsenden zu reagieren und gegebenenfalls Jugendhilfemaßnahmen anzubieten bzw. zu initiieren, um zeitnah Beratung und Unterstützungsangebote für die Jugendlichen und Heranwachsenden und deren Familien anbieten und einleiten zu können.
Die Jugendgerichtshilfe soll durch ihr Mitwirken im Jugendgerichtsverfahren darauf hinwirken, dass vom Jugendgericht nur solche Maßnahmen und Hilfen angeregt und ggf. angeordnet werden, die auch von der Jugendhilfe für fachlich richtig und geeignet angesehen werden. Dies trifft insbesondere auf Hilfen zur Erziehung nach § 12 JGG zu, die nur nach Anhörung des Jugendamtes auferlegt werden. Solche Hilfen können nur im Konsens zwischen Gericht und Jugendamt entwickelt und verwirklicht werden.
Weitere Gesetze, die im Rahmen des Jugendgerichtsverfahrens angewandt werden, sind u.a. das Strafgesetzbuch (StGB), die Strafprozeßordnung (StPO), das Betäubungsmittelgesetz (BTMG), das Ordnungswidrigkeitsgesetz (OWiG).

3. Probleme im Aufgabenfeld

(1) **Rollenkonflikte:** Es besteht ein grundsätzlicher Rollenkonflikt zwischen der Hilfe für den angeklagten Jugendlichen und seine Familie und der Hilfestellung für die Justiz.[149] Dieser Rollenkonflikt wird auf verschiedenen Ebenen wirksam:

- Rollenkonflikte ergeben sich aus den unterschiedlichen Aufträgen der JGH: einerseits dem Jugendlichen und seiner Familie beratend zur Seite zu stehen und andererseits weisende und sanktionierende Aufgaben auszuführen.
- Die Dienstleistung der JGH richtet sich z.T. gegen die Interessen der Klienten. Beispiele sind: Der Vorschlag zum Strafmass durch die JGH und die Weitergabe persönlicher/privater Informationen an das Amtsgericht. Dies ist um so problematischer, als es die eigentliche Aufgabe der JGH ist, sich gem. § 38 Abs. 2 JGG zu den Maßnahmen, die zu ergreifen sind, zu äußern. Denn die JGH muß und sollte aus ihrer Sicht keinen Strafvorschlag machen. Dazu ist sie nicht verpflichtet; vielmehr kann und sollte sie mögliche, unterschiedliche, in Betracht kommende Maßnahmen hinsichtlich

---

149 Vgl. Wiesner, R. (Hg.): SGB VIII. Kinder- und Jugendhilfe. München: C. H. Beck, 2000, 2 Aufl., S.935

ihrer erzieherischen Wirkung beurteilen und eine entsprechende Beurteilung gegenüber dem Gericht abgeben.

(1) **Spannungsfelder zwischen Nähe und Distanz, Vertrauen und Macht:** Aus diesem Rollenkonflikt ergeben sich immanente Spannungsfelder:

- zwischen Nähe und Distanz (Persönliche Hilfestellung versus objektiver öffentlicher Beurteilungen und Sanktionen)
- zwischen Hilfe und Zwang
- zwischen Vertrauen und Machtstellung der JGH.

(3) **Systemkonflikt:** Konflikte und Kommunikationsschwierigkeiten zwischen JGH und Justiz ergeben sich aus den unterschiedlichen Systemlogiken der Systeme:[150]

- Im Mittelpunkt des justiziellen Denkens steht die allgemeingültige Verbindlichkeit von Rechtsnormen. Demgegenüber verfolgt die Jugendhilfe überwiegend einen individualistischen Ansatz, der die Autonomie und Einzigartigkeit des Individuums in den Vordergrund stellt.
- Der Handlungsansatz der Justiz ist normativ/direktiv, der der Jugendhilfe überwiegend emanzipatorisch ausgerichtet.
- Trotz dieses Gegensatz sind beide Systeme komplementär, da sie beide für das gesellschaftliche Zusammenleben notwendig sind.

(4) **Problematik des Erziehungsgedanken:** Der Erziehungsgedanke im Strafrecht verschleiert den sanktionierenden Charakter des Strafverfahrens und kann zur Doppelbestrafung von Jugendlichen und Heranwachsenden führen, in dem diese nicht nur wegen der Verletzung einer Rechtsnorm, sondern wegen moralischer Fehlentwicklungen bestraft werden.[151]

(5) **Tendenz zur defizitären Beschreibung und Stigmatisierung:** Tendenziell besteht im Jugendgerichtsverfahren die Gefahr einer defizitären Beschreibung der Jugendlichen und Heranwachsenden, werden die Klienten vor allem in Hinblick auf ihr delinquentes Verhalten beschrieben, eingeschätzt und behandelt. Dabei geraten die Stärken dieser jungen Menschen leicht aus dem Blick.

---

150 Vgl. Wiesner, R. (Hg.): SGB VIII. Kinder- und Jugendhilfe. München: C. H. Beck, 2000, 2 Aufl., S. 927ff
151 Vgl. Wiesner, R. (Hg.): a.a. O., S. 933ff

4. Qualitätsstandards

(1) **Dialogischer Gesprächsaufbau:** Die gewonnene Einschätzung über den Jugendlichen und der mögliche Vorschlag zum Strafmass, werden im Gespräch offen dargelegt und mit dem Jugendlichen erörtert.

(2) **Offenheit und Transparenz:** Zu Beginn der JGH-Tätigkeit werden die unterschiedlichen Aufgaben, Funktionen und Rollen der JGH dem Jugendlichen und seiner Familie ausführlich und nachvollziehbar erläutert. Hierdurch erhalten die Beteiligten die Gelegenheit, selbst zwischen Distanz und Nähe zu entscheiden.

(3) **Empathische Gesprächsführung:** Um einen Eindruck über die Situation und Position des Jugendlichen in seiner Familie, innerhalb der Peer-Group und sonstigen Lebensbezügen zu erhalten, ist eine empathische Gesprächsführung erforderlich. Die so gewonnenen Informationen sollen die zielsichere Einschätzung des Jugendlichen hinsichtlich seines Entwicklungsstandes und möglicher Zusammenhänge zwischen der familiären und sozialen Situation des Jugendlichen und seiner Tat ermöglichen.

(4) **Sensible Datenerhebung und -weitergabe:**

   a) Die Datenerhebung, -speicherung und -weitergabe erfolgt nach dem Grundsatz: „Soviel wie nötig und so wenig wie möglich."[152]
   b) Die Daten werden nur unter Mitwirkung der Jugendlichen erhoben.[153]
   c) Die Datenschutzbestimmungen werden eingehalten (Informationelles Selbstbestimmungsrecht der Betroffenen: BverfGE 56, 1ff., Sozialgeheimnis: § 35 SGB I, Geheimnisverrat: §§ 61-68 SGB VIII, § 203 StGB)[154]

(5) **Äußerst sorgfältige und verantwortungsvolle Sachbearbeitung:** Um den Einfluss der JGH im Jugendstrafverfahren zu sichern und die Eingriffsintensität möglicher Maßnahmen des JGG zu beeinflussen, wird auf eine äußerst sorgfältige, verantwortungsvolle und umsichtige Sachbearbeitung geachtet.

(6) **Konzentration auf erzieherische und soziale Stellungnahmen und Hilfen:** Die Fachkräfte der JGH bilden ein scharfes Aufgabenprofil

---

152 Bundesarbeitsgemeinschaft Jugendgerichtshilfe: Die Standards für den Fachdienst Jugendgerichtshilfe, in: DVJJ-Journal 2/1997, Heft 156, S. 214
153 ebenda
154 ebenda

aus, um eine Konzentration auf erzieherische und soziale Hilfestellungen zu erreichen.

(7) **Abklärung der Motivation und des erzieherischen Bedarfs des Jugendlichen bei Auflagen und Weisungen:** Vor dem Vorschlag von Weisungen und Auflagen werden die Motivation und der erzieherische Bedarf des Jugendlichen, insbesondere bei längerfristigen, eingriffsintensiven Maßnahmen, abgeklärt.[155]

(8) **Die Jugendgerichtshilfetätigkeit ist eng mit den anderen sozialpädagogischen Hilfsangeboten des SGB VIII verknüpft:** Die Jugendgerichtshilfe klärt offensiv über bestehende Hilfsangebote auf und führt diese bei Bedarf durch oder stellt den Kontakt zu den entsprechenden Angeboten her.

(9) **Faire und fachliche Kommunikation mit anderen Institutionen:** Die Jugendgerichtshilfe arbeitet eng mit anderen Institutionen (Gerichte, Staatsanwaltschaft, Bewährungshilfe etc.) zusammen.

(10) **Die Jugendgerichtshilfe wird möglichst frühzeitig tätig:** Um Möglichkeiten einer außergerichtlichen Verfahrenserledigung zu prüfen (Diversion) und schnell Hilfsangebote einzuleiten, nimmt die Jugendgerichtshilfe so schnell wie möglich Kontakt zu den Jugendlichen/Heranwachsenden und deren Familien auf.

(11) **Ein Schwerpunkt der Jugendgerichtshilfetätigkeit sind gefährdete Jugendliche und Heranwachsende:** Die Jugendgerichtshilfe arbeitet intensiv mit Jugendlichen und Heranwachsenden zusammen, die gefährdet sind, dauerhaft in eine „kriminelle Karriere" abzugleiten.

(12) **Die folgenden Mindeststandards garantieren die Strukturqualität guter Fachpraxis in der JGH**[156]:

   a) Die Fachkräfte verfügen über eine abgeschlossene Ausbildung als Dipl.-Sozialarbeiter und Dipl.-Sozialpädagogin.
   b) Die Fachkräfte nehmen regelmäßig an Fortbildungen teil.
   c) Der fachliche Austausch mit Kollegen aus dem Arbeitsfeld und darüber hinaus ist gewährleistet.
   d) Die Arbeitsräume erlauben eine ungestörte und vertrauliche Gesprächsführung.

---

155 ebenda
156 a.a.O., S. 215

e) Eine zentrale Koordinierungsstelle für die Akquisition von Arbeitsstellen, zur Kontaktpflege mit anderen Institutionen und zur Initiierung von pädagogischen Angeboten ist vorhanden.

5. Prozessgestaltung: Methoden und Verfahren

(1) **Frühzeitige Beratungsangebote:** Kurzfristige Beratungsangebote an Eltern und Jugendliche nach Bekanntwerden von Ermittlungen durch Polizei und Staatsanwaltschaft (Polizeilicher Ermittlungsbericht, Rote Akten der Staatsanwaltschaft).

(2) **Gesprächseinladungen:** Wir suchen aktiv den Kontakt zu den Jugendlichen und Heranwachsenden und deren Familien.

   a) Jugendliche: 3 x (2 x schriftlich)
   b) Heranwachsende: 2 x

(3) **JGH-Gesprächsführung:**

   a) Offenheit und Transparenz [157]
   b) Empathische Gesprächsführung [158]
   c) Dialogischer Gesprächsaufbau [159]
   d) Abklärung der Motivation und des erzieherischen Bedarfs des Jugendlichen bei Auflagen und Weisungen [160]

(4) **JGH-Bericht:** Grundsätzliche Hinweise auf die Erstellung eines JGH- Bericht

   a) Klare Trennung von Fakten und Bewertungen
   b) Eindeutige Quellenangaben
   c) Sensible Datenerhebung und -weitergabe
   d) Konzentration auf erzieherische und soziale Stellungnahmen und Hilfen: Die gewonnenen Informationen sollen die zielsichere Einschätzung des Jugendlichen hinsichtlich seines Entwicklungsstandes und möglicher Korrelationen zwischen der familiären und sozialen Situation und seiner Tat ermöglichen.
   e) Wesentlich ist die Stellungnahme zur Einschätzung der Tat aus erzieherischer und sozialer Sicht, unter Berücksichtigung der Persönlichkeit des Jugendlichen.

---

157 Vgl. Qualitätskriterium 1)
158 Vgl. Qualitätskriterium 2)
159 Vgl. Qualitätskriterium 3)
160 Vgl. Qualitätskriterium 4)

f) Der Umfang des JGH-Berichtes muss im Verhältnis zur Schwere der Straftat stehen.

Kurzbericht: Der Kurzbericht (bei geringfügigen Delikten) umfasst lediglich:

a) die Stellungnahme und
b) einen Verfahrensvorschlag.

Umfassender JGH-Bericht:

a) **Familiäre Verhältnisse:**
- Personalien der Eltern und Geschwister (Name, Vorname, Alter, Beruf)
- Haushaltsgemeinschaft
- Besonderheiten des Entwicklungsverlaufes
- Kontakte zur Familie

b) **Optional je nach Fall, soweit für die Stellungnahme relevant:**
- Sozialverhalten in der Familie, Schule, Freizeit
- emotionale Entwicklung
- Beziehung zur Herkunftsfamilie
- Stärken und Ressourcen
- Defizite und Probleme
- Bisherige therapeutische und pädagogische Maßnahmen

c) **Schule:**
- Schulische Laufbahn
- Beruflicher Werdegang
- Berufliche Perspektive
- Einkommen

d) **Freizeit:**
- Vereinsgebundene Aktivitäten
- Soziale Kontakte in der Freizeit
- Interessen/Hobbys

e) **Einstellung zur Tat:**
- Keine Darstellung des Tatverlaufs
- Geständig ja/nein
- Vorgeschichte zur Tat und daran anschließende Ereignisse, soweit relevant

f) **Zusammenfassende Stellungnahme:**

- Einschätzung der Tat aus erzieherischer und sozialer Sicht, unter Berücksichtigung der Persönlichkeit des Jugendlichen im Kontext seiner bisherigen Entwicklung und der Entwicklungsperspektiven
- Bestehen Anzeichen für eine Gefährdung des Jugendlichen?

(5) **Mitwirkung in der Gerichtsverhandlung vor dem Jugendgericht:**

(1) Die Fachkraft in der JGH nimmt in der Regel an der Gerichtsverhandlung persönlich teil.

(2) Die Stellungnahme der Jugendgerichtshilfe wir vorab übersandt:

- Zusammenfassende Darstellung der entscheidenden Entwicklungsschritte
- Stellungnahme zur Perspektive und der Frage der Gefährdung des Jungendlichen /Heranwachsenden

(3) Evtl. wird ein Vorschlag aus erzieherischer und sozialer Sicht, zu geeigneten Maßnahmen nach dem JGG gemacht.

(6) **Auflagen und Weisungen:**

Arbeitsauflagen:

a) kurzfristige Anweisung der Arbeitsstunden nach der Gerichtsverhandlung (innerhalb von zwei Wochen nach der Gerichtsverhandlung)
b) Anweisung der Arbeitsstunden erfolgt schriftlich und nach vorheriger mündlicher Abklärung mit dem Jugendlichen/Heranwachsenden
c) Der Informationsaustausch mit den Arbeitsstellen muss organisiert werden

Betreuungsweisungen: Mindestens 1x pro Monat in der Anfangsphase Häufiger

Nachgehende Hilfen: Weitere Beratung und Unterstützung werden offensiv angeboten.

6. Prozessdokumentation

Es wird regelmäßig dokumentiert:

(1) Die regelmäßigen Koordinierungsgespräche mit dem Gericht, der Staatsanwaltschaft und der Bewährungshilfe

(2) Die Dienstbesprechung der sozialpädagogischen Fachkräfte bei Angelegenheiten der JGH
(3) Die Ergebnisse der Netzwerkarbeit: Kooperation der JGH auf Kreisebene, gemeinsame sozialpädagogische Projekte auf Kreisebene und in Zusammenarbeit mit der offenen Jugendarbeit
(4) Die Jahres-Statistik (Auslastung der Fachkräfte, Entwicklung der Kinder und Jugendkriminalität in der Region und Fallauswertung).
(5) Jahresberichte der Koordinationsstelle JGH werden angefertigt.

PPQ 21
Zusammenarbeit der Fachkräfte[161]

> „Unser Kopf ist rund, damit das Denken die Richtung wechseln kann"
> (Francis Picabia)

1. Aufgabe

Mit den schnellen technischen, wirtschaftlichen und politischen Wandlungen der letzten Jahrzehnte gingen gesellschaftliche Veränderungen einher, die auch die Ansprüche an Sozialarbeit erheblich steigerten.

Zu Beginn des 20.Jahrhunderts wurde Produktqualität an der Verlässlichkeit, gleichwertige Produkte herzustellen, gemessen. Bis in die fünfziger Jahre wurde diesbezüglich das Augenmerk auf den Produktionsprozess und dessen Organisation gerichtet. Die eng begrenzten Sachkenntnisse eines Einzelnen reichten zur Lösung eines Problems und somit zur Hilfe in komplexen Problemlagen nicht aus. Spezialisierung und zunehmende, hochkomplexe Arbeitsteilung erforderten immer mehr Teamarbeit. In der gegenwärtigen Theorie und Praxis richtet sich Qualitätsentwicklung nicht mehr so sehr auf das Ergebnis (das Produkt), sondern vielmehr auf den Prozess. Hierarchisch angelegte Autoritätsstrukturen und schlechte Kommunikationsgewohnheiten können der Vielschichtigkeit der Problemlagen sowie der heutigen Menge an Wissen und Informationen nicht mehr gerecht werden. Der einzelne Mitarbeiter selbst und die Entfaltung seiner kreativen Potentiale stehen mehr und mehr im Mittelpunkt der Betrachtung.

Zusammenarbeit ist vor diesem Hintergrund als eine Entwicklung von Selbstkompetenz zu sehen. Dabei geht es um die Fähigkeit, Ressourcen und Grenzen zu erkennen, Beziehungszusammenhänge zu organisieren, um so bestimmte Ergebnisse zu erreichen. Erfolgreiche Sozialarbeit wird demzufolge durch die entsprechend organisierte Vereinigung des Wissens gründlich geschulter Vertreter verschiedener Disziplinen und über kollegiale Beratung möglich. Zusammenarbeiten müssen beide: die Fachkräfte untereinander wie auch die Fachkräfte mit den Klienten.

Hier soll Zusammenarbeit von Fachkräften als Methode sozialarbeiterischen Handelns beschrieben werden, die dazu dient, die Aufgabe, im Zusammenwirken die Lebenssituation von Familien und jungen Men-

---

161 PPQ 21 wurde von Uwe Sandvoss, Marita Scherb-Holzberg, Klaus Holland und Fred Bensch erarbeitet.

schen positiv zu beeinflussen, produktiv zu gestalten und ihr gerecht zu werden.
Das KJHG schreibt in folgenden Bereichen eine Zusammenarbeit der Fachkräfte gesetzlich vor:

- Hilfeplanung
- Jugendhilfeplanung
- Arbeitsgemeinschaften
- Zusammenarbeit von Einrichtungen der Jugendhilfe mit anderen Institutionen,

Zusammenarbeit ist eine Möglichkeit zur Qualitätsentwicklung und Qualitätssicherung. Sie findet in unterschiedlichen Formen und Ausprägungen statt:

Kollegiale Beratung: Eine kollegiale Beratung wird bei Bedarf situativ einberufen. Der Ablauf des Verfahrens ist festgelegt. In der Regel geht es um eine fallbezogene Fragestellung, die gemeinsam bearbeitet wird. Die kollegiale Beratung dient als unterstützende Hilfe und Selbstüberprüfung der zuständigen Fachkraft. Diese Arbeitsform dient dazu, beste Fachpraxis aufrechtzuerhalten

Fallbezogene Supervision: Gruppensupervision findet mit einer externen Supervisorin statt. In der Supervision wird der Fall von der Fachkraft vorgestellt. Die Gruppe bearbeitet gemeinsam den Fall. Der Fokus liegt stärker auf den persönliche Anteilen und Verstrickungen, Koalitionen, Ausblendungen. Übertragungen, Projektionen etc.

Teamarbeit: Teams arbeiten nach einem gemeinsamen Konzept, dass kontinuierlich weiterentwickelt wird. Die Verantwortung für Arbeitsinhalte, Ergebnisse und Abläufe wird gemeinsam getragen. Die Teammitglieder ergänzen und vertreten sich gegenseitig. Absprachen, Arbeitsteilungen, Organisation und inhaltliche Auseinandersetzungen finden in regelmäßigen Teamgesprächen statt.

Dienstbesprechungen: Aufrechterhaltung des Informationsflusses, Organisation des Arbeitsablaufes, kollegialer Austausch sind wesentliche Inhalte von Dienstbesprechungen.

Helferkonferenz: Eine Helferkonferenz wird einberufen, wenn eine gemeinsame Entscheidungsfindung in einem besonders komplexen Einzelfall notwendig erscheint und bereits verschiedene Professionen mit diesem Fall in Berührung kamen oder kommen werden. Teilnehmer einer Helferkonferenz sind Fachkräfte von unterschiedlichen Institutionen, andere am Fall Beteiligte und die Familie.

Arbeitskreise – Thematische Gruppenarbeit: In Arbeitskreisen treffen Fachkräfte unterschiedlicher Institutionen, mit verschiedenen Aufgaben und Aufträgen zusammen, die ein gemeinsames thematisches Interesse haben. Alle Mitglieder des Arbeitskreises kommen aus unterschiedlichen Arbeitsfeldern und haben entsprechend vielschichtige Praxisbezüge und entsprechende Sichtweisen. Generelles Ziel von Arbeitskreisen ist die gemeinsame Weiterentwicklung eines ausgewählten Themenbereiches.

In der sozialen Arbeit werden oft schwerwiegende Entscheidungen über das Leben von Menschen getroffen, die eine besondere Verantwortlichkeit und Zuverlässigkeit erfordern. Die große Komplexität der Hilfefälle lässt möglicherweise Ermessensspielräume in der Beurteilung zu. Auch unbestimmte Gesetze bieten Freiräume in der Anwendung. Stellungnahmen der Sozialarbeiter dienen vor Gericht als Entscheidungshilfe. Gute Zusammenarbeit bietet eine Möglichkeit zur Verringerung der Gefahr von Fehlentscheidungen, durch gegenseitige Ergänzung und Kontrolle. Durch interdisziplinären Austausch und kollegiale Beratung können die vielschichtigen Informationen über die soziale und psychische Situation des Hilfesuchenden, über seine wirtschaftliche Lage und die rechtlichen Möglichkeiten überblickt und eingeordnet werden. Es wird vermieden, dass der Einzelne nur auf seine eigenen Kenntnisse zurückgeworfen ist und den Fall möglicherweise einseitig interpretiert. Umfassende Probleme müssen nicht im Alleingang gelöst werden, sondern es werden Entscheidungen auf breiter Basis herbeigeführt. Auf dieser Basis können wir der Verantwortung für eine Hilfepraxis, die tiefgreifende Auswirkungen auf das Lebensschicksal von Menschen hat, die unsere Dienstleistungen nutzen, besser gerecht zu werden.

2. Rechtliche Grundlagen

Rechtliche Grundlage für die Zusammenarbeit mit anderen Fachkräften in der Jugendhilfe sind die § 3 und § 4 im KJHG, darüber hinaus § 78 KJHG.

In der Einzelfallhilfe ist die Grundlage der Zusammenarbeit der § 36 KJHG. Im § 36 Abs.2 Satz 1 heißt es, die Entscheidung über die im Einzelfall angezeigte Hilfeart soll........im Zusammenwirken mehrerer Fachkräfte getroffen werden. Im weiteren Text (Satz 3) wird darauf hingewiesen, dass bei der Durchführung der Hilfe andere Personen, Dienste o. Einrichtungen tätig sind, somit sind diese an der Aufstellung und Überprüfung des Hilfeplans zu beteiligen.

Zusammenarbeit der Fachkräfte

Im Absatz 3 wird die Zusammenarbeit mit Ärzten (§ 35a) sowie mit den Stellen des Arbeitsamtes bei Maßnahmen zur beruflichen Eingliederung beschrieben.
Fachkräfte verschiedener Fachrichtungen sollen zusammenwirken ... soweit die Aufgabe es erfordert (§ 72 Abs.1 Satz 3 KJHG)
Rechtliche Grundlage für die Zusammenarbeit im Rahmen der Jugendhilfeplanung bilden zum einen der:

- § 78 KJHG . Hier wird der öffentliche Jugendhilfeträger aufgefordert, Arbeitsgemeinschaften zu bilden, in denen die örtliche Jugendhilfe und Träger der freien Jugendhilfe ihre Maßnahmen aufeinander abstimmen. Eine Verpflichtung zur Teilnahme gibt es jedoch für die freie Jugendhilfe nicht.
- Eine weitere Verpflichtung zur Zusammenarbeit mit anderen Fachkräften ergibt sich aus dem § 81 KJHG Zusammenarbeit mit anderen Stellen und öffentlichen Einrichtungen. Im ersten Satz heißt es: Die Träger der öffentlichen Jugendhilfe haben mit anderen Stellen und öffentlichen Einrichtungen, deren Tätigkeit sich auf die Lebenssituation junger Menschen und ihrer Familien auswirkt, zusammenzuarbeiten, insbesondere mit:
  - Schulen/ Stellen der Schulverwaltung
  - Einrichtungen und Stellen der beruflichen Aus- und Weiterbildung
  - Einrichtungen und Stellen des öffentlichen Gesundheitsdienstes
  - Arbeitsamt
  - Polizei und Ordnungsbehörden
  - Träger anderer Sozialleistungen
  - Justizbehörden
  - Einrichtungen der Ausbildung für Fachkräfte, deren Weiterbildung und Forschung

Jugendhilfe steht hier im Kontext zu anderen Sozialisationsbereichen und Politikfeldern.

Die Zusammenarbeit hat rechtlich ihre Grenzen im Rahmen der Datenschutzbestimmungen, die in den §§ 61-68 KJHG Schutz von Sozialdaten beschrieben sind. Eine Zusammenarbeit, die immer auch eine Datenübermittlung darstellt, darf dann nicht stattfinden, wenn dadurch der Erfolg einer zu gewährenden Leistung in Frage gestellt wird (§ 64 Abs. 2 KJHG). Zusätzlich weist der Gesetzgeber im § 65 KJHG auf den besonderen Vertrauensschutz in der persönlichen und erzieherischen Hilfe hin. Dies bedeutet, dass insbesondere in der Einzelfallhilfe ohne Zustimmung der Betroffenen keine anvertrauten persönlichen Daten ausgetauscht werden dürfen (Abs.1 Satz 1.). In der Praxis kommt es darauf an, zwischen den Daten, die einem Mitarbeiter persönlich anvertraut werden und solchen, die dem Jugendamt im Rahmen allgemeiner Leistungsbeantragung übermittelt werden, zu unterscheiden. Nur im ersten Fall trifft der besondere Vertrauensschutz von § 65 KJHG zu.

3. Probleme im Aufgabenfeld

(1) Traditionelle hierarchische Strukturen: Die Definition von und der Umgang mit Aufgabenstellungen in der sozialen Arbeit war vor dem Inkrafttreten des KJHG bestimmt und gekennzeichnet von hierarchischen Strukturen, und damit von Herrschafts- und Machtansprüchen. Damit waren Vorstellungen von Bevormundung, Weisung/Anordnung und Abgrenzung, auf der Basis der Macht und der herrschenden Weltanschauung, ausschlaggebend für die Bestimmung von Arbeitsinhalten und Abläufen sowie deren Verteilung und Delegation. Neben der Hierarchie innerhalb einer Organisationseinheit gibt es freilich die Tradition der Hierarchie der Organisationseinheiten untereinander, in der die eine Stelle der anderen und die eine Profession der anderen, unter Bezug auf die Ausgangsstruktur, gerne Aufträge und Weisungen erteilt. Darüber hinaus existieren Hierarchien zwischen den einzelnen Berufsfeldern. Traditionell zeigt sich in der „Selbstständigkeit" und der „Unabhängigkeit" der Berufsgruppen der Anspruch und die „Eigenständigkeit" eines Berufs; Professionalisierung wird insofern stets über Abgrenzung gewonnen. Daraus entstehen allerdings wiederum ganz konkrete Handlungsbarrieren in der beruflichen Praxis, zumal bei den Professionellen selbst häufig eine mangelnde Bereitschaft zur Transparenz, fehlendes Wissen über die Chance der Zusammenarbeit und ungenügende methodische Fähigkeiten, wie Zusammenarbeit ins Werk gesetzt werden kann, auffallen. Auch scheint der konkurrenzlerische Zwang eine Rolle zu spielen, berufliche Kompetenz in der Behauptung ‚richtiger' Problemlösungen zu zeigen bzw. an der unbeirrten Durchsetzung professioneller Meinungsführerschaft festzuhalten. Dergestalt verfestigte hierarchische professionelle Strukturen:

- verhindern einen fairen, offenen, gleichberechtigten Austausch unter den Fachkräften
- verhindern eine konstruktive Zusammenarbeit
- blockieren eine Weiterentwicklung der Qualität von Fachpraxis
- verunsichern und frustrieren die Fachkräfte und demotivieren sie, ihr Bestes zu geben.

(2) Konkurrenzprobleme: Konkurrenz ist weiterhin eines der vorherrschenden Denk- und Steuerungsmodelle in unserer Leistungsgesellschaft.

Die vorherrschenden Mechanismen der Konkurrenz und die Machtstrukturen des Konkurrenzkampfes blockieren bzw. verhindern jedoch all zu oft, dass eine vertrauensvolle Beziehung zwischen den agierenden Menschen in ihren unterschiedlichen Professionen aufgebaut wird und zerstören damit die wesentliche Vorraussetzung für Lernerfolg und Leistung. Demgegenüber muss man sich klar machen: „Soziale Arbeit ist grundsätzlich auf Koproduktion hin angelegt,..."[162] Konkurrenz im sozialarbeiterischen Feld führt zu einem unproduktiven Einzelkämpfertum der Fachkräfte und überträgt sich negativ auf die Zusammenarbeit mit den Familien.

(3) Methodische Dilemmata: Es gibt eine Reihe methodischer Probleme, innerinstitutionell sowie mit anderen Berufsgruppen, die Kooperation beeinflussen: In der Ausbildung zum Sozialarbeiter oder Sozialpädagogen gibt es ein Defizit im Bereich gruppenmethodischer Kompetenzen, wie z. B. bei der Strukturierung von Arbeitsgemeinschaften, bei Helferkonferenzen und Teambesprechungen etc. Die Berufsgruppe besitzt immer noch zu wenig Erfahrung und Übung in der gezielten Zusammenarbeit mit anderen Fachkräften. Das ist jedoch besonders hinderlich in einer beruflichen Praxis, die selbst multidisziplinär angelegt ist und die an viele andere Berufssysteme angrenzt: Hier spielen nämlich in der Regel unterschiedliche professionelle Register und Sprachen eine Rolle. Die Fachleute arbeiten mit unterschiedlichen Methoden und haben unterschiedliche Programme. Unsere Profession trifft auf viele unterschiedliche Fachleute mit den verschiedensten Ausbildungsgraden und einem spezifischen Fachwissen, die wiederum alle einen eigenen beruflichen Sprachcode entwickelt haben. Als Sozialarbeiter sollen wir mit Juristen (Anwälten, Richtern, Staatsanwälten), Ärzten (Psychologen, Kinderärzten, Allgemeinmedizinern, Sozialmedizinern), Lehrern (aller Schultypen), Sozialwissenschaftlern, Erziehern (Kindertagesstätten, Hort, Heim), Therapeuten (Kinder-, Familientherapeuten), Polizisten (Bezirksbeamte, Schutzpolizei, Kripo), sowie Verwaltungsangestellten der Sozialbehörden (Gesundheits-, Arbeits-, Sozialamt) und anderer Ämter (insbesondere Ordnungs-, Ausländeramt) zusammenarbeiten und dabei all die unterschiedlichen beruflichen Sprachcodes, Interessen und Programme verstehen bzw. zum Wohl der Klienten unter einen Hut bringen. Dazu kommen noch die unterschiedlichen Interessen der Fachleute im eigenen Berufsfeld (Amtsvormund, Pflegekinderdienst, Adoptionsvermittlung, Stadtjugendpflege, Kinderbeauftragten), die wir oft nicht verstehen. So finden wir nur mühsam zu Kooperationsformen, an denen sich alle beteiligen wollen und

---

162 Wolff, R.: unveröffentlichtes Manuskript, 1999

können. In ihren Rollen sind die Jugendhilfefachleute oft unsicher und neigen deshalb dazu, sich gegen andere Berufsgruppen abzugrenzen. Daraus resultieren Revier- und Statuskämpfe, Kämpfe um die bessere Problemlösung, die oft durch gegenseitige Arroganz und Abgrenzung (BAT 1 und 2 gegen BAT 3 u. BAT 4) bestimmt sind. Viele Berufsgruppen haben eine Tendenz der Instrumentalisierung bzw. der Entlastung zu Ungunsten anderer Berufszweige entwickelt.

Mit diesen Problemen müssen sich vor allem Mitarbeiter der Allgemeinen Sozialen Dienste sowie Mitarbeiter der SPFH ständig auseinandersetzen. Sie werden oft durch andere Fachleute kontaktiert, die sich entlasten wollen, mit dem Fall nichts mehr zu tun haben wollen und die nach dem Kontakt oft verschwinden. Beide Berufsgruppen müssen daher oft allererst eine mühevolle Recherchenarbeit leisten, um die Zusammenhänge wieder zu rekonstruieren, damit sie die Probleme und Konflikte, um die es in der „Fallarbeit" geht, überhaupt verstehen und produktive Lösungen finden können.

(4) Gegenübertragung: Auch Klienten übertragen ihre Konflikte in die Hilfesysteme und tragen damit dazu bei, dass sich Spaltungen und Konfliktstrukturen im Hilfesystem selbst ergeben. Viele Klienten verfügen nämlich über langjährige Erfahrungen, wie sie es am besten anstellen, dass die Helfer nicht miteinander kooperieren. Dies führt häufig allerdings auch zu Gegenübertragungen. Sowohl in der Zusammenarbeit unterschiedlicher Professionen, als auch im Hilfeprozess haben wir oft den Eindruck, dass wir – fast wie unter einem Zwang stehend – von den Klienten in eine bestimmte Rolle, in ein bestimmtes Verhalten, in ein bestimmtes Beziehungsmuster hineingedrängt werden, gegen unseren Willen und unsere Absicht.[163] In diesen Augenblicken fühlen wir uns wie „manipuliert". Dadurch entsteht jedoch die Gefahr, dass die Helfer im Hilfesystem sich nicht nur manipuliert fühlen, sondern dass sie auseinander dividiert werden und ihre Kooperation gestört ist. Verena Kast hat diese Situation für den therapeutischen Prozess – hier insbesondere in Krisensituationen – wie folgt beschrieben:

> „Bei allen diesen Gegenübertragungsaspekten ist wesentlich, sie als Ausdruck dafür zu begreifen, dass das Unbewusste des Analysanden und das Unbewusste des Analytikers miteinander kommunizieren, dass das Unbewusste des einen – besonders in Situationen, die wie jede Krise ganz aus Emotionen bestimmt ist –

---

163 Vgl. Kast, V.: Der Schöpferische Sprung. Vom therapeutischen Umgang mit Krisen. Freiburg: Walter 1987, S. 12

angesteckt wird von der Emotion des anderen Menschen, und dass mit dieser Ansteckung umgegangen werden muss."[164]

Erst Reflexion und Dialog erlauben einen besseren Umgang mit solchen Übertragungen.

(5) Fehlende Verfahren: Es gibt schließlich Defizite im Hinblick auf methodisch regelhafte Verfahren, wodurch die Zusammenarbeit allererst ermöglicht, gefördert und gesichert werden könnte. Dazu gehören:

- Aus- und Weiterbildung findet nur punktuell und nicht permanent und zielgerichtet statt.
- Interprofessionelle Arbeitsgemeinschaften und Arbeitskreise sind von der Anlage her in der Regel nicht nach dem Prinzip der partnerschaftlichen Zusammenarbeit bestimmt und ausgelegt.
- Es besteht keine ausreichende Transparenz, in welcher Weise und Verbindlichkeit die Ergebnisse von Arbeitsgemeinschaften und Arbeitskreisen in die Gestaltungen und Entscheidungen im Hilfeprozess eingehen.
- Vorhandene Ressourcen sind nicht ausreichend vernetzt und werden, wenn sie vorhanden und bekannt sind, nicht effizient genutzt.
- Mangelnde Transparenz besteht immer wieder in Fragen der Zuständigkeit, Verantwortung und Entscheidungsfindung.

4. Qualitätsstandards

(1) Gleichberechtigte Zusammenarbeit: Zusammenarbeit als Methode sozialarbeiterischen Handelns erfordert eine partnerschaftliche Umgangsweise innerhalb der Organisationseinheit sowie der verschiedenen Berufsgruppen untereinander. Dies bedeutet, dass sich die Fachkräfte wechselseitig informieren (Transparenz), miteinander kommunizieren und dabei die eigene Fachlichkeit und Kompetenz einbringen (Information), ohne die Fachlichkeit anderer außer Acht zu lassen. Akzeptanz und Toleranz gegenüber anderen Berufsgruppen und deren Status bestimmen die Haltung und Einstellung der Fachkräfte. Im Vordergrund steht das Verständnis für andere Denkweisen und Programme. Die Fachkräfte sorgen für offene, entspannte, sich gegenseitig fördernde Arbeitsbeziehungen, in denen Mitarbeiter sich ermutigt fühlen, offen zu sprechen, vertrauensvoll zu kooperieren und Fehler und Irrtümer als etwas zu betrachten, das zu jedem Lern- und Diskussionsprozess gehört. Das organisationelle Lernen

---

164 ebenda., S 12

wird als eine ständige Entdeckung und Korrektur von Irrtümern verstanden.

(2) Kooperation: Innerhalb der kommunalen Sozialarbeit werden Kooperationsmodelle in der Einzelfallhilfe und Jugendhilfe gefördert, da das vorherrschende Denk- und Steuerungsmodell in unserer Gesellschaft – Konkurrenz – als sozialarbeiterische Methode nicht funktioniert.

(3) Schaffen kooperativer Strukturen: Zusammenarbeit als Methode sozialarbeiterischen Handelns wird aus inhaltlichen, fachlichen und ökonomischen Gründen gefördert. Dies bedeutet, es werden Strukturen geschaffen, in denen Zusammenarbeit verbindlich möglich ist, z.B.:
- Themenorientierte Strukturen
- Regionale Strukturen
- Einzelfallorientierte Strukturen

D. h.:
- Wir beseitigen das Ausbildungsdefizit im Bereich der gruppenmethodischen Kompetenzen durch kontinuierliche Fortbildungen.
- Über regelmäßige Fachtagungen zu einem Thema, an denen die verschiedenen Fachkräfte teilnehmen, kommen wir miteinander ins Gespräch und überwinden die bestehenden Kommunikationsstörungen und fördern ein gegenseitiges Verständnis.
- Wir lassen uns nicht durch andere Berufsgruppen instrumentalisieren, weisen jedoch Hilfe nicht zurück, sondern leisten Überzeugungsarbeit, dass alle von Kooperation profitieren können.
- Im Rahmen der Jugendhilfeplanung werden Arbeitsgemeinschaften gebildet mit dem Ziel, die Qualität unsere Arbeit und Angebote im Bündnis mit den anderen Beteiligten weiter zu entwickeln.
- Dabei entwicklen wir gemeinsame Hilfeplanstandards, die auch für die Hilfe im einzelnen Fall gelten.

(4) Regelmäßige Reflexion: In der Einzelfallhilfe wird in ausreichendem Maße Supervision und kollegiale Beratung zur Reflexion der Fälle bereitgestellt, um die Fachkräfte vor Gegenübertragungen und den damit verbunden Konflikten zu schützen.

(5) Verfahrens- und Methodenkonzept: Zusammenarbeit „passiert nicht einfach", d.h. Fachkräfte entwickeln ein Verfahrens- und Methodenkonzept zur Einzelfallhilfe, zur Qualitätsentwicklung der gesamten Arbeit und zur übergreifenden Jugendhilfeplanung.

4. Prozessgestaltung: Methoden und Verfahren

(1) Kooperation bedeutet vor allem, im Vorfeld zu arbeiten, das bedeutet, sich gegenseitig über Ziele, Programme, Methoden, Verfahren, Veränderungen zu informieren. Neue Mitarbeiter stellen sich vor und lernen die Kooperationspartnerinnen kennen.

- Die Fachkräfte untersuchen im ersten Schritt: wer bietet welche Hilfen, in welchem Umfang, mit welcher Personalausstattung an.
- Die Fachkräfte lernen ihre Kooperationspartner persönlich kennen und suchen den fachlichen Dialog.
- Die Fachkräfte dokumentieren die Ergebnisse und stellen sie zunächst allen sozialen Institutionen zur Verfügung.

(2) Die Zusammenarbeit wird durch regelmäßigen Austausch von Erfahrungen aus dem eigenen Berufsfeld gestützt; dies bedeutet:

- Die Fachkräfte organisieren Fachtagungen zu aktuellen Themen.
- Die Fachkräfte stellen Projekte vor, in denen Zusammenarbeit und Kooperation besonders gelungen sind (Lernen am Erfolg).

(3) Es werden Arbeitsgemeinschaften gebildet, die Rahmenbedingungen der fachlichen Kooperation für die Arbeitsschwerpunkte entwickeln. Es wird die gemeinsame Hilfeplanung sowie Prozessgestaltung beschrieben. Die Mitarbeiter der Sozialpädagogischen Dienste koordinieren als Verantwortliche die Arbeitsgemeinschaften. Mögliche Arbeitsgemeinschaften können sein:
- Hilfe in Krisensituationen
- Frühe präventive Hilfen
- Kinderschutz
- Ambulante Erziehungshilfen
- Hilfen außerhalb der Herkunftsfamilie
- Fort- und Weiterbildung
- Hilfen für unbegleitete minderjährige Jugendliche

(4) Die Fachkräfte beteiligen sich an der Jugendhilfeplanung:
- Mitwirkung in Unterausschüssen des JHA
- Erarbeitung von Vorlagen für den JHA.

6. Prozessdokumentation

Arbeitsgemeinschaften brauchen einen verantwortlichen Moderator, der zu Treffen einlädt und den Prozess in Gang hält und dafür sorgt, dass

Aufgaben verteilt werden. Die Arbeitsergebnisse der Treffen werden regelmäßig dokumentiert, die Protokolle an alle Teilnehmer versandt. Die Umsetzung von Absprachen in die Praxis wird reflektiert.

PPQ 22
Öffentlichkeitsarbeit[165]

„Alle Herausforderungen an die Informationstechnologie in unserer Zeit bündeln sich in der Frage, wie wir auch in den Turbulenzen der unmittelbaren Zukunft zu hinreichend guten Nachrichten kommen".
(Peter Sloterdijk)

1. Aufgabe

Öffentlichkeitsarbeit heißt: „Arbeit in der Öffentlichkeit, Arbeit für die Öffentlichkeit und Arbeit mit der Öffentlichkeit."[166]

Öffentlichkeitsarbeit im Sozialbereich wird als „die Initiierung eines bewussten, langfristig und systematisch geplanten Kommunikationsprozesses zwischen den Adressatengruppen Klient, Sozialarbeiter, Träger und Öffentlichkeit"[167] definiert. Ziel ist es, einen „möglichst großen Teil der Gesellschaft zu erreichen, sie zu informieren und zu beteiligen, ..., gewisse Tendenzen,... oder auch Kontroversen in die öffentliche Kommunikation einzubringen, um für das Verständnis sozialer Belange zu werben, das notwendige Vertrauen in sozialarbeiterisches Tun aufzubauen und zu pflegen ..."[168] Public Relations bedeutet die Chance, öffentlich zur Kenntnis genommen und gesellschaftlich gewertet zu werden.

„Öffentlichkeitsarbeit dient der gesellschaftlichen und marktorientierten Kommunikation mit seiner inner- und außerbetrieblichen Umwelt."[169] Interne Öffentlichkeitsarbeit versucht, ein „Wir-Gefühl" bei den Mitarbeitern zu erzeugen, sie zu motivieren. Eine Corporate Identity wird angestrebt, um ein definiertes fachliches Selbstverständnis intentional und optisch nach aussen zu vermitteln. Das optisch einheitliche Auftreten der Behörde, das Corporate Design, ist ein Bindeglied zwischen interner und externer Öffentlichkeitsarbeit.

Öffentlichkeitsarbeit heißt also auch, einen umfassenden Informations- und Fachaustausch innerhalb der Behörde aufzubauen. Nur gut informierte Mitarbeiterinnen und Mitarbeiter können auch gut informieren.

---

165 PPQ 22 wurde von Angelika Fernhomberg, Martina Hermann und Andrea Schultz erarbeitet
166 Vgl.: Handbuch der Public Relations. In: Duggen 1998, S. 20
167 Deutscher Verein für öffentliche und private Fürsorge. Fachlexikon der sozialen Arbeit. Stuttgart: Kohlhammer, 1997, S.609
168 a.a.O., S.610
169 Decker, Franz:: Effizientes Management

Die Aufgaben im Bereich der Öffentlichkeitsarbeit sind:
1. Einen Informationstransfer zwischen den verschiedenen Adressatengruppen zu gewährleisten
2. Die Nutzer sozialer Arbeit über die Rechtslage und Angebotsstruktur sozialer Hilfen zu informieren (Informationsvermittlung).
3. Klienten bzw. Zielgruppen sozialer Arbeit in deren eigenem Interesse Hilfen zur Herstellung von Öffentlichkeit anzubieten (Selbsthilfeförderung).
4. Auf der Ebene der Einrichtung für die interne Verständigung zu sorgen (Interne Kommunikation).
5. Über Soziale Arbeit als legitimationspflichtigen öffentlichen Dienst öffentlich Rechenschaft abzulegen (Rechenschaftspflicht).
6. Sich am fachöffentlichen und sozialpolitischen Diskurs zu beteiligen (Sozialpolitisches Wächteramt).
7. Ganz allgemein öffentliche Aufmerksamkeit für soziale Themen zu erzeugen (Öffentlichkeitswirksame Präsenz).[170]

Öffentlichkeitsarbeit ist nicht nur eine Methode sozialer Arbeit, sondern Teil eines Sozialmarketing- bzw. Managementkonzepts, um den Bestand und Erfolg sozialer Arbeit zu erfassen und zu vermitteln. Ziel ist es, „das Image des Amtes zu verbessern. Image ist ein festumrissenes Vorstellungsbild, es ist die Gesamtheit von Gefühlen, Einstellungen und Meinungen, die bewusst oder unbewusst zum Thema vorhanden sind"[171] Public Relations werden durch den ständigen Kontakt zu den Organen der öffentlichen Meinungsbildung, durch Planung und Durchführung von Aktionsprogrammen je nach bestimmten Anlässen, Vorhaben oder Problemen durchgeführt. Neben der mittelbaren (über Massenmedien) und unmittelbaren Öffentlichkeitsarbeit (über eigene Medien) zählt auch das persönliche Gespräch, der unmittelbare Kontakt zu Bürgerinnen und Bürgern. Daneben werden auch ökonomische Ziele verfolgt. Z.B. können durch die gezielte Öffentlichkeitsarbeit Pflegefamilien geworben werden, die später kostspielige Unterbringungen in Jugendhilfeeinrichtungen ersetzen.

Eine Darstellung der verschiedenen Tätigkeiten der kommunalen Sozial- und Jugendhilfe, Transparenz oder gar Legitimation gegenüber der Öffentlichkeit herzustellen, wurde von staatlicher Seite für nicht erfor-

---

170 Vgl. Dt. Verein f. öffentl. u. priv. Fürsorge (Hg.): Fachlexikon der sozialen Arbeit. Frankfurt a. M.: Eigenverlag, 1997, S. 679
171 Vgl. Pflaume, D., Pieper, W. (Hg.): Lexikon der Public Relations. Landsberg/Lech 1989

derlich erachtet und von den Bürgerinnen und Bürgern auch nicht eingefordert.
Von „Werbung" für Sozialarbeit wurde in der Vergangenheit weitestgehend abgesehen, auch um die Kosten für das Hilfenetz niedrig zu halten. Einzig die Bereiche „Pflegekinderdienst" und „Jugendpflege" leisteten seit den 60er Jahren punktuell Öffentlichkeitsarbeit. Diese diente zum einen der weiteren Werbung von Pflegeeltern und zum anderen einer präventiven jugendpolitischen Strategie. Für viele Bürgerinnen und Bürger hatte und hat das Jugendamt dennoch bis heute ein negatives Image als „Eingriffs- oder Kinderklaubehörde". Man muss sich jedoch klar machen: Die zunehmende Demokratisierung der Gesellschaft ging einher mit gravierenden Veränderungen im Kommunikationssystem. Die rasante Ausbreitung alter und neuer Medien bietet jeder Staatsbürgerin, jedem Staatsbürger die Möglichkeit, sich zu informieren und sich kritisch zu äußern. Die Bevölkerung hat ein Recht auf Information und Beteiligung im sozialen Hilfeprozess. Dennoch gibt es nach wie vor auch einen großen Anteil nicht-informierter Bürgerinnen und Bürger sowie Personen, denen Hilfen zustehen, die sie jedoch aus Unkenntnis nicht einfordern. Heute wird der größte Teil der Lebenserfahrung durch Medien vermittelt, die die persönliche bzw. öffentliche Meinung ständig beeinflussen. „Zu Gutenbergs Zeiten hat der Mensch rd. 80% seines Wissens selbst erfahren, erwandert und erarbeitet und rd. 20% aus Mythen, Märchen und Gesängen erworben. Heute erhalten die Menschen mindestens 80% der Lebenserfahrung medienvermittelt aus Schulbüchern, Zeitungen, Fernsehen usw. Höchstens 20% beziehen sich auf persönliche Erlebnisse."[172]

Auch die Behörden haben sich im Zuge der Entwicklung des Konzeptes bürgerfreundlicher Verwaltung (Bürgernähe) auf diesen Wandel eingestellt. Die aktive und kontinuierliche Öffentlichkeitsarbeit ist damit auch für die Kommune als Anbieter sozialer Dienstleistungen zu einer unverzichtbaren Aufgabe geworden.

2. Rechtliche Grundlagen

Konkrete Aufgaben, in die Öffentlichkeit zu gehen, ergeben sich für die Jugendhilfe aus dem generellen Auftrag nach § 1 Abs. 3 Ziffer 4 KJHG, nämlich dazu beizutragen, positive Lebensbedingungen für junge Menschen und ihre Familien sowie eine kinder- und familienfreundliche Umwelt zu erhalten oder zu schaffen. Eine solche generelle jugendpolitische

---

172 Duggen, H.: Öffentlichkeitsarbeit in der Kommune: Darstellung. Wiesbaden: Kommunal- und Schulverlag, 1998, S.23.

Aufgabe kann die Jugendhilfe nur erfüllen, wenn sie ihre Beobachtungen und Vorhaben der allgemeineren Öffentlichkeit mitteilt.

Diese Aufgabe wird noch stärker in den Vorschriften zur Jugendhilfeplanung präzisiert. In der Jugendhilfe soll sowohl eine Bestandsfeststellung getroffen werden (Was hat die Jugendhilfe an Leistungen zu bieten und was leistet sie konkret?) wie auch untersucht werden soll, welcher Hilfebedarf besteht. (Was wird gebraucht?) Eine solche transparente Jugendhilfeplanung lässt sich in einer pluralen Gesellschaft nur mit einem großen Maß an öffentlicher Erörterung sachgerecht bewältigen. An diesem Prozess ist eine Vielzahl von Trägern und Initiativen der Jugendhilfe zu beteiligen. Jugendhilfe ist insofern Teil von Kommunalpolitik und Teil von Kommunalverwaltung. Damit ist für die strukturelle Entwicklung der Jugendhilfe – und nicht nur für die Einzelfallarbeit – ein Höchstmaß an Öffentlichkeit anzustreben.

Die Basis der Öffentlichkeitsarbeit ist im Artikel 5, Abs. 1 des Grundgesetzes gegeben. Er garantiert den Bürgerinnen und Bürgern und den Medien die Meinungs- und Pressefreiheit. In ihren Pressegesetzen verpflichten die Bundesländer ihre Behörden, über alle für die Öffentlichkeit wichtigen Aufgaben Auskunft zu geben. Dies gilt insbesondere durch die Verpflichtung an die Sozialleistungsträger, „...im Rahmen ihrer Zuständigkeiten die Bevölkerung über die Rechte und Pflichten nach diesem Gesetz aufzuklären" (vgl. § 13 SGB I). Das Presserecht muss urheber- und verwertungsrechtliche Bestimmungen sowie auch Persönlichkeitsrechte und das Zeugnisverweigerungsrecht nach § 53 STPO berücksichtigen. Der Datenschutz sichert „schutzwürdiges, privates Interesse" (Sozialgeheimnis § 35 SGB). Im übrigen gelten die allgemeinen Dienstanweisungen der Kommune.

3. Probleme im Aufgabenfeld

(1) Fehlende Tradition und Konzeption: Die Öffentlichkeitsarbeit im sozialen Bereich ist gekennzeichnet durch fehlende Tradition und mangelnde konzeptionelle Ausgestaltung. Die staatliche Sozialverwaltung hat bis in die Gegenwart das Monopol in Bezug auf Jugend- und Sozialhilfeleistungen. Das Subsidiaritätsprinzip hat hier zu keiner wesentlichen Veränderung beigetragen. Wettbewerbsdenken bzw. Konkurrenz, wie sie in der freien Wirtschaft gepflegt werden, spielen in der öffentlichen Jugendhilfe bisher eine geringe Rolle. Es entwickelte sich eine Haltung, über Angebote der Hilfemöglichkeiten zu informieren oder die Arbeit für die Öffentlichkeit zu legitimieren, sei nicht erforderlich. Durch die staatliche Finanzierung der öffentlichen Jugendhilfe werden zwar „ökonomische Werbeziele verfolgt, deren Absichten jedoch nicht auf Umsatz und Gewinn, sondern allenfalls auf Kostendeckung ausgerichtet sind."[173] Öffentlichkeitsarbeit wird daher grundsätzlich nicht als eine Methode der Sozialen Arbeit gesehen und anerkannt. In der modernen Mediengesellschaft wird diese Einstellung nun allerdings zunehmend in Frage gestellt.

(2) Interessen- und Zielkonflikte im Zeitalter der Medien: Öffentlichkeitsarbeit steht im Konflikt gesellschaftlicher Interessen. Verschiedene Grundwerte, Ideologien, Wert- und Menschenbilder rufen verschiedene Bewertungs-, Beurteilungs-, und Wahrnehmungskonflikte hervor. Im Journalismus kommt es verstärkt zu einer Vermischung von Information und Unterhaltung, dem sogenannten „Infotainment". Es wird nicht über Normales, Alltägliches, sondern über Ausnahmen berichtet, die „gut verpackt" sein müssen, um sie zu verkaufen. Soziale Themen werden durch die Medien allerdings eher vernachlässigt, wobei eine komplexe, detailgetreue Darstellung in den Medien selten ist. Durch Abstraktion und Unverständnis kann es zu Verfälschungen und Verzerrungen kommen. Fachliche Defizite liegen jedoch sowohl auf der Seite der sozialpädagogischen Fachkräfte als auch auf der journalistischen Seite. Journalisten sind als Spezialisten für den Sozialen Bereich kaum ausgebildet, sie sind eher Generalisten. Ein Fachjournalismus für den Sozialen Bereich ist in Deutschland nicht ausgeprägt.

Public Relation in der öffentlichen Verwaltung steckt grundsätzlich in dem Zwiespalt, den Journalisten keine oder kaum Sensationen bieten zu wollen und zu können. Trotzdem will sie versuchen, Informationen zu präsentieren. Öffentlichkeitsarbeit soll Interesse wecken, Zustimmung finden und das Vertrauen bei den Medien und damit bei den Bürgern erzeugen, um glaubwürdig sein zu können.

Ein weiterer wichtiger Punkt ist die „Politisierung der kommunalen Arena,"[174] die verschiedene gesellschaftliche Gruppen der Kommune inszenieren.

(3) Institutionell und hierarchisch bedingte Probleme: Das Amt für Kinder, Familien und Senioren unterliegt komplizierten und restriktiven rechtlichen Grundlagen, wie dem Datenschutz, allgemeinen Dienstanweisungen etc., durch die Öffentlichkeitsarbeit immer wieder an ihre Gren-

---

173 Decker, F.: Effizientes Management für soziale Institutionen. Landsberg/Lech Verl. Moderne Industrie
174 Vgl. Furchert, D.: Konfliktmanagement in der kommunalen Presse- und Öffentlichkeitsarbeit. Stuttgart: Kohlhammer, 1996, S. 65

zen stößt. Bedingt durch ihre Organisationsstruktur haben freie Träger bessere Möglichkeiten, Öffentlichkeitsarbeit zu leisten. Öffentliche Träger setzen sich Grenzen durch die politisch-hierarchischen, finanziellen und organisatorischen Fallstricke. In der Behörde besteht nach wie vor eine Anweisungsstruktur. Dies hat zur Folge, dass eine Kooperation zwischen der Leitungsebene als Entscheidungsebene und der Fachabteilung mit der entsprechenden Fach- und Sachkompetenz in der Regel nicht möglich bzw. nicht gewünscht wird. So kann es zu Entscheidungen in der Öffentlichkeitsarbeit kommen, die ohne den nötigen fachlichen Hintergrund getroffen werden. Eine Konzeption von Öffentlichkeitsarbeit durch Kooperation zwischen Leitungsebene und Fachebene oder dem Fachamt für Öffentlichkeitsarbeit ist in der Regel nicht gegeben.

Ein strukturelles Problem besteht darin, dass die Öffentlichkeitsarbeit im Amt für Kinder, Familien und Senioren durch Pressestelle und -sprecher erfolgt. Dort besteht kein ausreichendes fachliches Wissen über die Arbeit und das Selbstverständnis des Amtes für Kinder, Familien und Senioren. Die Mitarbeiterinnen und Mitarbeiter fühlen sich unverstanden, sind aber nicht ermächtigt, selbst an die Öffentlichkeit zu gehen. Das wirkt sich negativ auf die Corporate Identity des Amtes aus. Zusätzliche behindert der zeitlich verzögerte Informationsaustausch innerhalb der Hierarchie die Öffentlichkeitsarbeit.

(4) Fachliche Defizite: „Unterschiedliche Ziele der Politiker, Selbstbilder und Berufsauffassungen der Journalisten und unterschiedliche Kommunikationserwartungen der Bürger"[175] erschweren eine effektive Zusammenarbeit. Einerseits gibt es wenig Fachjournalisten für den sozialen Bereich, andererseits verfügen die Sozialarbeiter nicht über die journalistische Kompetenz und den Status im Amt, um ihre Arbeit in kompetenter Weise in der Öffentlichkeit darzustellen. Durch fehlende Sach- und Fachkenntnisse des jeweils anderen Bereiches kommt es daher zu Missverständnissen und Fehlinformationen.

Den Sozialarbeiterinnen und Sozialarbeitern fehlt oft das alltägliche journalistische „know how", z.B. „Wie mache ich eine Pressemitteilung, an wen sende ich sie..." Medienkompetenz schließt soziale Kompetenz nicht ein und umgekehrt.

Informationsselektion und subjektive Wahrnehmung (Vorurteile, klischeegebundene Wahrnehmung) rufen Verständigungskonflikte bereits in der eigenen Behörde hervor. „Der eine hat dieses gesagt, der andere jenes

---

175 ebenda S. 82

Öffentlichkeitsarbeit

gehört."[176] Es mangelt an Vertrauen zueinander und daraus folgen Kommunikationskonflikte.

4. Qualitätsstandards

(1) **Konzeptionell durchdachte Öffentlichkeitsarbeit:** Die Fachkräfte nehmen die Öffentlichkeitsarbeit als eine wichtige Aufgabe des Amtes für Kinder, Familien und Senioren wahr. Die Fachkompetenz in diesem Arbeitsfeld wird gezielt entwickelt und gesichert. Die Fachkräfte informieren über Aufgaben, Hilfsmöglichkeiten und Angebote der Jugendhilfe und sind für Anfragen von Bürgerinnen und Bürgern unmittelbar zu erreichen. Als positive Identifikation mit dem Amt für Kinder, Familien und Senioren wird ein Logo entwickelt und als corporate design umfassend eingesetzt. Ein „claim", ein das Amt kennzeichnender Leitsatz,[177] kann den Wiedererkennungswert verstärken. Die Ausstattung und das Arbeitsmaterial sind ansprechend gestaltet, weil bereits hier eine positive Meinungsbildung beginnt. Eine Fachkraft wird nach einer entsprechenden Schulung offiziell mit der Öffentlichkeitsarbeit für das Amt für Kinder, Familien und Senioren beauftragt.

(2) **Kooperation mit den Medien:** Die Fachkräfte wecken das Interesse an sozialen Themen bei den Medienfachleuten und beachten hierbei die entsprechenden rechtlichen Grundlagen (Daten- und Personenschutz etc.). Sie streben die Kooperation und einen fairen Umgang mit den Journalisten und Medienvertretern an. Sie stellen der Presse, dem Radio und dem Fernsehen regelmäßig themenorientierte Fachaufsätze und Informationsmaterial zur Verfügung.

(3) **Delegation der Aufgaben:** Die Fachkräfte wirken darauf hin, dass zunächst verwaltungsintern eine Kommunikationskultur geschaffen wird, in der jeder persönlich und fachlich akzeptiert ist, denn gute Öffentlichkeitsarbeit setzt einen funktionierenden zeitnahen Informationsaustausch zwischen allen Ebenen und Berufsgruppen voraus. Sie machen sich stark dafür, dass Aufgaben der Öffentlichkeitsarbeit in die Fachämter und auf die Sachbearbeiter delegiert werden. Es findet ein regelmäßiger interdisziplinärer Austausch zwischen den sozialen Fachkräften, dem Presseamt und den Journalisten statt, um wechsel-

---

[176] Schulz von Thun, 1995. In: Furchert, S.68
[177] Vgl. die Stadt Graz: Hier heißt das Jugendamt: „Das junge Amt"

seitig Anregungen aufgreifen und Kompetenzen weiterentwickeln zu können.

(4) **Qualifizierung:** Die Fachkräfte setzen sich mit aktuellen und sozialen Themen auseinander. Umfassende Information ist Voraussetzung guter Öffentlichkeitsarbeit. Sie erweitern ihre Kompetenzen im Arbeitsfeld Journalismus und Öffentlichkeitsarbeit. Sie nutzen in Zukunft die modernen Medien, insbesondere das Internet.

5. Prozessgestaltung: Methoden und Verfahren

(1) Wir bereiten uns gezielt auf die Aufgaben der Öffentlichkeitsarbeit vor, indem wir an einer entsprechenden Einführungsveranstaltung im Rahmen einer Fortbildung teilnehmen. Wir nutzen die bereits vorhanden Fachkenntnisse und Kontakte des Presseamtes, um ein Konzept der Öffentlichkeitsarbeit für das Fachamt zu entwickeln. Die Fachkräfte setzen sich intensiv mit den Möglichkeiten des Internets auseinander und eignen sich ein entsprechendes Know How an, um das Fachamt im Internet zu präsentieren und die Bevölkerung zu informieren.

(2) Wir nehmen Kontakt zu Journalisten und anderen Kooperationspartnern auf mit dem Ziel, uns über eine gemeinsame Möglichkeiten der Zusammenarbeit im Bereich öffentlichkeitswirksamer Arbeit auseinander zu setzen. Hierbei wird die jeweilige Feldkompetenz der unterschiedlichen Berufsgruppen erweitert.

(3) Die Fachkräfte bereiten gemeinsam mit den Medienfachkräften gezielt Informationen über soziale Lebensweltbedingungen, Jugendhilfeprogramme, etc. vor, um sie in ansprechender Weise und regelmäßigen Abständen zu veröffentlichen, damit werben sie um Verständnis bei Bürgerinnen und Bürgern, der Fachöffentlichkeit und interessierten Kommunalpolitikern. Unter Einhaltung des Datenschutzes werden die Erfolge sozialer Arbeit anschaulich und transparent gemacht.

(4) Durch lebendige Berichterstattungen, die sich auf einzelne Arbeitsinhalte und benachteiligte Personengruppen in Problemlagen beziehen, versuchen die Fachkräfte, eine Wertschätzung ihrer Arbeit zu erreichen, um prozesshaft Motivation und Initiative zur Mitverantwortung bei der Erfüllung der Aufgaben im Sinne der Klientinnen und Klienten und der Profession sozialer Arbeit zu stärken.

(5) Die Arbeit des Amtes wird kontinuierlich der Öffentlichkeit bekannt gemacht:

a) durch die Mitarbeiter persönlich
b) durch Flyer und Plakataktionen
c) durch Printmedien und elektronische Medien (eigene Homepage)
d) durch Fachtagungen und Veranstaltungen (z.B. „Tag der offenen Tür"/Fachforen)

6. Prozessdokumentation

Bisherige und neue Veröffentlichungen des Amtes (intern und extern) werden gesammelt und archiviert. Sie werden ausgewertet im Hinblick auf:

- Informationsgehalt
- Verständlichkeit
- Aussagekraft
- Aktualität
- Fachlichkeit
- Äußere Gestaltung
- Wirksamkeit
- Resonanz der Öffentlichkeit und der Fachöffentlichkeit

Die Erfahrungen und Ergebnisse der Auswertung finden konzeptionelle Berücksichtigung bei der Entwicklung einer neuen Öffentlichkeitsarbeit des Amtes für Kinder, Familien und Senioren.

Das Konzept wird unter Beteiligung der jeweiligen Fachkompetenzen stetig weiter entwickelt.

PPQ 23
Qualitätsentwicklung und Qualitätssicherung[178]

Demokratie beruht nicht auf Konsens; sondern auf dem zivilen Umgang mit Dissens!
(A. Giddens)

1. Aufgabe

Qualitätssicherung in der kommunalen Sozialarbeit ist als Weiterentwicklung der Fachpraxis im Zusammenwirken der Fachkräfte und der sozialen Einrichtungen (der Ämter und Abteilungen ebenso wie der freien Träger der Jugendhilfe) zu verstehen.

Es handelt sich dabei nicht um eine einmalige Beschreibung von Qualität sondern um einen fortlaufenden Prozess, also um eine Daueraufgabe. Qualitätsentwicklung kann nicht einfach von „oben" angeordnet werden. Sie kann nur gelingen, wenn es eine Bereitschaft zur Selbstreflexion gibt, zum Engagement, zur Kreativität und Veränderung der handelnden Akteure. Moderne soziale Arbeit erfordert die Fähigkeit, komplexe Abläufe zu verstehen und auf neue Fragen angemessene, „passende" Antworten zu geben. Sie setzt die Kompetenz voraus, im Handeln und im Dialog zu lernen, sich immer wieder neu auf sich verändernde Verhältnisse einzustellen. Sie verlangt von den Helfern, sich den Hilfebedürftigen menschlich interessiert und fair zuzuwenden.[179] Qualitätssicherung in diesem Sinne ist nur in Kooperation mit anderen und nicht im Alleingang zu schaffen.

Um Qualität zu sichern, braucht eine Kommune ein Forum, eine „Werkstatt für Qualitätsentwicklung", die allen Beteiligten die Möglichkeit bietet, voneinander und miteinander zu lernen – aus Fehlern, aber günstiger noch: aus Erfolgen. Eine solche Förderung von Qualität ist schon ein Kennzeichen von guter Qualität und ein Garant für Erfolg.

Die Forderung nach Qualitätsentwicklung und Qualitätssicherung ist nicht vom Himmel gefallen. Sie hat sich aus den gesellschaftlichen, politischen und professionellen Rahmenbedingungen heraus entwickelt. Sie hat einen konkreten sozialpolitischen Hintergrund, den man kennen muss, wenn man in der Diskussion um Qualitätsentwicklung in der Sozialen Arbeit nicht unreflektiert in Sackgassen landen will. Der Ausgangspunkt

---

178 PPQ 23 wurde von Marita Scherb-Holzberg, Uwe Sandvoss, Klaus Holland, Fred Bensch und Reinhart Wolff erarbeitet.
179 Krause, H.-U.: Einen Weg finden. Diskurs über erfolgreiche sozial Arbeit. Freiburg i. Br.: Lambertus, 1999, S. 8

ist allerdings eher eine Notlage: „Der Sozialstaat und seine aus öffentlichen Mitteln finanzierten Leistungen stehen seit einigen Jahren im Zentrum kritischer Betrachtungen. Leere Kassen von Bund, Ländern und Gemeinden haben die Betriebswirtschaft und ihren jüngsten Spross, Qualitätsmanagement, zu Hoffnungsträgern werden lassen. Öffentliche Sozialleistungen werden verstärkt auf den Prüfstand der Wirtschaftlichkeit und Zielwirksamkeit gestellt".[180]

Aber auch aus der Profession selbst heraus hat es Anstöße für einen Qualitäts- und Wirksamkeitsdialog in der Sozialen Arbeit gegeben. Ja man kann sagen, die Interessen an Innovation und Reform im sozialen Hilfesystem bündeln sich gegenwärtig in der Qualitätsdebatte, die nicht nur politisch und wirtschaftlich sondern auch fachlich motiviert ist. „Von der Qualitätsdiskussion werden ...Impulse erwartet, die Soziale Arbeit fachlich voranzubringen...: *Kostenträger* wollen mehr Planungssicherheit, *Leistungsempfänger* suchen optimale Unterstützung, die *Öffentlichkeit* erwartet sichtbare Erfolge und Sozialverträglichkeit der Angebote, *Träger* sind an Ruf und Auslastung der Einrichtung, *Fachdisziplinen* an „kunstgerechter" Leistungserbringung und *Mitarbeiter(innen)* an guten Arbeitsbedingungen interessiert.[181]

Wie Peter Gerull herausgearbeitet hat[182], werde freilich in vielen Beiträgen zur Qualitätsdebatte vor unkritischen Übertragungsversuchen betriebswirtschaftlicher Denkweisen und Methoden auf soziale Arbeitsfelder gewarnt. Eine maßvolle und bedachte Ökonomisierung der Sozialen Arbeit werde jedoch überwiegend für notwendig und möglich gehalten. Bis Anfang des 20. Jahrhunderts sei die Verantwortung für betriebswirtschaftliche Faktoren Kosten, Zeit und Qualität ungeteilt gewesen. Mit Einführung der industriellen Arbeitsteilung und Weiterentwicklung der industriellen Serienfertigung (Taylorismus) wäre die Verantwortung aufgespalten worden („Arbeitsvorbereitung" für die Kosten, „Fertigung" für die Zeiten und die „Qualitätskontrolle" für die Produktbeschaffenheit). Erst seit den sechziger Jahren sei ein Umdenken in Sachen Qualität zu beobachten, bei dem nicht mehr die Endkontrolle des Produktes im Mittelpunkt stehe. Solche Prüfungen erhöhten aber nicht unbedingt die Qualität, sondern dienten eher zur Trennung von „gut" und „schlecht". Da Fehler sich um so kostspieliger auswirkten, je später sie im Produktionsprozess auftreten oder auffallen, seien Endkontrollen letztlich teurer als

---

180 Gerull, P.: Hand- und Werkbuch Soziales Qualitätsmanagement – Konzepte und Erfahrungen. Hannover: EREV Schriftenreihe, Sonderausgabe März 2000, S. 6
181 vgl.: ebenda
182 Wir greifen hier im wesentlichen die wichtigen Überlegungen von Peter Gerull, a.a.O., auf.

fehlervermeidende Maßnahmen. Aufgrund dieser Erkenntnis gerieten zunehmend die vorbeugende Gestaltung und ständige Verbesserung der betrieblichen Prozesse ins Blickfeld, um möglichst gar keine Qualitätsfehler entstehen zu lassen und Qualität optimal zu „bewirtschaften". Eine wissenschaftliche Disziplin, die eine solche „Bewirtschaftung von Qualität" unterstützt, habe sich allerdings erst in jüngster Zeit entwickelt, während für Kosten- und Terminbewirtschaftung seit längerem ein ausgeklügeltes Instrumentarium des Controlling zur Verfügung stehe. „Qualitätsmanagement" sei mittlerweile ein integrierter Bestandteil der Betriebswirtschaftslehre.

Heute gewinnt die Frage immer mehr an Bedeutung: Wie kann eine soziale Organisation oder Einrichtung so *gesteuert* werden, – bei sozialen Dienstleitungen muss man wohl sagen: durch geeignete Rahmenbedingungen und Maßnahmen so *gefördert* wird – dass Qualität systematisch hervorgebracht und „keine Glückssache" ist?[183] Dies aber ist entscheidend davon abhängig, ob es uns gelingt, geeignete Methoden der Qualitätssicherung zu entwickeln. Die kommunale Sozialarbeit steckt in dieser Hinsicht noch in den Kinderschuhen. Viele Vorgaben im KJHG sind noch nicht umgesetzt. Qualitätsentwicklung als Methode sozialarbeiterischen Handels ist in ihrer ganzen Tragweite überhaupt noch nicht erkannt. Sie systematisch anzuwenden, steht aus.

Qualitätsmanagement in der kommunalen Sozialarbeit ist ein vielschichtiger Begriff, der auf verschieden Ebenen (Qualitätsplanung, Qualitätslenkung, Qualitätssicherung, Qualitätsförderung, Qualitätsdarlegung) und aus verschiedenen Blickwinkeln (Öffentliche Träger, leistungserbringende Einrichtungen und Dienste, Adressaten, Kunden, Bürger, Öffentlichkeit) betrachtet werden kann. Drei Qualitätsebenen sind dabei zu unterscheiden:

(1) **Strukturebene** (Ressourcen-, Rahmenbedingungen)
Damit gemeint sind die organisatorischen Rahmenbedingungen, die Ausstattung, über die eine Einrichtung verfügt. Hier werden materielle, fachliche und personenbezogene Ressourcen zusammengefasst. Dabei sind quantitative Aspekte von besonderer Bedeutung (Was ist in welchem Ausmaß überhaupt vorhanden? Die Nutzer der Leistungen haben relativ geringen Einfluss auf dieses Qualitätsmerkmal. Für sie spielen eher ihre Zufriedenheit oder Unzufriedenheit mit der geleisteten Hilfe eine Rolle.)

---

183 a.a.O., S. 9

(2) **Prozessebene** (Methodik, Umsetzung von Zielvorstellungen)
Die Prozessebene beschreibt die Aktivitäten, die geeignet und notwendig sind, um ein bestimmtes Ziel zu erreichen. Damit gemeint sind der adäquate Einsatz der vorhandenen Ressourcen und die angewandten Methoden. Praxisprozesse sind freilich schwieriger zu beurteilen, da hier viele verschiedene Faktoren in einem komplexen Zusammenspiel eine Rolle spielen. Methoden können im Moment ihrer Anwendung als unangebracht empfunden werden, jedoch nach Abschluss eines Einsatzes Erfolg zeigen. Ebenso kann eine Vorgehensweise als adäquat angesehen werden, die sich nach Beendigung des Einsatzes – also auf lange Sicht – als wirkungslos erweist. Wichtig ist hier die subjektive Betrachtungsweise der Prozessbeteiligten ebenso wie die Berücksichtigung des fachwissenschaftlichen Diskurses.

(3) **Ergebnisebene** (Fertige Produkte, Lernen aus Fehlern, Lernen am Erfolg)
Diese Ebene beschreibt den erzielten Zustand als Erfolg oder Misserfolg. Die Wirkung einer pädagogischen und sozialarbeiterischen Intervention steht natürlich im Mittelpunkt des öffentlichen Interesses. Damit ist der politische Druck und das Interesse der Öffentlichkeit, die das professionelle Handeln beeinflussen, beschrieben. Auf der Ergebnisebene wird mittlerweile häufig zwischen „output" und „outcome" unterschieden, ist nicht so sehr das sichtbare Ergebnis, sondern eher die Wirkung z. B. des sozialpädagogischen Handelns von Bedeutung, vor allem soweit es in das Lebensschicksal von Menschen eingreift. Im übrigen lassen sich die aktuelle Situation und der momentane Entwicklungsstand einer Familie oder eines Menschen nach geleisteter Hilfe nicht unbedingt allein als ein Ergebnis der Intervention betrachten; sie sind vielmehr möglicherweise auch noch von anderen Faktoren (von außen wirkenden Kräften) beeinflusst, ganz abgesehen davon, dass Entwicklungen, die in einem kooperativen Hilfeprozess in Gang gesetzt wurden, ganz grundsätzlich von den Eigenkräften der Nutzer abhängen, also immer selbst gemacht sind (Autopoiesis).

Bei der Beschreibung von Qualität spielen neben den strukturellen Ausgangsbedingungen der Zeitfaktor, der derzeitige fachliche Standard und die persönlichen Interessen und Eigenheiten der beteiligten Personen eine Rolle. Insofern kann Qualität nie als ein feststehender Wert oder als allgemein gültiger Richtwert gesehen werden. Selbst unter optimalen strukturellen Bedingungen und hervorragender Leistung, steht das Ergebnis nicht notwendigerweise in einem direkten kausalen Zusammenhang zu den jeweiligen komplexen Voraussetzungen. Qualität ergibt sich im wesentlichen aus der Übereinstimmung zwischen den Erwartungen der am Prozess Beteiligten und den tatsächlich erbrachten Dienstleistungen. In der Qualitätsentwicklung geht es daher immer wieder um die Problematik, ob die Beteiligten am Prozess mit ihren unterschiedlichen Sichtweisen darin übereinstimmen, was gute Arbeit ist.

Eine Ergebnisbeurteilung in der sozialen Arbeit ist daher immer an einen Dialog bzw. einen „Multilog" gebunden.

2. Rechtliche Grundlagen

Die öffentliche Jugendhilfe trägt nach § 79 KJHG die Gesamtverantwortung für die Erfüllung der Aufgaben nach dem Gesetz sowie für die Planungsverantwortung. Dazu gehört eine ausreichende Ausstattung mit Fachkräften (§ 79 Abs. 3) und deren Förderung und Weiterbildung (§ 72), das Bereitstellen von geeigneten Einrichtungen (§79 Abs.) in ausreichendem Maße, sowie das Kooperieren mit anerkannten Trägern der freien Jugendhilfe, (§ 80 Abs. 3 und § 81) um die Aufgaben und Ziele des KJHG zu erfüllen. Die Jugendhilfe hat ausreichende finanzielle Mittel zur Verfügung zu stellen, damit die freien Träger die Leistungen erbringen und ihre Fachkräfte fördern und weiterbilden können (§74 Abs.1-6). Im 3. Abschnitt des KJHG (§ 78a ff) werden die Vereinbarungen über Leistungsangebote, Entgelte und Qualitätsentwicklung beschrieben.

Weitere Hinweise auf Qualitätsentwicklung und -förderung finden wir in § 1 Abs. 4. Hier heißt es, die Jugendhilfe solle dazu beitragen, positive Lebensbedingungen für junge Menschen und Familien sowie eine kinder- und familienfreundliche Umwelt zu schaffen und zu erhalten. In § 4 Abs. 3 wird festgelegt, dass die öffentliche Jugendhilfe die freie Jugendhilfe fördern und stärken soll. In § 5 KJHG wird das Wunsch- und Wahlrecht, also die Beteiligung und Mitwirkung der Betroffenen herausgestellt, in § 8 Abs. 1 KJHG die Beteiligung von Kindern und Jugendlichen an allen sie betreffenden Entscheidungen der öffentlichen Jugendhilfe.

3. Probleme im Aufgabenfeld

(1) Fehlende Erfahrung: Die Fachkräfte in der Sozialen Arbeit haben nur wenig Erfahrung mit Qualitätsentwicklung und -sicherung als Methode sozialarbeiterischen Handelns und Denkens. Die wenigstens sind dafür speziell ausgebildet. Im Studium werden erst in letzter Zeit die Fragen der Qualitätsentwicklung behandelt. Allerdings kennen die Nachbardisziplinen – Soziologie und Psychologie, nicht zuletzt Betriebs- und Organisationswissenschaft – seit einigen Jahren Methoden der Praxis- und Aktionsforschung und es hat sich inzwischen ein breites Feld der Evaluationsforschung entwickelt.

In der Praxis der Sozialarbeit ist die Frage nach der Qualität der sozialen Dienstleistungen lange nicht gestellt worden. Erst im Zuge der zunehmende Professionalisierung in der Sozialarbeit und als Reaktion auf Haushaltskrisen und Kostendruck, ist eine breite Diskussion über Qualitätsentwicklung und Qualitätssicherung in Gang gekommen. Im Zusammenhang weithin propagierter Verwaltungsformen und neuer Steuerungsmodelle geriet auch die kommunale Sozialarbeit unter Druck, sich für Qualitätsentwicklungen zu öffnen. Vielerorts sind die Bemühungen um Qualitätssicherung aber über oberflächliche Regelungen von Verwaltungsabläufen nicht hinaus gekommen. Gering ist das Interesse an einer fachlichen Dauerreflexion, an konkreter Praxisforschung, mit welchen Zielen, welchen Programmatiken und welchen Methoden kommunale Sozialarbeit antreten sollte.

In kooperativer Qualitätsentwicklung, die die Partner im Hilfeprozess – die Klientinnen und Klienten ebenso wie andere Fachkräfte – einbezieht, liegen praktisch keine Erfahrungen vor.

(2) Kontroversen: In der gegenwärtigen Diskussion um die Qualitätsentwicklung haben sich grundsätzliche Kontroversen entwickelt, die strategischer Natur sind: So wird das Konzept der „Neuen Steuerung" gegen das Konzept der „Entwicklung" gestellt. In dieser Kontroverse geht es nicht allein um die Problematik, ob Sozialarbeit von neueren Einsichten der Verwaltungswissenschaft (Verwaltungsreform, bürgerfreundliche Verwaltung) und von neuen betriebswirtschaftliche Managementkonzepten (Lean Management, TQM, Budgetierungskonzepte) profitieren könnte, sondern hinter diesen Konzepten stehen ganz unterschiedliche praxistheoretische Entwürfe. Und es kann gar keinen Zweifel geben, dass von entscheidender praktischer Bedeutung ist, welchen Qualitätsmanagementkonzepten Sozialarbeit folgt. Schon heute ist deutlich: die Regelungstechniker der „Neuen Steuerung" sind dabei, die Sozialarbeit in die Sackgasse unterkomplexer Sozialtechnik zu drängen (Sozialarbeit als Interventionsmaschine). Auch die dramatisch sichtbaren Folgen dieser Entwicklung können bereits überall beobachtet werden: Unzufriedenheit unter den Fachkräften, langweilige Programmrezepte (die auf sog. „Produktkataloge" reduziert sind) eine methodische Wüste, überflüssige Verregelungen. Um eine solche Entwicklung zu vermeiden, wird alles davon abhängen, ob Qualitätsentwicklung an einem komplexen Praxisverständnis humaner Dienstleistungen festhält, die nur durch interkommunikative

Reflexion – unter Beteiligung aller Betroffenen – weiterentwickelt werden können, d.h.: durch selbstorganisierte Beobachtung und Untersuchung, durch Dialog und Reflexion.

Qualitätsmanagement in sozialen Handlungsfeldern hat nämlich nicht nur einen spezifischen Gegenstand (nämlich Menschen in vielfältigen gesellschaftlichen und geschichtlichen Lebenssituationen) sondern auch eine besondere „Methode", die den Eigenarten lebender Systeme entspricht, die sich bekanntermaßen selber reproduzieren, sich autopoietisch entwickeln. Qualitätsentwicklung kann daher auch nicht mehr – aber auch nicht weniger – sein als Verstörung bzw. kreativer Anstoß zur Neubelebung und Entwicklung festgefahrener und blockierter Dienstleistungssysteme. Die Methode der Wahl für eine solche dynamische Qualitätsentwicklung, die alle im System Beteiligten einbezieht, heißt daher: Dialog – partnerschaftliche Kommunikation und Kooperation.

(3) Ungleiche Bedingungen: Die Verwaltungsreform mit ihren Auswirkungen auf die Organisation der Jugendhilfe, die Öffnung des Trägerspektrums und die Weiterentwicklung der Förderungs- und Finanzierungssysteme werden häufig nicht eingebettet in die umfassende Diskussion der sozialen Leistungsbereiche und der Neuformulierung programmatischer und methodischer Perspektiven. Einschätzungen und Positionen über Verfahren und Zuständigkeiten im Hilfesystem unterscheiden sich vielmehr je nach Interessenlage. Öffentliche Träger favorisieren dabei die verwaltungsinternen Prozesse der Qualitätssicherung (Entwicklung von Produkten und Kennziffern) unter betriebswirtschaftlichen Gesichtspunkten und geben diesen Vorrang vor der Jugendhilfeplanung und der inhaltlichen Diskussion. Unterschiedlich ausgewiesene fachliche Qualitätsstandards bestimmen daher den Wettbewerb und die Konkurrenz, wie überhaupt das Verhältnis von Auftraggebern und Anbietern in der Jugendhilfe.[184]

(4) Fehlende Beteiligung der Betroffenen: Die öffentliche Jugendhilfe hat erhebliche Probleme, die Forderung des KJHG´s nach Mitwirkung der Betroffenen einzulösen. Die kommunikativ gesteuerten Aushandlungsverfahren des KJHG's stellen bisher die Jugendhilfe allzu oft vor unüberbrückbare Barrieren. Die Jugendhilfe ist mit dem Ziel der Umsetzung des Gebots der Partizipation offenbar überfordert.

„Doppelt problematisch wirken sich hier die knappen Ressourcen aus, die es zunehmend erschweren, die fachlich notwendigen qualitativen

---

184 Vgl.: Bundesministerium für Familie, Senioren, Frauen und Jugend (Hg.): Zehnter Kinder- und Jugendbericht, Bonn 1999, S. 186

Standards für bekannte Probleme wie Abbau der Schwellenangst, lebensweltnahe Präsenz der Unterstützungsangebote, kindgemäße Formen und Methoden zu entwickeln, in der Praxis im ausreichendem Maße umzusetzen und zu erhalten."[185]

Auch Kinder sollen an Entscheidungen in ihrer Familie, an der Gestaltung ihrer schulischen und außerschulischen Umwelt und der Hilfsangebote altersangemessen beteiligt werden, wenn sie und ihre Eltern in Probleme und Krisen geraten sind. Allerdings stehen diese pädagogischen und entwicklungspsychologischen Sichtweisen im Widerspruch zu den strukturellen Arbeitsbedingungen, die oftmals gekennzeichnet sind von fehlender Kommunikationsbereitschaft und Dialogfähigkeit bei den erwachsenen Akteuren. Es sind dies keine guten Voraussetzungen, die Partizipation von Kindern in der Jugendhilfe – wie gefordert – auszuweiten.[186]

4. Qualitätsstandards

(1) **Qualitätsentwicklung als selbstverständliche Alltagspraxis:** Wir orientieren unsere Angebote und Leistungen an besten fachlichen Standards und sichern ihre Qualität durch die kontinuierliche Dokumentation und Evaluation unserer Arbeit. Wir vertreten ein offensives Profil der Kinder- und Jugendhilfe, das am Bedarf von Familien, Kindern und Jugendlichen, aber auch des Gemeinwesens ausgerichtet ist. Wir sorgen für eine flexible, bedarfs- und klientenorientierte Organisationsstruktur, die den Mitarbeitern und Mitarbeiterinnen eine motivierende Arbeitsumgebung bietet und ihnen die Erfüllung ihrer Aufgaben für die Eltern, Kinder und Jugendlichen erleichtert (z. B. aufgabenbezogene Arbeitsgruppen, moderne Informationstechnologie, Fort- und Weiterbildung, Supervision). Vor allem wird die Eigenverantwortlichkeit gestärkt, werden Freiräume geschaffen, in denen Qualität entwickelt werden kann (Werkstatt). Das Arbeitsklima ist getragen von Optimismus und Freundlichkeit, vom Willen zur Zusammenarbeit, von kreativer Hilfsbereitschaft wie von programmatischer und methodischer Zielorientierung, die klientenorientierte Bedarfsgerechtigkeit, Effektivität und Effizienz der Jugendhilfe anstrebt.

(2) **Dialogische Qualitätsentwicklung als Profil:** Wir entwickeln Qualität, indem wir alle im Hilfesystem Beteiligten einbeziehen und mit

---

185 a.a.O., S. 185
186 a.a.O., S. 293

ihnen einen Dialog führen, wie wir am besten zusammenwirken können. Die Grundlage eines solchen dynamischen Konzepts der Qualitätsentwicklung ist eine kritische Praxistheorie, die humane Hilfepraxis nicht unterkomplex auf instrumentelle Verfahren reduziert, sondern die versteht, dass Menschen keine Maschinen sind und auch nicht wie am Fließband hergestellt oder einfach wieder repariert werden können. Dabei wissen wir: Hilfeprozesse laufen auf vielschichtige und konfliktreiche Interaktionen hinaus, die nur gelingen, wenn Beziehungen entstehen, die den offenen kommunikativen Austausch, Teilhabe und Wechselseitigkeit im Kontakt, Autonomie im System zulassen und fördern. Wir setzen auf Selbststeuerung im solidarischen Milieu, nicht auf „Steuerung" im hierarchisierten Arbeitskontext. Wir sind an „flachen Hierarchien" interessiert.

(3) **Partnerschaft:** Wir entwickeln Qualität nicht allein. Öffentliche Träger sind nicht in der Lage, ohne Zusammenarbeit mit den Trägern der freien Jugendhilfe und anderen Anbietern fachliche Standards für ihre Hilfeangebote zu entwickeln, sie zu erhalten und weiter zu entwickeln. Alle Beteiligten wirken aktiv an der Qualitätsentwicklung und an der Qualitätssicherung mit.[187] Wir finden neue Formen des partnerschaftlichen Miteinanders freier und öffentlicher Träger, in denen die Fachdiskussion nicht durch wirtschaftliche Konkurrenz oder ideologischen Dissens gelähmt wird. Einen ersten Anfang einer solchen „kooperativen" Qualitätsentwicklung haben wir in Dormagen mit dem hier vorgestellten Projekt gemacht und innerhalb des Prozesses weiterentwickelt. Der Prozess ist noch nicht beendet und wird weitergeführt.

(4) **Partizipation:** Wir beziehen auch die Klientinnen und Klienten als Partner in den Prozess der Qualitätsentwicklung mit ein. Beteiligung von Kindern, Jugendlichen, Eltern, Adressatenorientierung und Beteiligungsregelungen stehen im Zentrum unserer Bestrebungen. Vor allem berücksichtigen wir verstärkt Kinder einbeziehende Verfahren in den Verwaltungsabläufen sowie im gesamten Hilfeprozess. Die Bedürfnisse unserer Adressaten und Nutzer greifen wir auf und kommen ihnen mit spezifischen Angeboten entgegen.[188]

---

187 a.a.O., S. 187-188
188 Bundesministerium für Familie, Senioren, Frauen und Jugend, Zehnter Kinder- und Jugendbericht, S.187, Bonn 1998

5. Prozessgestaltung: Methoden und Verfahren

1. Im Anschluss an die Erarbeitung des „Dormagener Qualitätskataloges der Jugendhilfe" wird eine Fachtagung zur dialogischen Qualitätsentwicklung organisiert, zu der alle regionalen und überregionalen Kooperationspartner (aus Kommune, Kreis und Land) eingeladen werden, um unseren Weg der Qualitätsentwicklung und das Projekt vorzustellen und es für die Weiterentwicklung zu öffnen.
2. Im ersten Schritt benennen wir einen „Qualitätsmanager", der den Qualitätsprozess weiter entwickelt und die Koordination der verschieden Aufgaben verantwortlich übernimmt.
3. Dann gründen wir eine fortlaufende Qualitätswerkstatt, die sich 4x im Jahr trifft, um die weitere Qualitätsentwicklung zu planen und entwickeln ein Konzept, wie Qualität kontinuierlich weiterentwickelt werden kann.
4. Schließlich stellen wir einmal jährlich die Ergebnisse der Qualitätswerkstatt den interessierten Fachkräften und der Öffentlichkeit vor.

6. Prozessdokumentation

- Wir entwickeln eine Eingangsstatistik (mit einem Formblatt, das gut im Alltag zu handhaben ist, bzw. nutzen eine geeignete Software zur Datendokumentation).
- Wir führen bei Klienten Fragebogenerhebungen bzw. Interviews durch; dafür werden die entsprechenden Instrumente entwickelt.
- Wir entwickeln einen Fragebogen für die Evaluation der Hilfeprozesse durch unsere Kooperationspartner.
- Wir nutzen regelmäßig Fallauswertungsbögen.
- Wir führen Selbstevaluationen durch.
- Wir erstellen einen Fortbildungsplan.
- Wir entwicklen einen Plan zur Personalförderung.
- Wir führen regelmäßig Mitarbeiterbefragungen durch.
- Auf der Basis von Bedarfserhebungen überprüfen wir unser Angebot.
- Wir laden Hochschulen und Forschungsinstitute ein, empirische Untersuchungen bei uns durchzuführen.
- Wir erstatten einen Jahresbericht zur Qualitätssicherung.

Literaturverzeichnis

Aguilera, D. C., Messici, J. M.: Krisenintervention. Grundlagen – Methoden – Anwendung. Göttingen: Hans Huber, 2000
Angenendt, S. – Deutsche Migrationspolitik im neuen Europa. Opladen: Leske und Budrich, 1997
Argyris, C.: Wissen in Aktion. Eine Fallstudie zur lernenden Organisation. Stuttgart: Klett-Cotta, 1997
Arndt, J./Oberloskamp, H./Balloff, R.: Gutachterliche Stellungnahmen in der sozialen Arbeit. Neuwied: Luchterhand, 5 Aufl. 1993
Bade, K. J.: Ausländer – Aussiedler – Asyl. Eine Bestandsaufnahme. München: C. H. Beck, 1994
Ballew, J./Mink. G.: Was ist Case Management? In: Fall- und Unterstützungsmanagement. Wendt, R. M (Hg.): Freiburg: Lambertus, 1996, S. 56
Baur, D., u. a.: Leistungen und Grenzen von Heimerziehung. (Schriftenreihe des Bundesministerium für Familien, Senioren, Frauen u. Jugend Bd. 170). Stuttgart: Kohlhammer, 1998
Birk, U. A., u. a: Bundessozialhilfegesetz. Lehr- und Praxiskommentar (LPK-BSHG). 4. Aufl., Baden – Baden: Nomos 1994
Brehmer, M.: Produkt „Jugendgerichtshilfe." In: DVJJ-Journal 1/1997, Heft 155, S. 83,.
Bringewat, P.: Tod eines Kindes: Soziale Arbeit und strafrechtliche Risiken. Baden-Baden: Nomos, 1 Aufl., 1997
Brunner, E. J./Bauer, P./Volkmar, S. (Hg.): Soziale Einrichtungen bewerten. Theorie und Praxis der Qualitätssicherung. Freiburg i. Br.: Lambertus, 1998
Bundesarbeitsgemeinschaft der Landesjugendämter (BAGLJÄ): Empfehlungen zur Inobhutnahme gemäß § 42 SGB VIII vom 31. August 1995. In: Zentralblatt für Jugendrecht, 12 S. 540-542
Bundesarbeitsgemeinschaft Jugendgerichtshilfe: Die Standards für den Fachdienst Jugendgerichtshilfe, in: DVJJ-Journal 2/1997, Heft 156
Bundesministerium für Familie, Senioren, Frauen und Jugend (BMFSFJ) (Hg.): Prävention von Trennung und Scheidung – Internationale Ansätze zur Prädikation und Prävention von Beziehungsstörungen. Bonn/Berlin: Kohlhammer 1998, Band 151
Bundesministerium für Familien, Senioren, Frauen und Jugend (BMFSFJ) (Hg.): Zehnter Kinder- und Jugendbericht. Bericht über die Lebenssituation von Kin-

dern und die Leistungen der Kinderhilfen in Deutschland. Bundestagsdrucksache 13/11368, Bonn: 1998

Bundessozialhilfegesetz: Lehr- und Praxiskommentar; (LPK-BSHG) mit einer Kurzkommentierung zum Asylbewerberleistungsgesetz/erl. von Ulrich-Arthur Birk u.a. – 4. Aufl., Gesetzesstand: 1. 7. 1994. – Baden-Baden: Nomos 1994

Bundesverband der Pflege- und Adoptiveltern e.V. (Hg.): Handbuch für Pflege- und Adoptiveltern. Pädagogische, psychologische und rechtliche Fragen des Adoptions- und Pflegekinderwesens – Informationen von A-Z. Idstein: Schulz Kirchner, 5 Aufl., 1997

Cierpka, M. (Hg.): Handbuch der Familiendiagnostik; Berlin; Heidelberg; New York; Barcelona; Budapest; Hong Kong; London; Mailand; Paris; Santa Clara; Singapur; Tokio: Springer, 1996

Culley, S.: Beratung als Prozeß. Lehrbuch kommunikativer Fertigkeiten. Weinheim und Basel: Beltz, 1996

De Bono, E.: Konflikte. Neue Lösungsmodelle und Strategien. Düsseldorf: Econ 1989

Decker, F.: Effizientes Management für soziale Institutionen. Landsberg/Lech: moderne industrie, 1992

Deutsche Arbeitsgemeinschaft für Jugend- und Eheberatung e.V. (Hg.). Dorenberg, Moeser-Jantke, Schall: Beratungsführer. Die Beratungsstellen in Deutschland – ihre Leistungen, ihre Träger, ihre Anschriften- München: Bd. 1 (118.-125 Tsd.), 1998/1999

Deutscher Kinderschutzbund Landesverband NRW e.V./Institut für soziale Arbeit e.V., Münster (Hg.): Kindesvernachlässigung. Erkennen, Beurteilen, Handeln. Münster/Wuppertal: Fuldaer Verlagsagentur, Januar 2000

Deutsches Komitee für UNICEF (Hg.): Minderjährige Flüchtlinge in Deutschland. Problembereiche und Lösungsansätze. August 1999, S.40

Deutscher Verein für öffentliche und private Fürsorge (Hg.): Fachlexikon der Sozialen Arbeit. Frankfurt a. M.: 3 Aufl., 1993

Deutscher Verein für öffentliche und private Fürsorge (Hg.): Fachlexikon der Sozialen Arbeit. Frankfurt a. M.: 4 Aufl., 1997

Deutscher Verein für öffentliche und private Fürsorge (Hg.): Arbeitspapier für Seminar LB 16/96 Josef Faltermeier: Beratung in Fragen der Trennung und Scheidung. Fortbildung zu §§ 17 und 50 KJHG, Deutscher Verein, Frankfurt am Main, 1996

Deutscher Verein für öffentliche und private Fürsorge (Hg.): Kleinere Schriften des Deutschen Vereins für öffentliche und private Fürsorge. Kinder- und Jugendhilfegesetz – Sozialgesetzbuch – Achtes Buch. 5. Aufl. Frankfurt a. M.

Deutsches Institut für Jugendhilfe und Familienrecht (DIJuF) e.V.: Der Amtsvormund. Heidelberg: September 2000, 73 Jg., S. 731-745

Dietz Hannelore, Krabbe Heiner: Report Psychologie, 1/96

Donabedian, A.: An Exploration of Structure, Process, and Outcome as Approaches to Quality Assessment. In: Selbmann, H.-K./Überla, K. K. (Hg.): Quality Assessment of Medical Care. Gerlingen, 1982

Duggen, H.: Öffentlichkeitsarbeit in der Kommune: Darstellung. Wiesbaden: Kommunal- und Schulverlag, 1998

Dörfling, S./Elsäßer, I.: Internationale Adoptionen. Beratung Vermittlung, Begleitung. Idstein: Schulz Kirchner, 1997

Erikson, E.: Identität und Lebenszyklus. Frankfurt a. M.: Suhrkamp, 1992

Literaturverzeichnis

Erikson, E.: Jugend und Krise. Die Psychodynamik im sozialen Wandel. Stuttgart: dtv, 1998, 4. Aufl.
Fegert, J.: Die Bedeutung der Eingliederungshilfe für die Integration seelisch behinderter Kinder unter besonderer Berücksichtung der Kinderperspektive. Expertise zum Zehnten Kinder- und Jugendbericht. Bericht über die Lebenssituation von Kindern und Leistungen der Kinderhilfen in Deutschland, hg. vom Bundesministerium für Familie, Senioren, Frauen und Jugend (BMFSJ). Bonn: 1998
Furchert, D.: Konfliktmanagement in der kommunalen Presse- und Öffentlichkeitsarbeit. Stuttgart: Kohlhammer, 1996
Gehres, W.: Das zweite Zuhause. Einflüsse, Lebensgeschichte und Persönlichkeitsentwicklung von dreißig Heimkindern. Opladen: Leske u. Budrich 1997
Gehrmann, G., Müller, K. D.: Familie im Mittelpunkt. Handbuch effektives Krisenmanagement für Familien. Regensburg: Walhalla 1998
Gehrmann, G./Müller K.: Inhomeservice. Eine neue Herausforderung für die Soziale Arbeit. In: Sozialmagazin. Weinheim: Juventa, Jg. 24 (1999 November) H. 11, S. 14-24
Gerull, P.: Handbuch- und Werkbuch. Soziales Qualitätsmanagement. Konzepte und Erfahrungen. Evangelischer Erziehungsverband e.V. (EREV), Schriftenreihe, Sonderausgabe März 2000
Giddens, A.: Jenseits von Links und Rechts. Die Zukunft radikaler Demokratie. Frankfurt a. M.: Suhrkamp 1997
Goldstein, J., Freud, A., Solnit, A. J.: Das Wohl des Kindes. Grenzen professionellen Handelns. Frankfurt a. M.: Suhrkamp 1988
Goldstein, J., Freud, A., Solnit, A. J.: Diesseits des Kindeswohls. Frankfurt a. M.: Suhrkamp, 1982
Goldstein, J., Freud, A., Solnit, A. J.: Jenseits des Kindeswohls. Frankfurt a. M.: Suhrkamp, 1974
Gressmann, M./Beinkinstadt, J.: Praxis der Jugendhilfe. Das Recht der Beistandschaft. Stuttgart: Boorberg, 1998
Häberlein, M.: Auch die Brentanos waren Einwanderer. In: Neue Caritas. Politik, Praxis, Forschung. Deutscher Caritasverband (Hg.), Freiburg: Rebholz GmbH, Heft 4, 101 Jg., S. 8-13
Harms E./Strehlow B. (Hg.): Adoptivkind – Traumkind in der Realität. Psychoanalytische Einblicke in die Probleme von Kindern und ihren Familien. Idstein: Schulz Kirchner, 1997
Harnach-Beck, V.: Psychosoziale Diagnostik in der Jugendhilfe. Grundlagen und Methoden für Hilfeplan, Bericht und Stellungnahme. Weinheim, München: Juventa 1997, 2. Aufl.
Hartkemeyer, M. u. J. F./Dhority, L. F.: Miteinander denken. Das Geheimnis des Dialogs. Stuttgart: Klett-Cotta, 1999, 3. Aufl.
Haynes J. u. a.: Scheidung ohne Verlierer. Ein neues Verfahren sich einvernehmlich zu Trennen. Mediation in der Praxis. München: Kösel, 1997, 5. Aufl.
Heiner, M. (Hg.): Experimentierende Evaluation. Ansätze zur Entwicklung lernenden Organaisationen. Weinheim u. München: Juventa, 1998
Helmig, E.; Schattner, H., Blüml, H.: Handbuch Sozialpädagogische Familienhilfe. Hrsg. durch Bundesministerium für Familien, Senioren, Frauen und Jugend (BMFSFJ). Stuttgart: Kohlhammer, 3. Aufl. 1999

Hoffmann, I./Roos, J.: Die Krisentheorie. Die vergessene Theorie der Sozialen Arbeit. In: Sozialmagazin (1997) 22 Jg., H., 9, S. 42-45
Honig, M.-S.: Verhäuslichte Gewalt. Frankfurt a. M.: Suhrkamp, 1986
Jordan, E./Reismann, H. : Qualitätssicherung und Verwaltungsmodernisierung in der Jugendhilfe. Münster: Votum, 1998 [mit einer umfangreichen Bibliographie]
Kast, V.: Der schöpferische Sprung. Vom therapeutischen Umgang mit Krisen. Olten, Freiburg i. Br.: Walter 1987, 2. Aufl.
Kegan, R.: Entwicklungsstufen des Selbst. Fortschritte und Krisen im menschlichen Leben. München: P. Kindt, 1994, 3. Aufl.
Kinderschutz-Zentrum Berlin (Angela Bernecker-Wolff/Pieter Hutz/Hubertus Lauer/Elke Nowotny/Ute Thyen/Reinhart Wolff) (Hg.): Kindesmisshandlung. Erkennen und Helfen. Berlin: KSZ Berlin, 2000
Knopp, A.: Die deutsche Asylpolitik. Münster: agenda, 1994, S. 27-30
Knorr, F./Halfar, B. : Qualitätsmanagement in der Sozialarbeit. Regensburg: Walhalla-Fachverl., 2000
Krabbe H. (Hg.): Scheidung ohne Richter. Neue Lösungen für Trennungskonflikte. Reinbek bei Hamburg: Rowohlt, 1995
Krabbe, H.: Qualitätskriterien in der Trennungs- und Scheidungsberatung. In: Qualität in der Jugendhilfe: Kriterien und Bewertungsmöglichkeiten, hg. von J. Merchel. Münster: Votum, 2. Auflage 1999
Krause, H.-U. (Hg.): Einen Weg finden – Diskurs über erfolgreiche Soziale Arbeit. Freiburg i. Br.: Lambertus, 1999
Kreft, D./Mielenz, I. (Hg.): Wörterbuch Soziale Arbeit. Weinheim und Basel: Beltz, 1996, 4. Aufl.
Kreisjugendamt Neckar-Odenwald: Zuständigkeitsabgrenzung zwischen dem sozialpädagogischen Bereich und dem Fachgebiet Amtsvormundschaft bei der gemeinsamen Wahrnehmung von Aufgaben als Sozialleistungsträger und als Amtsvormund. In: Deutsches Institut für Jugendhilfe und Familienrecht (DIJuF) e.V.: Der Amtsvormund. Heidelberg: 73.Jg., September 2000, S. 745
Kronberger Kreis für Qualitätsentwicklung (Hg): Qualität im Dialog entwickeln. Wie Kindertageseinrichtungen besser werden. Seelze: Kallmeyersche, 1998
Kuratorium Deutsche Altenhilfe (Hg.): Rund ums Alter. Alles Wissenswerte von A-Z. München: C. H. Beck, 1996, S. 87
Landesjugendämter Rheinland u. Westfalen-Lippe: Arbeits- und Orientierungshilfe. Das Leistungsprofil der Amtsvormünderin und des Amtsvormundes. Köln: 26.04.1999
Landschaftsverband Rheinland Dezernat Landesjugendamt/Schulen Amt für Jugendämter, Jugendarbeit, Jugendsozialarbeit (Hg.): Dokumentation. „Die Zukunft des Amtsvormundes im Jugendamt." Ergebnisse der Regionalen Fortbildungsveranstaltung des Landesjugendamtes Rheinland am 02.02.1999 in Wesel und am 09.02.1999 in Köln. Köln: April 1999
Landschaftsverband Rheinland (Hg.): Arbeitshilfen für die Praxis. § 35 a KJHG. Landschaftsverband Westfalen-Lippe: Februar 2000
Landschaftsverband Rheinland (Hg.): Jugendhilfereport extra. 75 Jahre Landschaftsverband Rheinland. Köln: 1999
Landesjugendamt Westfalen-Lippe (Hg.): Modellprojekt des Landesjugendamt Westfalen-Lippe: Qualitätsentwicklung in den stationären Erziehungshilfen – eine

Literaturverzeichnis

Qualitätsentwicklungs- Werkstatt für Fachkräfte aus Einrichtungen und Jugendämtern. Mai 2001-März 2003
Lempp, R.: Seelische Behinderung als Aufgabe der Jugendhilfe. 35 a SGB VIII. Stuttgart u. a.: Boorberg, 1995, 3. Aufl.
Lifton, B. J.: Adoption, Stuttgart: Klett-Cotta, 1982
Lotmar, P., Tondeur, E.: Führen in sozialen Organisationen. Ein Buch zum Nachdenken und Handeln, Bern; Stuttgart; Wien: Haupt 1993, 3. Aufl.
Magistrat Graz, Amt für Jugend und Familie (Hg.): Leitbild. Graz, 1999
Magistrat Graz, Amt für Jugend und Familie (Hg): Qualitätskatalog der Grazer Jugendwohlfahrt. Graz: Magistrat der Stadt Graz, 2000
Maywald, J.: Zwischen Trauma und Chance. Trennung von Kindern im Familienkonflikt. Freiburg i. Br.: Lambertus, 1997
Meinhold, M.: Qualitätssicherung und Qualitätsmanagement in der Sozialen Arbeit. Freiburg. I. Br.: Lambertus, 1996
Mentzos, S.: Neurotische Konfliktverarbeitung. Frankfurt a.M.: Fischer 1999
Merchel, J. (Hg.): Qualität in der Jugendhilfe. Kriterien und Bewertungsmöglichkeiten, Münster: Votum, 1999, 2 Aufl.
Mrozynski, P.: Kinder- und Jugendhilfegesetz (SGB VIII). München: C. H. Beck, 3 Aufl., 1998
Müller, B.: Qualitätsprodukt Jugendhilfe. Kritische Thesen und praktische Vorschläge. Freiburg i. Br.: Lambertus, 1998
Murgatroyd, S.: Beratung als Hilfe. Weinheim: Beltz, 1993
Münch, E. M.: Die Scheidung nach neuem Recht. Beck Rechtsberater. München: C. H. Beck/dtv, 1983, 3. Aufl.
Münder, J.: Jugendgerichtshilfe als sozialpädagogische Tätigkeit. In: DVJJ-Journal 4/1991 (Nr. 137), S. 329
Münder, J. u.a. (Hg.): Frankfurter Lehr- und Praxiskommentar zum KJHG. Münster: Votum, 1993
Münder, J. u.a. (Hg.): Frankfurter Lehr- und Praxiskommentar zum KJHG. Münster: Votum, 1999
Mörsberger, T./Restemeier, J. (Hg.): Helfen mit Risiko. Zur Pflichtenstellung des Jugendamtes bei Kindesvernachlässigung. Neuwied; Kriftel; Berlin: Luchterhand, 1997, 1. Aufl.
Deutschen Verein für öffentliche und private Fürsorge (Hg.): Empfehlungen des deutschen Vereins zur Hilfeplanung nach § 36 vom 30.06.1994. In: Nachrichtendienst des Deutschen Vereins für öffentliche und private Fürsorge. Frankfurt a. M.: 1994, Jg. 74, Heft 9, S. 317ff.
Nienstedt, M./Westermann, A.: Pflegekinder, Psychologische Beiträge zur Sozialisation von Kindern in Ersatzfamilien. Münster: Votum, 1989
Oberloskamp, H. /Adams, U.: Jugendhilferechtliche Fälle für Studium und Praxis. Neuwied, Kriftel, Berlin: Luchterhand, 9. Aufl. 1996
Oberloskamp, H.: Wie adoptiere ich ein Kind? Wie bekomme ich ein Pflegekind? Rechtliche Erfordernisse und Folgen, Kindesvermittlung, behördliches und gerichtliches Verfahren. München: C. H. Beck/dtv, 2000
Peterander, F./Speck, O. (Hg.): Qualitätsmanagement in sozialen Einrichtungen. München; Basel: E. Reinhardt, 1999

Peters, F. (Hg.): Diagnosen – Gutachten – hermeneutisches Fallverstehen. Rekonstruktive Verfahren zur Qualifizierung individueller Hilfeplanung. Frankfurt a. M.: IGfH-Eigenverlag, 1999

Pflaume, D., Pieper, W.: Lexikon der Public Relations. Landsberg/Lech: moderne industrie, 1989

Post, W.: Erziehung im Heim. Perspektiven der Heimerziehung im System der Jugendhilfe. Weinheim u. München: Juventa, 1997

Proksch, R.: Mediation – Vermittlung in familiären Konflikten. Einführung von Mediation in der Kinder- und Jugendhilfe, Leitfaden. Hg. vom Institut für soziale und kulturelle Arbeit Nürnberg, ISKA. Nürnberg: 1998

Rohwer-Kahlmann, H.: In: Fachlexikon der Sozialen Arbeit. Deutscher Verein für öffentliche und private Fürsorge (Hg.). Frankfurt a. M.: 1993, 3. Aufl., S. 852

Rosenfeld, J. M./Tardieu, B.: Artisans of Democracy. How Ordinary People, Families in Extreme Poverty, and Social Institutions Become Allies to Overcome Social Exclusion. Lanham; New York; Oxford: University Press of America, 2000

Schmidtbauer, W.: Der hilflose Helfer. Reinbek b. Hamburg: Rowohlt, 1972

Schön, D. A.: The Reflective Practitioner. How Professionals Think in Action. New York: Basic Books, 1983

Scholz, R.: Zehntes Buch (SGB); Verwaltungsverfahren, Schutz der Sozialdaten, Zusammenarbeit der Leistungsträger und ihre Beziehungen zu Dritten. Boorberg, Stuttgart 1995

Schwendke, A. (Hg.): Wörterbuch der Sozialarbeit und Sozialpädagogik. München: Quelle und Meyer, 1977

Sozialdienst katholischer Männer, Sozialpädagogische Familienhilfe. SKM Köln, Mai 1989

Stadt Dormagen: Amt für Kinder Familien und Senioren in Kooperation mit der AWO, Caritas und Diakonie: Konzeption der Sozialpädagogischen Familienhilfe, Dormagen, September 1995

Stadtjugendamt Mannheim: Zuständigkeits-, Abgrenzungs- und Kooperationsregeln zwischen der Amtsvormundschaft (Abt. 51.2) und den Sozialen Diensten (Abt. 51.4) In: Der Amtsvormund. Heidelberg: Deutsches Institut für Jugendhilfe und Familienrecht (DIJuF) e. V., September 2000, S. 735-744

Stierlin, H.: Wir müssen lernen, innere Konflikte auszuhalten. In: Psychologie Heute, Jg. 22, H. 4 S. 34-41

Stiftung „Zum Wohl des Pflegekindes" (Hg.): 5 Jahre KJHG aus der Sicht des Pflegekinderwesens. Idstein: Schulz Kirchner, 1. Aufl., 1996

Textor, M.,: Offene Adoptionsformen. In: Nachrichtendienst des Deutschen Vereins für öffentliche und private Fürsorge (NDV). Frankfurt a. M.: 1991, Jg. 71, Heft 4, S. 107-111

UNHCR AKTUELL. Pressemitteilungen. Asylanträge in Europa 1998. Bonn: Februar 1999. http://www.unhcr.de/news/pr/pm991002.htm

Wiesner, R. (Hg.): SGB VIII. Kinder- und Jugendhilfe. München: C. H. Beck, 2000, 2 Aufl.

Willke, H.: Systemtheorie II: Interventionstheorie. Stuttgart: Lucius & Lucius, 1999^3

Wolff, R.: Kinderschutz auf dem Prüfstand. In: Sternschnuppe 5. Kinderschutzzentrum Mainz, April 1997

Wolff, R.: Kinderschutz in der Krise? Vortrag bei der Fachtagung der ISS Frankfurt/Main „Kinderschutzfehler oder die Notwendigkeit der Qualitätssicherung in der Kinderschutzarbeit" 14.06.1996

Wolff, R.: Die eigenständigen fachlichen Aufgaben des Jugendamtes bei Gefährdung des Kindeswohls, Vortrag bei der Fachtagung der ÖTV „Zum Spannungsfeld zwischen Sozialarbeit und Justiz". ÖTV Kreisverwaltung Dresden und JA Dresden am 17.10.1997

Autorenverzeichnis

Die gesamte Gliederung und die einzelnen Abschnitt des Qualitätskatalogs wurden nach einer ersten Diskussion im Plenum der QE-Werkstatt von Arbeitsgruppen diskutiert, die dann auf der Grundlage einzelner Ausarbeitungen eine erste Fassung des PPQ formulierten. Diese Fassung wurde in einem weiteren Plenum erörtert. Mit den neuen Anregungen aus der Diskussion ging dann die Arbeitsgruppe erneut an die Arbeit, bis wir schließlich mit einer Fassung einverstanden waren, die „zur Redaktion" zugelassen werden konnte. Manchmal brauchten wir dafür mehrere Durchgänge.

Die Einleitung und den Abschnitt zur Strukturqualität haben Reinhart Wolff und Uwe Sandvoss erarbeitet.

Alle „rechtlichen Grundlagen" hat Hubertus Lauer (Fachhochschule Ostniedersachsen, Lüneburg) freundlicherweise gegengelesen und sachkundig ergänzt, wofür wir herzlich danken.

Die anregenden „Denksplitter", die als Motto über jedem Abschnitt stehen, hat, soweit sie nicht von den Verfassern selbst vorgeschlagen wurden, Fred Bensch mit Scharfsinn und Witz ausgesucht.

Die Gesamtorganisation der Werkstatt, d.h. Planung und Vorbereitung der einzelnen Treffen, die ständige Koordination der einzelnen Arbeitsgruppen, die Abstimmung mit Reinhart Wolff, der Kontakt mit den Leitung im eigenen Amt sowie der beteiligten Freien Träger, lag verläßlich in den Händen von Martina Hermann, ohne deren Engagement und zielführende Klarheit wir in der Werkstatt nicht hätten erfolgreich sein können.

Im einzelnen wurden die PPQs von den folgenden Autorinnen und Autoren erarbeitet:

PPQ 1 Im Vorfeld der Hilfe – die Öffnung der Zugänge (wurde erarbeitet von Martina Hermann und Marita Scherb-Holzberg)

PPQ 2 Frühe und Präventive Hilfen für Eltern und Kinder (wurde erarbeitet von Gudrun Freitag, Martin Hüsch-Stelzmann und Liane Kusch)

PPQ 3 Umgang mit Fremdmeldern (wurde erarbeitet von Fred Bensch, Uli Biermanski und Klaus Holland)

PPQ 4 Arbeit mit unfreiwilligen Klienten (wurde erarbeitet von Uli Biermanski, Klaus Holland und Uwe Sandvoss)

PPQ 5 Fall- und Unterstützungsmanagement (wurde erarbeitet von Ralf Huber, Uwe Sandvoss und Andrea Schultz)

PPQ 6 Beratung: Das Kernhilfeangebot (wurde erarbeitet von Konrad Borkowitz, Gisela Godenschwager und Barbara Gröfke)

PPQ 7 Hilfe in Krisensituationen (wurde erarbeitet von Fred Bensch, Hennes Holtz und Uwe Sandvoss)

PPQ 8 Kinderschutz (wurde erarbeitet von Ulrich Hartz, Martina Hermann und Uwe Sandvoss)

PPQ 9 Beratung bei Trennung und Scheidung (wurde erarbeitet von Karola Daniel, Angelika Fernhomberg, Barbara Gröfke und Antje Zöller)

PPQ 10 Ambulante Hilfen zur Erziehung (wurde erarbeitet von Konrad Borkowitz, Gisela Godenschwager und Liane Kusch)

PPQ 11 Außerfamiliale Hilfen zur Erziehung im stationären Bereich (wurde erarbeitet von Friedrike Buba, Angelika Fernhomberg, Gudrun Freitag, Roland Hoffmann und Martin Hüsch-Stelzmann)

PPQ 12 Aufgaben des Adoptionsvermittlungsdienstes (wurde erarbeitet von Friederike Buba, Anne Kampe und Inge Klein)

PPQ 13 Hilfe zur Erziehung in Pflegefamilien (wurde erarbeitet von Friederike Buba, Anne Kampe und Inge Klein)

PPQ 14 Hilfen für seelisch Behinderte (wurde erarbeitet von Uli Biermanski, Martina Hermann und Andrea Schultz)

PPQ 15 Berichte, Stellungnahmen und Gutachten (wurde erarbeitet von Ralf Huber, Uwe Sandvoss und Antje Zöller)

PPQ 16   Vormundschaften (wurde erarbeitet von Gabriele Böse, Olaf van Heek und Dagmar Wilfling)

PPQ 17   Beistandschaften (wurde erarbeitet von Gabriele Böse, Olaf van Heek und Dagmar Wilfling)

PPQ 18   Beurkundungen (wurde erarbeitet von Gabriele Böse, Olaf van Heek und Dagmar Wilfling)

PPQ 19   Hilfen für unbegleitete ausländische Minderjährige (wurde erarbeitet von Maike Braß, Olaf van Heek, Hennes Holtz, Claudia Preuß und Uwe Sandvoss)

PPQ 20   Jugendgerichtshilfe (wurde erarbeitet von Ralf Huber, Martin Hüsch-Stelzmann, Dirk Schatte und Antje Zöller)

PPQ 21   Zusammenarbeit der Fachkräfte (wurde erarbeitet von Fred Bensch, Klaus Holland, Hennes Holtz, Marita Scherb-Holzberg und Uwe Sandvoss)

PPQ 22   Öffentlichkeitsarbeit (wurde erarbeitet von Martina Hermann, Angelika Fernhomberg und Andrea Schultz)

PPQ 23   Qualitätsentwicklung und Qualitätssicherung (wurde erarbeitet von Fred Bensch, Klaus Holland, Uwe Sandvoss, Marita Scherb-Holzberg und Reinhart Wolff)

Adressen

Amt für Kinder, Familien und Senioren Kölner Straße 84 41599 Dormagen	Telefon Fax e-mail
Friedrich Bensch	02133/257258 02133/257471
Martina Hermann	02133/257522 02133/257884 *martina.hermann@dormagen.de*
Anne Kampe	02133/257496 02133/257884 annemarie.kampe@dormagen.de
Inge Klein	02133/257496 02133/257884 *ingeborg.klein@dormagen.de*
Uwe Sandvoss	02133/257245 02133/257471 *UweSandoss@t-online.de* *Uwe.sandvoss@dormagen.de*
Antje Zöller	02133/257450 01233/257471
Amt für Kinder, Familien und Senioren Knechtstedener Str. 20 41540 Dormagen	Telefon Fax e-mail
Ulrich Biermanski	02133/248128 02133/248118 *ulrich.biermanski@dormagen.de*
Konrad Borkowitz	02133/248121 02133/248118

Adressen

Karola Daniel	02133/248122
	02133/248118
Uli Hartz	02133/248113
	02133/248118
	ulrich.hartz@dormagen.de
Klaus Holland	02133/248125
	02133/248118
	klaus.holland@dormagen.de
Amt für Kinder, Familien und Senioren	Telefon
Salm-Reifferscheidt-Allee 15	Fax
41540 Dormagen	e-mail
Angelika Fernhomberg	02133/265922
Gudrun Freitag	02133/265921
	02133/265919
	gudrun.freitag@dormagen.de
Roland Hoffmann	02133/257245
Martin Hüsch-Stelzmann	02133/265923
	02133/265919
	martin.hüsch-
	stelzmann@dormagen.de
Arbeiterwohlfahrt	Telefon
Friedenstr. 8	Fax
41549 Dormagen	
Gisela Godenschwager	02133/245411
	02133/245424
Barbara Gröfke	02133/245411
	02133/245424
Hennes Holz	
Diakonisches Werk	Telefon
Florastr. 6	Fax
41539 Dormagen	
Friedrike Buba	02133/214531
	02133/244589
Liane Kusch	02133/214531
	02133/244589
Caritasverband	Telefon
für das Kreisdekanat Neuss e.V.	Fax
Unter den Hecken 44	e-mail
41539 Dormagen	
Meike Brass	02133/250014
	02133/250030

Ralf Huber	02133/250021 02133/250030 *ralf-huber@gmx.de*
Rosita Mikolasch	02133/250013 02133/250030
Marita Scherb-Holzberg	02133/250021 02133/250030 *marita.s@debitel.net*
Ehemalige Mitarbeiter und Mitarbeiterinnen	**Telefon** **Fax**
Claudia Preuß-Paul (Jahrespraktikantin)	*Jojo.claudia@t-online.de*
Dirk Schatte (Amt für Kinder, Fam. und Senioren)	0211/9407335 0211/9407349
Alice-Salomon Fachhochschule Berlin Alice-Salomon-Platz 5 12627 Berlin	Telefon Fax e-mail
Prof. Dr. Reinhart Wolff Kalckreuthstrasse 15 10777 Berlin	030/99245513 (auch AB) bzw. 218 72 67 p Fax: 030/99245599 bzw. 214 789 65 p. *wolff@asfh-berlin.de*